你不知道的历史冷知识

韦明辉◎著

辽宁人民出版社

© 韦明辉　2022

图书在版编目（CIP）数据

你不知道的历史冷知识 / 韦明辉著 . —沈阳：辽宁
人民出版社，2022.3
　　ISBN 978-7-205-10355-2

　　Ⅰ . ①你… Ⅱ . ①韦… Ⅲ . ①中国历史—通俗读物
Ⅳ . ① K209

中国版本图书馆 CIP 数据核字（2022）第 002432 号

出版发行：辽宁人民出版社
　　　　　　地址：沈阳市和平区十一纬路 25 号　邮编：110003
　　　　　　电话：024-23284321（邮　购）024-23284324（发行部）
　　　　　　传真：024-23284191（发行部）024-23284304（办公室）
　　　　　　http://www.lnpph.com.cn
印　　刷：天津中印联印务有限公司
幅面尺寸：170mm × 240mm
印　　张：20
字　　数：325 千字
出版时间：2022 年 3 月第 1 版
印刷时间：2022 年 3 月第 1 次印刷
责任编辑：贾　勇
装帧设计：胡椒书衣
责任校对：冯　莹
书　　号：ISBN 978-7-205-10355-2

定　　价：59.80 元

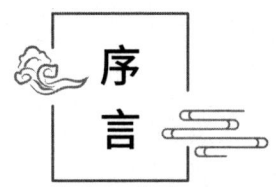

序言

你真的了解历史吗？历史真的是你所认知的历史吗？

在整个成长过程中，我们不断地吸收着传统历史文化知识。这些知识丰富了我们的头脑，帮助我们认识世界，使我们形成一种稳定的认知。但与此同时，我们也有可能被这种认知欺骗，理所当然地以为，我们看到了全部，看到了真实。

历史太磅礴太厚重，有时候我们会忽视其多面性，甚至是一些真相。

你能想象得到吗？历史上真实的武大郎，实际上是一位相貌不俗，身形高大且才学渊博的少年郎；凿壁偷光的匡衡最后因贪腐被免职；青楼是一代名相管仲发明的；宋体字是秦桧发明的；李清照是个超级"剁手党"，好赌博，而且赌术奇高；康熙常用"知道了"这样的朱批回复大臣的奏折；光绪年间，我国就设计出了自己的第一艘飞艇……

这些不被大众熟知的冷历史，充满了趣味，令人惊讶不已，也令人大开眼界。

这些碎片知识，并不仅仅是茶余饭后的趣谈。它很冷，又微小而琐碎，但同样意义重大。它可以帮我们填补历史认知的缝隙，让历史变得血肉丰满，有了灵气。

大历史有大历史的磅礴，冷历史却同样给我们提供新的视角。那些被我们忽视的细枝末节里，藏着惊喜，也藏着真相。

读一读历史冷知识，不仅能丰富我们的历史视角，也会给我们带来一种思维上的冲击，让我们重构思维模式，重新去看待世界。

这些历史冷知识，轻松有趣却不失庄重，它蕴含着巨大的能量，会撞击你的固有认知。那么这一场口味独特的知识盛宴，你准备好了吗？

目录

第三篇　那些文人墨客不为人知的另一面

第八篇　那些你不知道的事

第一篇

那些天选之子的『八卦人生』

　　古语讲：生死有命，富贵在天。回望历史长河，那些曾高高在上的九五至尊，又何尝不是在命运的股掌之中纠结、挣扎？从个人生死到朝代更迭，都是时代选择了人而已。

历史上皇帝的各种奇葩死法

在我国古代，作为一国之君的皇帝，掌握皇权，给人的印象总是尊贵的、威严的。他们衣食优渥，享受着最好的生活，如无政治纷争，将会体面地走完这一生。然而，真实的历史总是时不时地跳出套路之外，深挖历史的细节，总会让人感觉真实而荒诞。

并不是所有作为九五至尊的皇帝都能体面地离开这个世界，有一些皇帝，他们结束生命的方式十分奇葩，让人大跌眼镜。

其中最离谱最荒诞的要数晋景公。他是春秋时期的一位君主，姓姬名獳。乍一看这个名字很多人可能没什么印象，但著名的"赵氏孤儿"事件，就是他一手操办的。

晋景公在继承国君之位后，日益强大的赵氏一族已经成为晋国第一大家族，甚至隐隐地威胁到了国君的地位，再加上经常有人进谗言，赵氏逐渐从香饽饽变成了眼中钉。

赵氏一族的死对头屠岸贾看到了这个报仇的契机，便安排了一场轰轰烈烈的政治肃清运动。晋景公为了平衡政治力量，扶持屠岸贾，并对此视而不见。

这场复仇像龙卷风一样扫荡而过，刀剑刺破了赵氏家族曾经的辉煌，血腥弥漫，生机不再。晋景公的姑姑身怀赵氏骨肉，因为躲在宫中，才躲过了追杀，为赵氏留下了唯一的血脉"赵氏孤儿"。

因为这一门惨案，晋景公在历史的卷轴上也是刷了一把存在感。

发生在他人生中的第二件大事，就是他生命的终结，但这一次出名的方式，实在荒诞。史书《左传》中曾记载过他的死亡记录："食毕，涨，如厕，陷而卒。"

据说晋景公晚年身体病弱，他也一直为自己的健康担忧。毕竟，人间这么好，他还不想走。于是，他找来了一位占卜大师，为自己测算。大师是个老实人，冒着掉脑袋的风险告诉晋景公，他活不过第二年麦子成熟的时节。

他相信占卜，但又不想认同占卜的结果。从那以后，晋景公憋着一股子劲儿，小心翼翼地过日子，一直熬到了麦子成熟。

当他看见成熟的麦子被烹熟盛在碗中的时候，松了一口气，并命人叫来了占卜大师，要现场吃给他看。以此来制裁失职的占卜大师，同时宣告自己战胜了天命。

当他端起饭碗准备吃的时候，忽然感到腹胀，急忙去如厕，却迟迟未归。等到饭凉了，晋景公还是没回来，最后，侍从在粪坑里发现已经溺亡的晋景公。

可叹他一生荣华，死得憋屈，在历史上留下了悲剧又充满味道的一笔。

历史上，以奇葩的方式向世界告别的帝王不止晋景公一位。如果要列一个榜，那么秦武王嬴荡也一定榜上有名。秦武王是秦惠文王嬴驷的嫡长子，他仅在位三年多，时间不长，但还算颇有建树。在政治上设置丞相职位，联越制楚，延续了嬴驷时代的弱楚战略；在军事上，攻拔宜阳，设置三川；经济上修改封疆，更修田律。职业能力不俗，如果好好发展下去，在历史上或许会有不错的成绩。

嬴荡天生力气大，勇武好战，从小就喜欢各种各样可以展示神力的游戏，这也许是他获取成就感的方式。继承王位后，他把这种爱好也延续到了政治上，重用力士。《史记》中就有记载："武王有力好戏，力士任鄙、乌获、孟说皆至大官。"

力量成为了嬴荡的荣耀，也最终葬送了他的生命。

前307年，为了扩张势力，与群雄争霸，嬴荡发起了宜阳之战。他最终的意图就是灭了周王室，问鼎中原。宜阳之战的胜利，让嬴荡士气大增，但他知道，拿下周王室并不那么容易，齐、楚、赵不会让他轻易如愿。不过，他不怕困难，他坚信自己终将成为四方霸主。

在周王室组织的大型王者聚会上，武王嬴荡与孟贲比赛举"龙纹赤鼎"。鼎在当时不仅是祭祀之器，更是最高权力的象征。以神力著称，有争霸天下之意的嬴荡自然不会放过这个展示机会。

逞强总是要付出代价的，悲剧发生了，举鼎的嬴荡突然两眼出血、折断胫骨而死。孟贲因怂恿秦武王举鼎被诛灭三族。秦武王嬴荡死后，在燕国做质子的秦武王之弟公子稷，也就是影视剧中芈月的儿子，回秦国继位，即秦昭襄王。

嬴荡死得可惜，让人唏嘘，不过这也是他自己的选择。这个故事告诉我们，对爱好要节制，玩过火了容易遭反噬。

皇帝其实是个高危职业，虽然有着高收益，但同样也要承受高压力、高风险。皇帝的风险，时刻相随，既要防着政敌的算计，也得防着身边的人激情杀人。兴许上一秒正吃着火锅哼着歌，下一秒就凉凉了。司马曜就是这方面的一个典型，他是东晋的第九个皇帝孝武帝。

孝武帝爱好酒色，每次喝"嗨"了，这位皇帝就放下皇帝的威仪，开始放飞自我，什么玩笑都敢开。可说者无意，听者有心。

大家都知道，"伴君如伴虎"，谁知道你哪一句是假，哪一句是真。

有一次，孝武帝搂着宠妃喝酒聊天，酒精上头的他又开始"口嗨"，吐槽他的爱妃年纪大了，模样差了，连一儿半女都生不出来。若她不乖，过两天就废了她，换个年轻漂亮的取代她。

孝武帝也许是想通过吐槽，让爱妃更温柔一点，服务更周到一点，调剂夫妻感情。

但是，爱妃当真了。她顺着他的思路想了下去，眼见自己色衰爱弛，还没个孩子傍身，恐怕地位不稳。皇帝若废了自己，她就什么都没了。对未来的恐惧占满了她的心。看着沉醉在梦中的孝武帝，她怒从心头起，恶向胆边生。她搬来了几床被子，重重地压在了他的身上。没多久，这位皇帝就凉了。

孝武帝应该是做梦也没想到，自己会被爱妃捂死在梦中。所以说，从事高危职业，一定要谨言慎行。

五代十国的时候，有一位不太出名的君主叫钱元瓘。他是五代十国时期吴越国第二任君主。乱世虽不安稳，但是当吴越的君主，日子还是挺潇洒的。他也按部就班地治理他的国土，勤勤恳恳地上班。只是，941 年，吴越王宫失火，宫室府库几乎完全烧毁。一个养尊处优的皇帝，哪见过这么大阵仗。熊熊火焰像一只饿狼，啃噬一切它能吞咽的东西，可不管你是什么皇帝。

钱元瓘吓得四处窜逃，所幸大火最终被灭了。大火没有伤到他的筋骨，却吞噬了他的神志，钱元瓘得了狂疾，一个多月后就离世了。

明熹宗朱由校是因为游玩划船时，不小心跌入水中，落下病根，得了臌胀病，逐渐浑身水肿，最后一命呜呼。

这两位皇帝，一火一水，死得都挺突然。

总体而言，这些皇帝的离去方式，有些草率，有些唏嘘，甚至还有些荒诞。除了那些大气磅礴的正史之外，这些边边角角的故事也同样是曾经鲜活的历史，戏剧又真实。

在监狱里面长大的皇帝

都说投胎是门技术活，在古代，生在帝王家成为皇子皇孙，可谓是在投胎中拿了上上签。在汉朝，一个叫刘询的人就幸运地拿到了这样一根上上签。他的本名叫刘病已，作为汉武帝刘彻的曾孙，他本应该有享不尽的荣华，过锦衣玉食的生活，在万般呵护下茁壮成长，并逐步走向权力的巅峰。

但是，高收益往往意味着高风险，当然，这也是概率问题。刘病已似乎在投胎这件事上花光了所有运气，以至于在命运这一轮考验中遇到了极大的不幸——巫蛊之祸。对他最直接的影响就是，差点被杀，最后在监狱中得以保存性命。

刘病已在出生后不久，就失去了母胎所带的光环，直接被打入命运的谷底，成了一名钦定的死囚。一个在襁褓中的婴儿，怎么可能犯下滔天大罪？这不现实！但没办法，生在帝王家，流着皇室的血，就算是个婴儿，连话都不会说，也逃不过政治的斗争，免不了沦为炮灰和筹码。

征和二年（前91年），"巫蛊之祸"带来了一场政治上的血雨腥风，横扫长安城。

汉武帝晚年多病，随着他病情一起加重的，还有他的疑心。汉武帝一直很信奉卜卦之说，佞臣江充之前得罪了不少皇族，因此借机诬陷太子以巫蛊之术陷害皇帝。于是，在皇帝的应允之下，江充带人到太子住处去搜寻证据。

见江充栽赃意图明显，太子刘据与母亲卫子夫奋起反抗，命人抓了江充。可事情传出去，在公共言论中就变成了"太子谋反"。

三人成虎，人言可畏。古代皇家子孙也逃脱不了网暴的悲剧。

这样的传言到了本就多疑的老皇帝耳中，相当于用明火点燃了军火库的炸药，戳中了他最敏感的神经。

于是，一场血腥的政治屠戮，横扫长安城内的皇族。

太子刘据奋起反抗，兵败自杀，他的母亲卫子夫也随后自杀。卫太子全家被抄，随之受到牵连的还有几万臣民。此次案件，虽然其源头是佞臣的诬陷，但由于牵连甚广，所以审理工作非常复杂，工作量极大。为此，朝廷从各地抽调人手来协助审理此案。这其中，我们不得不提到一个叫丙吉的人。

丙吉只是个平平无奇的普通官员，曾经担任过廷尉右监，因为与此案没有什么瓜葛，所以被调回来审理此案。他的主要任务就是管理长安的监狱。也正是因此，他与一个幼小的生命产生了交集，也迎来了他人生的重大转机。

在长安城的天牢里，丙吉见到了这个刚满月的婴儿刘病已，心生怜悯。

刘病已是戴罪之身，也是皇帝的曾孙。政敌们杀了他的父母、祖父祖母等亲人，却不知如何处置这个婴儿，只好把他关到了牢房里。

善良的丙吉看到这个小小的皇曾孙时，他已经危在旦夕了。他哀戚的啼哭，让丙吉不忍袖手旁观。于是，他准备了一间条件相对舒适的牢房，又在牢房里找到了两个刚生育过的女犯人，来轮流喂养这个婴儿。在此后的日子里，丙吉一直悉心地照顾着这个孩子，关心他的吃穿，关心他的成长。即使在公务繁忙的时候，也会及时探望。

因为在牢房里长大，刘病已一直体弱多病，好在丙吉命人及时地为他诊治，才让他一次又一次闯过了鬼门关。

有一次，在他大病初愈后，丙吉特地给他起了"刘病已"这个名字，表示一种健康的期盼，也是病都好了的意思。足以见得丙吉对这孩子的关爱。

在刘病已长大一些后，丙吉曾想过请一些高官贵族收养这个孩子，给他一个更好的成长环境。但彼时"巫蛊之祸"尚未平息，在得知这孩子的身世后，所有人都唯恐避之不及，刘病已也只能继续生活在狱中。

刘病已在经历了"巫蛊之祸"和病魔侵袭后，遭遇了人生的又一次劫难。

前87年，汉武帝病重，一直在调养，却不见成效。在此期间，又有心怀不轨之人想要趁机兴风作浪搞事情，向皇帝禀报，说风水书上指出长安的监狱之中有天子气。多疑的汉武帝也的确派人去查看长安城监狱里关押的犯人，要求无论罪行轻重，一律斩杀。

按照常规，皇帝的命令大于天，没人敢反抗。一旦这条皇帝的政令执行下去，刘病已将在劫难逃。

但是这个时候丙吉站了出来，辛辛苦苦养了多年的娃，怎么能让他们说杀就杀。他冒着杀头的危险，命人关闭了监狱的大门，拒绝皇帝派遣的官员进入。

他隔着墙，高喊着："皇曾孙在这里。其他人因为虚无的名义被杀尚且不可，更何况这是皇上亲生的曾孙子啊！"

就这样，双方一直僵持不下，官员只好到宫中回禀皇帝，同时指出丙吉抗旨。按照惯例，皇帝必然暴怒，再一次血流成河，因为竟有人敢挑战他的权威，抗旨不遵。想必丙吉在反抗的那一刻，也料想到了这种结局。

可这一次，汉武帝并没有勃然大怒，反而像是忽然醒悟了。他把丙吉的反抗当作一种上天的警示。他没有追究丙吉的抗旨之罪，也没有继续下令杀掉狱中的犯人，而是大赦天下。这也就意味着，刘病已可以离开监狱，恢复自由身了。

刘病已在恢复自由后，仍由丙吉照看，同时丙吉也一直在张罗着为他找个好去处。最后将刘病已送去了其父刘进的舅舅史家。当时史家还有刘病已的舅曾祖母贞君和舅祖父史恭。两个人对刘病已疼爱有加，给了他更好的生活条件，也让他受到了良好的教育。在经历了种种磨难之后，刘病已的人生在一点点地回归正轨。

晚年的汉武帝，在知道了"巫蛊之祸"的真相后，悔恨不已，并下了罪己诏。与此同时，刘病已也彻底地从命运的阴霾中走了出来。汉武帝在临终前，留下了两道遗诏，其中一道就是将刘病已收养于掖庭，这意味着刘病已恢复了皇室身份，他的宗室地位得到了法律上的认可。由此，刘病已重新获得了在权力中心进行政治角逐的入场券。而且刘病已不仅仅是皇室子孙，他是正统的嫡系血脉，是汉武帝嫡子刘据这一脉唯一的后人。

对于劫后余生的刘病已而言，健康地成长，好好地活着，就已经是上天最大的恩赐了，所以他并没有参与政治、争夺权力的欲望。

他爱研究学问，也爱游历民间，他喜欢游侠，斗鸡走马，交友广泛，日子过得相对快活。他本以为会这样过一辈子，没想到命运的大笔一挥，将他推向了权力的中心。

在汉武帝之子汉昭帝驾崩后，皇权开始重新洗牌。因为汉昭帝没有可以继承大统的子嗣，大将军霍光拥立昌邑哀王之子刘贺为帝。天上掉下来的王座，刘贺没有好好珍惜，而是被权力砸晕了头脑。因其"荒淫无行，失帝王礼宜，乱汉制度"，在王座上还未足月就被以霍光为首的权臣废黜。

此后，兜兜转转，刘病已这位皇曾孙走入了皇帝候选人的行列。这就要再次提到丙吉，他当时正是在霍光手下做事。而刘病已能够获得霍光的赏识，除了其自身才学和人品之外，自然也有丙吉的一份功劳。

就这样，刘病已这个曾经天牢里的囚徒，因为自己的兄弟不争气，意外地成为九五至尊，走上了人生巅峰。他的命运，也的的确确是经历了大起大落、大风大浪，堪称励志领袖，逆袭典范。

即位后的刘病已，成为了汉宣帝，兢兢业业做皇帝。对内"与民休息"，轻徭薄赋，恢复经济。对外对战匈奴，大胜而归，促成了匈奴的分崩离析，此后数十年间再无战事，完成了汉武帝的遗志。在文化上，整理经典，颁行《史记》。总而言之，在经历了曲折迂回的命运之后，皇权又重归于他，而他也的确尽职尽责，为历史的发展和延续做出了一番功绩。

在这里还有值得一提的一件事情。古代一直有名讳的避讳制度，也就是民间不可以使用皇帝的名字。而刘病已这个名字中，"病"和"已"这两个字在老百姓的名字中非常常见，所以，为了避免无辜百姓因此而被治罪，他自己则改名为刘询，足见其赤诚。

刘询43岁时因病去世。他在位25年，励精图治，开启了西汉王朝的中兴时代，创造了西汉一个新的辉煌巅峰。

从奴隶逆袭成皇帝的石勒

看古代皇帝发家史，从低谷走上巅峰，实现人生逆袭的人物不在少数。但若要真的论起点低，论励志程度，石勒值得被书写一笔。

一般提到草根逆袭的皇帝，人们都会不由得想到刘邦、朱元璋。但他们虽然算不得贵族，可好歹是个正经平民，刘邦还担任过村长大小的官职。而石勒是比平民还要低一等的奴隶。

在古代，人们日子穷到过不下去了，才会卖身为奴，这不仅仅是出售了一辈子的时间，还出售了人权和尊严。奴隶一辈子听候主人差遣，任凭主人打骂，并且可以完全不用讲道理，因为主人打自己的奴隶是合理的。如果奴隶犯了错，要比普通人犯错罪加一等。

13岁左右的石勒，正是拥有这样一种身份。当时，西晋八王之乱正如火如荼，并州发生饥荒，当地贫民被劫掠贩卖的情况很普遍。年少的石勒也被卖给师欢做奴隶。

石勒是羯族人，据说羯族人是西域胡人的一种，他们高鼻深目，有着与汉人截然不同的外貌特征。

年少的石勒幸运值爆棚。尽管在战乱年月吃了不少苦头，又被当商品一样买卖成了奴隶,但是没过多久,他的主人就解除了他的奴隶身份,还他自由。可命运的坎坷并没有结束,他跟着流民乞讨,日子还是很苦,后来又被乱军抓去当兵。他大费周折才逃了出来。

而这些坎坷的经历,练就了他非凡的勇气和智谋,也让他燃起了斗志。想要好好活着,摆脱被奴役的命运,就要把命运掌握在自己的手中。

自从有了这样的觉悟,石勒开始脚踏实地地搞事业,他以一种最为常见的草根方式起家,也就是游击战术。他先是跟随流民帅汲桑一起讨生活,又一起投奔司马颖的部将公师藩,结果公师藩被苟晞攻杀。

名将苟晞是个厉害角色,西晋帝国强大的时候,苟晞曾两次击败过石勒。而后来西晋帝国已经濒临崩溃,苟晞失去了强大的支援,石勒找准机会一战定胜负,直接俘虏了苟晞。

石勒一直跟随汲桑在河北河南流窜,与西晋军阀混战,在多次失败中不断汲取作战的经验教训。在汲桑兵败被晋军杀掉后,石勒投奔了已起兵自立的刘渊。后来石勒频频立功,得到了刘渊的赏识。刘渊加封石勒督山东征讨诸军事,并将伏利度的部众交给石勒指挥。至此,石勒才算正式建立起自己的军事力量,完成了称帝最原始的积累。

308年,石勒已经是一位有着丰富作战经验的汉赵政权的大将,他威名在外,又得到了一位谋士张宾相助。

张宾智谋过人,年轻时就曾自比张良,但是西晋重门第,正因如此,他始终郁郁不得志。直到遇见了石勒,他慧眼识人看出了石勒过人的潜质,于是主动投奔石勒。

石勒经过多番试探,发现张宾计谋过人,算无遗策。得此军师,石勒大喜过望。此后,二人文武相合,一路开挂。

在张宾的扶助之下,石勒顺利地完成了从流寇到群雄之一的进阶。他们以邺城为根据地,征战四方,迅猛发展,除掉了一个又一个劲敌。

在张宾计谋的加持下,石勒的军团如同淬火的利刃,势不可当。

他们击溃司马越主力二十余万,将王衍等西晋重臣一网打尽;击溃强悍的鲜卑段氏军团，并收服段氏之心；在并州大败拓跋氏旧将箕澹等。最后生擒前赵皇帝刘曜，灭亡前赵，称霸北方。

石勒之所以所向披靡，不仅仅在于铁腕和计谋，更是因为他懂得笼络人心，善于用人，懂得依靠汉人的智谋。

319 年，石勒自称大赵天王，建立后赵，定都襄国。石勒从一个在苦难里挣扎的奴隶，一步步地蜕变，成就了一番霸业。

他气势如虹，平定关中地区，擒杀苟晞和曹嶷，灭亡前赵，推动后赵成为北方地区最强的国家。直到 322 年，张宾去世，石勒高呼："天欲不成吾事邪，何夺吾右侯之早也！"此后，石勒军团的火焰渐渐熄灭了，后赵政权如昙花一现，在历史的洪流中一闪而逝。纵然短促，对于石勒而言，却是不可磨灭的闪亮一笔。

被制成"木乃伊"的皇帝

　　提到木乃伊，人们都会自然而然地想到古埃及。他们相信人死后灵魂不灭，会附着在尸体或者雕像上。所以法老死后，会被人用防腐香料制成干尸，用来长期保存，以保证尸身不腐。

　　而在中国古代，有一位皇帝也被制成了"木乃伊"，并且还因此拥有了一个专有名词"帝羓"。从前游牧民族会把吃不完的牛羊肉用盐腌制来储存，这种被腌制过的肉就被称为"羓"，有点类似于腊肉干。那么"帝羓"的意思，显而易见。这位独享专有名词的皇帝，就是辽太宗耶律德光。

　　耶律德光成为"木乃伊"，并不是引进了国外技术，而是有不得已的苦衷。

　　耶律德光是辽代的第二代皇帝，是辽太祖耶律阿保机的次子，在 20 岁的时候就担任了天下兵马大元帅，英武神勇，多次随父征战，深受耶律阿保机的喜爱，最后也成功地继承了皇位。

　　翻看他的人生轨迹，也算得上是功绩斐然。而他死后为什么会被制成肉干？这并不是什么皇家风俗，也不是像埃及人一样因为宗教信仰，而是单纯地为了保持尸身不腐。而这一切，要从一个叫石敬瑭的男人说起。

　　石敬瑭是个臭名昭著的卖国贼，后来还做上了"儿皇帝"。简单来说，就是为了当皇帝，无下限地认爸爸。而他认的这个爸爸，就是耶律德光。

五代十国时期，政治格局乱成一锅粥，各大势力不断割据混战。而耶律阿保机却在中原混战之际统一了北方，势力日益强大，他的野心也随之膨胀。中原像是一块肥肉，被欲望充斥的契丹人一直虎视眈眈。但有一个原因，让契丹人没有直接生扑上去，就是幽云十六州，是一道中原稳固的天然屏障，使其屡屡受挫。

耶律德光没有放下祖辈的夙愿，一直在找机会拿下幽云十六州。他日思夜想，殚精竭虑地谋划着各种战略，以期达成目标。

但他做梦也没有想到，在他煞费苦心苦思无果的时候，"天上掉馅饼"砸到了他头上：有人把幽云十六州拱手奉上。

当时，石敬瑭正与后唐皇帝李从珂争抢帝位，怎奈实力不及，所以他想到了强大的契丹，于是给耶律德光写信求援。

信的主旨有两方面。一方面，他愿意向契丹称臣，并愿意将耶律德光认作爸爸。那年，石敬瑭44岁，耶律德光34岁……

另一方面，只要耶律德光出兵援助，帮他干掉李从珂当上皇帝，他就会将幽云十六州双手奉上。

既能收个皇帝做儿子脸上有光，又能收下幽云十六州这块战略宝地。这笔买卖，只赚不亏，耶律德光非常满意地应下了。

耶律德光亲率兵马，帮干儿子实现了他的小目标，灭了后唐。石敬瑭也建立了后晋称帝。

耶律德光收下了幽云十六州之后，兴致勃勃地耕耘着他的梦想。南方由汉人管，北方由契丹人管，并大力发展农业，举国上下一片繁荣。

石敬瑭好日子没过几年，就撒手人寰，由他的儿子石重贵登基，继承帝位。石重贵可不是个怂包，对契丹拒不称臣，并多次声称要收复失地，一雪前耻。这样的态度，让干爷爷耶律德光很恼火。双方数次交锋，都吃了不少苦头，也让耶律德光很没面子。

后来，石重贵更是集结10万大军，命舅舅杜重威为主帅，声势浩大地去讨伐契丹。

可千算万算没想到，这位舅舅早就心怀鬼胎，想要效仿石敬瑭做儿皇帝。所以，两军对阵，晋军没有做任何抵抗，就成了契丹的俘虏，后晋直接被灭。

可以说，石敬瑭和杜重威都是耶律德光实现梦想的神助攻。

此一时彼一时，后晋被灭后，杜重威并没有如愿当上皇帝，因为耶律德光要自己当。王座金灿灿，已经送到眼前了，为什么要让给别人做？没道理！

灭了后晋之后，耶律德光将国号改为大辽。可是，王座很烫，中原皇帝并不好当。因其纵容辽兵在城内烧杀抢夺，百姓们奋起反抗，再加上各地起义军和石敬瑭旧部力量围追堵截，耶律德光仅在汴京停留不到三个月，就带兵北归了。

中原的物产丰富，发展也更先进，但耶律德光这个实实在在的北方人身体上并不适应。初到中原的雄心和喜悦渐渐褪去，取而代之的是打不完的仗，操不完的心，再加上水土不服，待到反抗大军杀到栾城的时候，耶律德光一口鲜血喷薄而出，死在了追梦的路上。

远在辽国都城的太后得知消息后传来懿旨，要把耶律德光的尸身带回去安葬。可当时正值炎炎夏日，保存尸体谈何容易，大臣、御医都犯了难。据说一位御厨提出了专业建议，他建议用制作耙肉的方式来保存尸身，也就是用盐卤上。虽然这种方法是用在牛羊牲口身上的，对皇帝似有不敬，但也是当时唯一有效的方法。

所以，一生骁勇的耶律德光，成为了"帝耙"，被运送回都城，成为中国历史上唯一一位"木乃伊"皇帝。

由业余皇帝到职业高僧的宋恭帝

这个世界，总有一些令人无奈的宿命。比如说，一不小心，拥有错位的人生。

把这种错位的无奈，演绎到极致的，莫过于皇帝。

李煜，在政治上作为不大，但在诗词领域，是个绝对王者。

宋徽宗，是个执掌皇权的败家子，但也是个天才小画家。

朱由校，当皇帝很平庸，当木匠却有神通。

其实，除了这几位耳熟能详的大人物之外，还有一位错位的典型——宋恭帝赵㬎。当皇帝当得很憋屈，但当僧人却很有造诣。

宋恭帝命不好，虽然是生在帝王家，却偏偏落到了王朝的末期。

1274 年，赵㬎的爸爸宋度宗因为过度纵欲，沉迷酒色，飘飘然离世。年仅 4 岁的赵㬎没有经过任何争抢，就顺利即位，当上了皇帝。没办法，这就是命。

可一个 4 岁的孩子如何能治理国家，担得起帝王的责任？

不要紧，年幼正是他最大的"优势"。因为什么都不懂，所以他一定听话。因此由祖母谢太皇太后、母亲全太后垂帘听政。但实际权力的掌控者，是奸臣贾似道，这个人也正是赵㬎的扶持者。

王朝本就风雨飘摇，再加上奸臣当道，结局肯定是好不了。

震荡的时代里，王权不再牢固，王座也不再稳定。蒙古大军的铁蹄一路飞奔，很快就占据中国的北半部，襄阳和樊城也很快被攻陷，成为了他们南下的要道。

元军一路强攻，宋军节节败退。宋的灭亡，已成定局。

贾似道作为宋王朝最后的希望，只能硬着头皮率领军队与元军对战，迎来的是理所应当的败局。由此，贾似道成了罪人，谢太皇太后和宋恭帝在全国人民的呼声中，不得不杀死他。

但在势不可当的大势面前，这点挣扎，只能是一种自我安慰，该来的总会来的。

南宋德祐二年（1276），元朝大军直逼临安城下，准备灭亡大宋。但大宋的皇室，仍旧沉睡在梦中，还在想着用怎样的求和方式来平息这场战争。

结果可想而知，元军拒绝了。明明已经唾手可得的一切，为什么还要去和人讨价还价？很明显，宋王朝已经失去了谈判权。

最终，太皇太后带着小皇帝投降了，并以小皇帝的名义向元军送上了降书。言辞谦卑，话说得好听，但全然没了皇室威严。

"宋朝奸臣误国，天数已尽，元朝国运兴旺，我愿率百官称臣降服于大元。今谨奉太皇太后之命，削去帝号，将两浙、福建、江东、江西、湖南、两广、四川、两淮等宋朝州郡，全部献给大元圣朝，祈求元朝可怜宋朝三百年江山不至断绝，使赵氏子孙以后有靠，使宋朝百姓能够安享天日。如果这样，那么元朝的大恩大德，永世不忘，日日思报。"

就这样，5 岁的赵㬎，在充满童真的年纪，成为了败君、降君、亡国之君。可这一切，都是命运，是他无从选择的。

投降之后，宋恭帝对于元朝而言，尚有价值。所以，他继续做傀儡。

从前是做大宋掌权者的傀儡，如今是做元朝统治者的傀儡。

当时，虽然宋恭帝投降，但是宋朝的残余势力尚存。宋恭帝同父异母的兄弟赵昰被拥立为新皇帝，并仍与元朝进行着激烈的抗争。

为了控制政权，元世祖忽必烈安置了宋恭帝。同时封他为瀛国公，还把公主许配给他，让他住在大都，也就是现在的北京。把他变成亲戚，变成自己人，这样就可以以他作幌子，顺理成章地招揽尚未归顺的宋朝余部。

在元朝做傀儡的日子并不好过，宋恭帝赵㬎处处谨小慎微，忍受了不少屈辱。后来，1282 年的时候，忽必烈又下诏，让他迁去了上都，那是偏僻的蒙古腹地。6 年后，忽必烈又将他发往了西藏。从此以后，汉文的史籍上，也就再无他的姓名。

入藏后，赵㬎开始学习藏文、佛家典籍。在 19 岁时，斩断红尘，出家做了僧人，法号"合尊"。后来，又做了萨迦大寺的住持，成为一代高僧。

在俗世里，他没机会做一个好皇帝，当了十几年的傀儡，尝尽了人世的悲苦。而遁入空门后，他走入了一个辽阔的世界，畅游于佛法的奥义之中，得到了解脱，也找到了自己。因为他潜心学习，在佛学上取得了较高的成就。并且，将很多汉文的佛家经典，翻译成藏文，也大大促进了佛家文化的发展。

《佛祖历代通载》："至治三年四月，赐瀛国公合尊死于河西，诏僧儒金书藏经。"

据称，赵㬎因为在诗文中表达了对南宋故土的怀念，讽刺元朝无道，而被元朝皇帝知晓后赐死。

也许，对这个生于帝王家的僧人来说，他可以放下世俗，放下欲望。但是，对南宋的牵挂，是他永远都无法斩断的根。

"知道了"是康熙常用的朱批用语

乍一看，"知道了"这样的词，会理所当然地被人们认为是现代用语。但很多人不知道的是，这也是康熙在批复奏折时的常用语。

奏折是我国清代高级官员向皇帝奏事进言的文书。这一称谓最早见于顺治年间。但史学家普遍认为，奏折开始于康熙朝。

具体起源时间暂且不论，但是奏折作为当时的一种新生事物，并没有形成完备的体系。所以，并没有明确规定，奏折要如何批阅。

作为一国之君，皇帝每天都要批阅大量的奏折，所以一些简单的内容，也就简单批阅。而"知道了"这三个字，在康熙的朱批中大量出现。这样一句现代化的用语，却被康熙皇帝使用，让很多人产生一种穿越感。康熙帝那种九五至尊、高高在上的形象，瞬间变得"萌萌哒"。

南京江宁织造博物馆曾晒出了一组被康熙批阅过的奏折，康熙在很多奏折上都回复"知道了"，31 件奏折中，有 15 件都是如此回复。

比如其中，有曹寅向皇帝汇报江南科场舞弊案，前后一共写了 6 件奏折。只有 1 件，康熙皇帝做了较长的朱批，其他几件都回复得非常简洁，其中有 2 件就是写着"知道了"。

这种回复，同样被康熙的后辈沿用。雍正和乾隆也都曾在朱批中这样回复折子。比如，在《真迹选》中，年羹尧在奏折中向皇帝致谢，感谢皇帝封其妹妹为贵妃。而雍正皇帝在这条朱批下回复的正是"知道了"。

皇帝这样回复，其实并不是卖萌，也不是因为高冷才惜字如金。而是因为，他们每天要面对大量的奏折，但这些奏折并不是每一件都事关国家大事，还会有很多献殷勤的，或者是闲聊问候的。

比如，曾有人为讨康熙皇帝欢心，满怀欣喜地为其送来特产美食。例如："奴才于四月二十八日购到新鲜者，味甘微觉带酸，其蜜浸与盐浸者，俱不及本来滋味。切条晒干者，微存原味，奴才亲加检看，装贮小瓶，敬呈御览。"

可是康熙尝了后，一点也不喜欢吃，于是便回复："乃无用之物，再不必进。"

但是，皇帝的朱批挡不住大臣的一片热心，没过多久，东西又送过来了。康熙又反复在奏折中告知：别送了，我不爱吃。试想，一个为政务殚精竭虑的皇帝，还要经常应对各种热情送礼的小弟，有时候的确是挺无奈又无语的。

奏折的功能很像皇帝与大臣之间的微信。有用它来汇报工作的，有送礼表忠心的，也有逢年过节问候表达关心的。

例如，雍正皇帝就经常会通过奏折来和员工搞关系，除了会有一些赏赐之外，在一些臣子的折子上他也会关心问候。例如，他朱批写道："朕躬安，尔好吗？"或"朕躬甚安，尔可好？"。

在山西巡抚诺敏的请安折上他写道："朕躬甚安。尔好吗？新年大喜！蒙天地神佛保佑，尔之合省雨水调顺，粮食大收，军民安乐，万事如意！"

吉祥话应时应景，写得很赞，可远比现代人群发拜年信息要用心得多。

不过，雍正皇帝并不是所有朱批都是这么温柔和蔼的。他作为一国之君，必定要面对形形色色的臣子。比如江西布政使李兰在奏折中所写的"皇上洪福"，雍正帝的朱批是："朕深厌此种虚文。"

而一旦他生气了，他的朱批就又变了一个画风。

"满口支吾，一派谎词！"

"即禽兽不如之谓也！"

"可谓无知蠢钝之极！"

"不学无术，躁妄舛谬。"

"可谓良心丧尽，无耻之小人也。"

"则为木石之无知，洵非人类矣。"

你看，"禽兽不如""非人类"，这么现代又暴躁的小词，就开始狂飙起来。

这历史的细枝末节，就是这么有趣，这会让那些遥远的历史人物，在某些瞬间，成为我们的朋友，就像站在你身边，气鼓鼓地和你吐槽一个蠢货。

这一刻，历史复活了。

乾隆一辈子写了四万多首诗，然而没有一首是精品

提到乾隆，人们先想到的是他是个厉害的皇帝，创造了"乾隆盛世"。其次是他的花边新闻。微服私访，处处留情，大明湖畔，永远的夏雨荷。

但没有人知道，他也算是个诗人，一生创作 4 万多首诗，从产量上来看，直逼《全唐诗》。不过，乾隆作诗的数量虽多，却基本没什么精品。

4 万多首，全都是陪跑水平。

相比之下，只留下一首《春江花月夜》的张若虚，实在是给了乾隆皇帝一次降维打击。

但是，从 4 万多首诗这个数量来看，我们可以了解到，乾隆对于写诗这件事，的确是爱到了骨子里。

就算不能落笔惊风雨，但至少可以自娱自乐，抒发心意。

高兴了要写诗，忧伤了要写诗，旅游途中要写诗，深夜了要写诗，灵感来了要写诗……总之，诗无处不在，如影随形，走到哪写到哪。如果古代有微博，那他一定是个爱更博的博主。这也正是他的独特和可爱之处。

写一首诗，总是需要酝酿和思考，那么，如果按照一小时创作一首诗的速度来计算，要创作 43000 首诗，需要花费 1792 天，大约要 5 年时间。

乾隆的诗，写得容易，读起来也容易。

飞雪

一片一片又一片，

两片三片四五片。

六片七片八九片，

飞入芦花都不见。

乾隆下江南微服私访，但见远处有一参差不齐的古城墙，诗兴大发，就有了这首《城墙》。

远看城墙锯锯齿，

近看城墙齿锯锯。

有朝一日掉过来，

上面不锯下面锯。

诗句顺溜，但口语颇多。

可见乾隆不仅喜欢处处留情，还喜欢处处留诗，处处留名，很喜欢刷存在感。

紫禁城里和城外，可以在各处发现乾隆皇帝的痕迹。到处都是他的墨宝，他题的匾额、他的印章等等。

最著名的要数《富春山居图》，好好的一个古董，被乾隆皇帝题字写得密密麻麻，仿佛是在拿古迹练字。放到现在的网络时代，乾隆皇帝一定是个爱发弹幕的少年。

除了喜欢题字，乾隆还很喜欢刻印章，这样在古迹墨宝上，就可以处处留名。据统计，乾隆有1000枚印章，其中有500枚是常用款。它们曾出现在许许多多的名画、名篇上。

但不得不说，乾隆除了做好一个皇帝，还做了自己，爱好广泛，乐趣多多。不仅仅是活出了生命的长度，也活出了宽度，活出了精彩，堪称人生赢家。

第二篇

那些多才多艺的王侯将相

宰相家中有厨子，将军就该驰疆场。权臣当服帝王下，军师出谋保刘家。

实则是：宰相也可下厨房，将军亦能助管彤。权倾朝野弑君王，诸葛孔明造馒头。

中国历史上第一位著名贤相还是个厉害的厨子

烧饭做菜是个技术活，同样的食材，同样的调味品，有人做出的食物让人难以下咽，有人却能做出佳肴美馔，这也充分地体现出了大厨的魅力。

烹饪是一种与整个民族发展息息相关的文化，中国古代的名厨自然也是不少。但凡事都要讲求个追根溯源，我们中华民族大厨的祖师爷是谁？这个人就是伊尹。

伊尹是个厉害角色，他不仅炒菜厉害，治国辅政也是一把好手，在政治上同样是大有作为。他是商代的开国元勋，常被称为中国历史上第一位名相。在很多古代文献中，都有关于伊尹的记载。

《水经注疏·郦道元·卷十五·伊水篇》："昔有莘氏女，采桑于伊川，得婴儿于空桑中，言其母孕于伊水之滨，梦神告之曰，臼水出而东走。母明视而见臼水出焉，告其邻居而走，顾望其邑，咸为水矣。其母化为空桑，子在其中矣，莘女取而献之，命养于庖，长而有贤德，殷以为尹，曰伊尹也。"

伊尹的出生，带有浪漫的神话色彩。据说他是采桑女在空桑中捡来的孩子，并被交给了国君莘氏，莘氏又把这孩子交给了自己的厨子抚养。因为其母居于伊水之上，所以给他取名叫伊尹。

伊尹从小在厨房里长大，见识过不少山珍海味，也学得一身好厨艺。而他的厨艺境界之高，并不仅仅是把食物做得美味，还从中悟出了治国之道。

一次在为国君送饭时，他适时地与国君畅谈治国之道，其才学令国君刮目相看，于是邀请他担任自己女儿的老师。

一个国君竟然请一个厨子来做女儿的老师，这样的奇事很快被传到了四方诸侯的耳中。

求贤若渴的商汤三番五次地送来厚礼，聘请这位贤才，可是有莘国君一直不肯答应。后来，商汤求娶有莘国君之女，伊尹作为其女的陪嫁，来到了商汤身边。

伊尹因才学得到了商汤的重用，成为了商的丞相。

同样是研究吃，有的人成为了胖子，有的人却成为了丞相。

伊尹以烹饪以及五味为引，为商汤分析天下大势和治国之道。用"以鼎调羹""调和五味"的理论治理天下。并辅助商汤打败了残暴的夏桀，完成了改朝换代。

后来，伊尹还辅佐了三任商王，成为甲骨卜辞中的"旧老臣"之首，受到隆重祭祀，不仅与汤同祭，还单独享祀，可见其地位之尊贵。伊尹的相关事迹在《孟子》《左传》等书中都有详细的记载，可见其对后世影响之深。

同样是厨师出身，之后又走上政坛的人，还有一位，就是春秋时期的易牙，他也经常与伊尹并称为厨祖。我们常常把一顿解馋的美食称为打牙祭，而"牙祭"这个词的由来，就是与这位易牙有关。"牙祭"直白地讲，就是向易牙祭祀。古时候，厨师们会供奉祖师爷，在逢初一、十五的时候向易牙祭祀，叫作"祷牙祭"，后来被讹传为了"打牙祭"。

易牙的厨艺，同样是堪称一绝，堪称当时厨师圈的顶流。他死死地抓住了齐桓公的胃。

易牙在烹饪上悟性很强，创造力极佳，也因此创出了中国八大菜系之一的鲁菜。

单论厨艺，易牙是极具才华的，但是对待至亲，他却极其残忍。

一次，桓公对易牙说："寡人尝遍天下美味，唯独未食人肉，倒为憾事。"也许说这个话的时候，齐桓公只是闲聊胡侃。但是，这话落入了易牙的耳中，就成了机会。

主公想吃人肉，必须满足。但他认为，死囚或者平民的肉，给主公吃了，无法彰显主公的尊贵。

于是，为了博君一笑，易牙磨刀霍霍向亲儿子走去，用自己尚且年幼的儿子的肉，为他的主公献上了一顿美餐。

齐桓公用膳之后，大为惊艳。他从未喝过如此鲜美的肉汤，便叫来易牙，问他是什么肉。

易牙悲情地告诉齐桓公，那是他儿子的肉。为了主公的身体安康，他甘愿杀子献上这餐美食。

我们无法得知，齐桓公在听到这样的事情后，会不会作呕。但可以知道的是，他完全忽略了这种行为的残忍以及灭绝人性，反而只有满满的感动，认为易牙对他的爱与衷心远胜于至亲骨肉。对自己这么好的一个人，怎么能让他只做个厨子？必须重用。

可齐桓公并不知道，实际上易牙真正爱的，只有他自己。他杀子烹肉献于国君，国君得到的是一顿饭，而他得到的是一个大好前途。

齐桓公脑袋一热，易牙放下了勺子，走上了政坛。他的厨艺才华没有在政坛上延续，但他的残忍却在政治上展现得淋漓尽致。在权谋斗争中，易牙用尽手段。

齐桓公曾问过管仲，易牙是否可以重用。

管仲说："易牙为了满足国君的要求不惜烹了自己的儿子以讨好国君，没有人性，不宜为相。请国君务必疏远易牙、卫开方、竖刁这三个人，宠信他们，国家必乱。"

管仲看人很准，道理讲得明明白白，怎奈齐桓公就是不听。他问的问题，也仅是问问。

人生，总是要对自己的选择负责。

齐桓公晚年病重时，易牙谋反，他与竖刁等拥立公子无亏，迫使太子昭奔宋，齐国五公子因此发生内战。一生吃遍珍馐美食的齐桓公最后更是被他们合谋给饿死了，不得不令人唏嘘。而当齐桓公醒悟，为自己重用易牙而后悔的时候，一切已成定局。

　　齐桓公死后，易牙更是大开杀戒，曾经强大的齐国，曾经不可一世的霸主，逐渐失势，国力一落千丈。

　　由此可见，厨子参政，的确不是谁都行。

毛笔是蒙恬将军发明的吗?

众所周知,蒙恬是"中华第一勇士",在历史上,曾两次击溃匈奴,立下了赫赫战功。《史记·蒙恬列传》记载"是时蒙恬威震匈奴","暴师外十余年,居上郡"。

在《太史公自序》中,司马迁赞叹蒙恬:"为秦开地益众,北靡匈奴,据河为塞,因山为固,建榆中。"

正是有蒙恬在,才帮秦始皇解决了外患,在秦统一中国的过程中,收复失地,顺利完成大业。

这是我们对蒙恬的大历史印象,一个威风凛凛、战功赫赫的大将军。但是,当我们关注历史的细节,会发现另外一些意想不到的故事。比如说,蒙恬发明了毛笔。

这条信息被挖掘出来之后,让很多人大吃一惊。在大多数人的一贯印象中,将军更应该舞刀弄剑,怎么会钻研书写用的笔,甚至还完成了一项伟大的发明?

据说,当时蒙恬被派遣到北方修建长城。在修建过程中,他需要定期向秦始皇做汇报,报告修建进度以及边疆军情等。

在当时,人们都是用竹签蘸着墨汁,再写到竹简上。但是,竹签只能够吸附少量的墨汁,书写时就会断断续续很不方便。一次,蒙恬在打猎的过程中发现了受伤的野兔在逃跑的过程中，尾巴在地上拖出了一道血迹。

这一幕给了他很大的灵感，便在野兔的尾巴上剪了一点毛，装在了竹管中，固定之后，蘸着墨汁书写。

但是，因为兔毛过于光滑，并不吸墨，就被他丢到了门前石坑中，此事也就此作罢。一段时间后，蒙恬突然发现被丢弃的笔，上面的毛变得很湿润，而且也更加干净洁白。后来他才明白，因为石坑中含有石灰，兔毛在含有碱性的石灰水中浸泡过之后，油脂就会脱落，对墨汁的吸附能力也更好。

古籍中有一些关于蒙恬发明毛笔的说法。如今能见到的最早记载大约是《太平御览》所引晋张华《博物志》的话："蒙恬造笔。"唐韩愈《毛颖传》中也提到蒙恬伐中山，俘获毛颖，秦始皇宠之，封毛颖为"管城子"。这里的毛颖指的就是毛笔。

现今，仍有一些出产毛笔的地区，将蒙恬奉为制笔的鼻祖，一直对其进行祭拜。

虽然有史料记载蒙恬造笔，但是，很大程度上是因为当时人们对古代历史了解少，认知有限。从后来考古发现中印证了，造笔者并非蒙恬。在 20 世纪 50 年代，长沙的一处战国时期楚国公墓中，出土了一整套书写工具，其中就有长约 21 厘米、直径约 0.4 厘米的毛笔实物，该毛笔笔头以优质的兔箭毛制成。

因此，毛笔在早于蒙恬的时期就出现了。蒙恬和蔡伦一样，不是创造者，而是改造者。

清代学者赵翼在《陔馀丛考》卷十九"造笔不始于蒙恬"中一口气列举了蒙恬之前《诗经》《尚书》《尔雅》《说文解字》等古书中出现"笔"字的证据，并且以《庄子》"宋元君将画图，众史皆舐笔和墨"的话，作为上古之笔不是竹制硬笔而是"以毫染墨"的毛笔的证明。另外，晋朝太傅崔豹在《古今注》一书中曾写道："自蒙恬始造，即秦笔耳。以枯木为管，鹿毛为柱，羊毛为被。所谓苍毫，非兔毫竹管也。"

这段文字，给我们提供了关于"蒙恬造笔"的大量信息。首先，从整个叙述来看，蒙恬造笔的故事与前文中的传说有异，蒙恬所造之笔，并不是兔毫竹管。其次，文中认可了蒙恬造笔的事实，但是，他所提到的蒙恬造笔，只是毛笔中的一种，被称为秦笔。

关于毛笔的历史，可以追溯到距今六七千年前的新石器时代，有学者推测，当时的一些文物中，就已经出现了软笔的书写特征。线条圆润流畅，有较为自然的粗细变化。此外，甲骨文中也曾多次出现"聿"字，字形为手握笔杆，《说文》三下又部："聿，所以书也。楚谓之聿，吴谓之不律，燕谓之弗。"又"笔，秦谓之笔，从聿，从竹"。

所以，蒙恬非毛笔的创始人，而是改造者。有学者认为，大约是经由蒙恬改造的毛笔，更精致更便于书写，且在当时的历史时期对于毛笔的创造源头很模糊，便将蒙恬当作了造笔人。

蒙恬虽然只是毛笔的改造者，但这种改造也是极具创造性的，对中华文明的发展起到了重要的促进作用。

古代身份证发明者，最后也死于自己的发明

在生活中，每个人都离不开身份证。乘车出行、住宿、办理各种手续等都需要出示身份证明。没有身份证，可谓寸步难行。

身份证登记制度在古代就已有雏形，这个制度的发明者就是商鞅。众所周知，商鞅在秦国推行了一系列的变法改革举措，促使秦国完成了一次蜕变，加快了统一中国的进程。

在商鞅变法系列举措中，连坐就包括了这一条身份登记的制度。

商鞅所创的身份证明叫照身帖，是一块由竹板打磨而成的板子，由官方统一发行，上面刻录着百姓的个人信息，从而方便国家对百姓的管理。

秦国上下的百姓都需要持有照身帖才可通行、住宿。因为当时商鞅变法最重要的一条措施是什伍连坐法，"令民为什伍，而相收司连坐"。当时秦国将民户按什伍编制起来，五家为伍，十家为什。他们之间互相监督，如有人隐藏不报，就会将其与"奸人"处同等罪罚。所以，在外投宿时，如果没有照身帖会被认定为没有合法身份，也有可能是作奸犯科之人，一旦收留其住宿，就会招致罪祸。

后来，在秦孝公去世之后，商鞅遭陷害，被人告发说他要谋反，秦惠文王暴怒，下令逮捕商鞅。

　　商鞅好日子到头了，只得潜逃，好不容易逃到秦国的边境，夜间想要投宿，却被主人拒绝，因为他没有携带照身帖。

　　情急之下，商鞅提出可以加倍支付报酬，希望可以通融。而主人告知，全国上下推行商鞅之法，留宿没有证明的人会被治罪。不知道当时商鞅是该心碎还是欣慰。

　　后来，商鞅无奈，起兵反抗，最终失败，被车裂而亡。而值得一提的是，车裂的刑罚也是商鞅发明的。

　　商鞅用变法让秦国变得强大，他也因变法而扬名天下。最终也是因为变法而触及贵族阶级的利益，被逼上了绝路，死于自己所创的车裂刑罚。

世界上第一双皮鞋诞生于中国，是由孙膑发明的

每个现代人都会购置几双漂亮的皮鞋，但你知道皮鞋是什么时候发明，又是由谁发明出来的吗？

很多人潜意识里会认为皮鞋来自西方国家，但事实上，世界上第一双皮鞋来自于战国时期，是由著名的军事家孙膑发明的。

战国时期的著名军事家孙膑和庞涓都是鬼谷子的学生，相对而言，孙膑学习成绩更好，庞涓嫉妒优等生孙膑，设计陷害了他，使他遭受了刖刑，其无法站立，成了残废，并被软禁起来。后来孙膑从魏国逃走，投靠了齐国，成了齐国的军师。但是因为受过刖刑，无法行走，他便让鞋匠用皮革缝制了高腰皮靴。整个鞋子的设计分为鞋帮和鞋底两个部分，也成为了现代皮鞋的雏形。

这个新设计使得孙膑可以恢复行动，并在353年，孙膑指挥军队，击溃了庞涓，大仇得报。孙膑所发明的皮靴和现代意义上的皮鞋有一些差异，但是却有着非凡的意义。后来孙膑也被后世的制鞋者当作祖师爷来供奉，被尊为"制鞋始祖"。

虽然，大多数人所记得的，仍是孙膑的军事成就，但他给人们留下的创造性发明，一代一代地延续下来，深入人们的生活。同时，也为中华文明添上了鲜亮的一笔。

权臣霍光发明了内裤

提到霍光，首先浮现在大家脑海中的一定是这几个名词："西汉权臣""麒麟阁十一功臣之首""霍去病之弟""国丈爷"。但任谁也想不到，他竟然还是一位发明家，发明的东西沿用至今，造福广大男女老少。

霍光到底发明了什么，竟可以在 2000 多年的历史长河里，经久不衰呢?

这得从霍光的身世说起，欲说其弟，先聊其兄。霍光的哥哥霍去病，大名鼎鼎，封狼居胥，气吞万里如虎，但他却是一个私生子。

霍去病的父亲霍仲孺，以小吏身份被派到平阳侯家中服役。这家伙不老实，在服役期间，竟然和府中侍女卫少儿谈情说爱，偷尝禁果，珠胎暗结，最终生下了霍去病。

霍仲孺服役完成后，竟然拍拍屁股走人了，从此与卫少儿断了关系，不通音讯，实打实的渣男行径。不久之后，他更是另娶娇妻，生下一个孩子，这个孩子便是霍光。

但霍仲孺怎么也没想到，卫少儿的妹妹卫子夫在不久后被皇帝临幸，成为汉武帝的宠妃，最终成为母仪天下的皇后。卫少儿的弟弟卫青，更是成为汉武帝最信任的爱将，名动天下。汉武帝爱屋及乌，对卫子夫的外甥霍去病恩宠万分，年纪轻轻便让其成为手握兵马万千的将军。

霍去病长大成人后，才得知自己的身世，但由于军务繁忙，他一直未来得及去探访自己的父亲。直到他被封为骠骑将军，前去攻打匈奴，路过河东时，才得与霍仲孺相见。

本以为霍去病会报复父亲对他的遗弃，未承想他以德报怨，为霍仲孺买了大量的田地、房宅、奴婢。打败匈奴之后，霍去病得胜还朝，又经过河东，便把十几岁的异母弟弟霍光带到了长安。

霍光来到长安后，因为汉武帝对哥哥霍去病的宠爱，他也官路亨通，从郎官到曹官再到侍中，一路火线升职。霍去病去世之时，他已升任为奉车都尉、光禄大夫等，侍奉陪伴在汉武帝身边。

霍光出入禁宫二十余年，竟然未曾犯下一错，得到了汉武帝的信任。由此可见，霍光不仅仅是靠着哥哥的庇荫关系才能飞速提干，他自身的能力也非同一般。

汉武帝病危之时，托孤于霍光，任命其为大司马大将军，和金日磾、上官桀、桑弘羊一同辅佐时年八岁的刘弗陵，即后来的汉昭帝。

四位顾命大臣中，霍光与金日磾、上官桀两家都有姻亲关系，霍光的女儿分别嫁给两家的儿子为妻。此时霍光在政党之争中，已处于不败之地。不久之后，金日磾病逝，朝堂之上，只剩霍光、上官桀、桑弘羊三大话事人。

即便是姻亲关系，涉及利益，兄弟尚且反目，更何况是亲家呢？上官家与霍家便是如此。上官家想将霍光的外孙女上官氏嫁给汉昭帝为后，遭到霍光的反对。于是上官家恼羞成怒，去疏通盖长公主的关系，成功将上官氏扶上皇后大位，上官家成为皇亲国戚。

投之以桃，报之以李，上官家得到自己想要的政治资本，自然要回报盖长公主，于是推荐盖长公主的情夫丁外人为封列侯和光禄大夫。霍光一身正气，自然不许，加上此前他多次拒绝给上官家的亲戚封官，至此两家彻底反目，结怨成为政敌。

权力之争，不是你死便是我亡。上官家联合盖长公主、燕王刘旦以及辅政大臣桑弘羊等人，共同结盟，意图除掉霍光。于是乎，他们趁着霍光休假，假托燕王名义，上书诬陷霍光有不臣之心。只待汉昭帝一声令下，便内外接应，一举擒杀霍光。

没想到十四岁的皇帝竟然识破阴谋，下令让霍光彻查此事，严惩幕后之人。上官家等人见此计不通，怒从心头起，恶向胆边生，便要起兵造反，诛杀霍光，废黜昭帝，拥立燕王。

理想是美好的，现实是骨感的，密谋泄露，上官桀、桑弘羊等人被霍光反杀，盖长公主、燕王自杀。从此，霍光走上权力的巅峰，朝堂之上，只有他一人说了算。

汉昭帝的政治眼光毒辣，选择站队霍光，才能继续安安稳稳坐在皇帝宝座上。但此时大汉帝国的实际话事人，还是一言九鼎的霍光。或许是时刻担心自己帝位不保，身首异处，汉昭帝忧心忡忡，身体不佳，子嗣全无。

霍光见到皇帝病恹恹的身体，焦虑万分。他的焦虑，或是真心为皇帝身体考虑，抑或是担心皇帝驾崩，权力交替，政权不稳，影响自己掌控朝堂。

于是他开始干涉后宫，控制汉昭帝的房事，强令宫中所有妃嫔和宫女穿上他特制的连裆裤，就是在原开裆裤的基础上，用带子将裆部密密麻麻缝紧，以此来禁止她们和昭帝同寝，历史上第一条内裤应运而生。

即便是霍光如此努力，千方百计让汉昭帝只临幸自己的外孙女上官皇后，以此促进外孙女诞下龙子，保证霍家血脉能够继续掌控着大汉王朝。但直到汉昭帝临终之前，都没能留下血脉。

汉昭帝驾崩之后，由于其没有儿子，霍光便拥立昌邑王刘贺为帝。二十七日后，霍光又以其荒淫无道为由，将之废除。随后拥立流落民间的武帝曾孙刘病已为帝，即汉宣帝。此后直到霍光死去，他都一直独揽朝廷大权，成为权臣一名。霍光效法殷商伊尹，行废立天子之事，后人便合称他们为"伊霍"。

霍光没有想到，他死之后，霍家便被皇帝以造反的名头给灭族了。他更没有想到的是，他的一次小发明，可以沿用两千年。但今人无论谁也没想到，内裤的发明竟然是因为一场政治博弈，涉及权谋斗争。或许如同那高悬夜空的一轮明月，古代流传着嫦娥奔月的传说，是诗仙笔下的烂漫，是词人的寄情之物，如今成了人类研究驻足的星球。月亮的地位随着历史的进程在人类眼中不断改变，更何况是一条内裤呢？正是古人不见今时月，今月曾经照古人。

改进了造纸术的蔡伦是因为宦官干政而死的

提起我国古代四大发明，无人不知，无人不晓。造纸术作为我国古代的四大发明之一，对文明的传承和发展有着至关重要的作用。

也正是因为造纸术，让蔡伦这个人物妇孺皆知，青史留名。但大部分人记住的，只有他的造纸术，而对他的人生轨迹知之甚少。也因此忽略了他的另一个侧面，只保留了一个伟大而光明的标杆形象。

蔡伦生于东汉初期的一个铁匠世家，从小习《周礼》，读《论语》，满腹经纶，才学出众。同时，他的动手能力也很强，冶炼、铸铁、养蚕样样精通。

相传，在75年，经由一位相识的铁官推荐，蔡伦进入皇宫，成了一名宦官。

由此，他离开了父母，也离开了故土，开始在宫廷当差，开启了另一段人生。

起初，蔡伦的官职低微，只是在皇宫旁舍嫔妃所居的掖庭当差，是个普普通通的基层工作者。不过他人很勤快，又很机灵，几年之后，就得到了提升，成为可以出入皇宫，传递诏令的宦官。随着官位越来越大，他的才华和野心也都渐渐展露出来。

当时汉章帝的窦皇后无子嗣，所以会用尽手段打压怀有龙子的妃嫔。蔡伦看到了机会，成为窦皇后的神助攻。

在窦皇后的授意下，蔡伦诬陷太子刘庆的母亲宋贵人"挟邪媚道"，逼她自杀，并将太子废为清河王。紧接着又陷害皇子刘肇的母亲梁贵人，并将刘肇抢了过来当成窦皇后的儿子，助其成为太子。

在这一系列操作之后，蔡伦成为窦皇后的心腹。经过多年运筹，他的权力越来越大，到汉和帝即位的时候，他已经升迁为中常侍。汉和帝在刚刚即位时，年龄尚小，蔡伦服侍过的窦皇后成为了皇太后，并把持着朝政。也因此，蔡伦走上了他的人生巅峰，开始参与朝政。

东汉后来的灭亡与宦官有着密切的关系，而蔡伦也正是宦官干政的源头。

在政治的漩涡里，摸爬滚打多年的蔡伦，深谙这宫中权力之道。在窦太后去世后，蔡伦开始担忧自己的地位不稳，便想着为自己寻找新的靠山。他看准了风向，又投靠了新的主子邓皇后。

这位邓皇后和窦太后风格完全不同，她是个才女，喜欢舞文弄墨，生活素简，不喜铺张浪费。就比如，她希望用更省钱、质地更好的纸张来写字画画。

皇后的诉求就是机会，而且蔡伦从小聪慧，动手能力强，于是自告奋勇开始专心研究，改进造纸术。

他总结了前人的经验，精心制造出了物美价廉的优质纸张。也正是这一举动，让他青史留名，对中国乃至世界的文明发展都产生了深远的影响。

人生的高低起伏，总是很难预料。也就是在他成功改造造纸术，迈向新辉煌的这一年，汉和帝早逝，邓皇后成为了邓太后。这个可怜的女子在失去丈夫的两年之后，又失去了唯一的儿子。

邓太后的不幸直接带来了蔡伦的不幸。因为，皇位需要有人继承。最终，13岁的皇侄刘祜成为新任小皇帝。

刘祜正是清河王刘庆的儿子，风水轮流转，属于刘庆这一脉的皇位又回来了。

但这可吓坏了蔡伦，因为当年刘庆失去太子之位，以及刘庆之母宋贵人被害，都与蔡伦脱不开干系。

好在当时小皇帝即位，实权仍是掌握在邓太后手中，蔡伦的好日子还没走到头。后来还被奉为"龙亭侯"，成了王公贵族，之后又担任了长乐太仆。本质上，是一人之下，万人之上。

　　但那段日子蔡伦过得并不踏实，因为他明白，一旦汉安帝亲政，也就意味着自己的路走到头了。而这一天，迟早会到来。毕竟出来混，总是要还的。

　　121 年，邓绥离世，汉安帝亲政。

　　蔡伦预见了可能要面对的暴风雨，他将失去一切，甚至可能承受难以想象的痛苦。所以，在这一切发生之前，他要由自己做个了断，他服毒自杀，为自己保留了最后的体面。

　　历史大浪淘沙，千百年后的人们，更多的是记住了他改进造纸术的功绩。这应当是，历史的仁慈。

诸葛亮不光是个智谋出众的军师，还是个伟大的发明家

受文学作品《三国演义》的影响，人们对诸葛亮的一贯印象是机智聪明，能掐会算，鞠躬尽瘁，辅佐刘备一路建功立业，是一位非常优秀的谋士。

但现实中，诸葛亮也是个非常厉害的发明家，产量还很高。除了我们众所周知的木流牛马和孔明灯之外，还有不少伟大的发明，比如馒头。

正史《三国志》曾这样记载："诸葛亮平蛮回至泸水，风浪横起兵不能渡，回报亮。亮问，孟获曰：'泸水源猖神为祸，国人用七七四十九颗人头并黑牛白羊祭之，自然波浪平静境内丰熟。'亮曰：'我今班师，安可妄杀？吾自有见。'遂命行厨宰牛马和面为剂，塑成假人头，眉目皆具，内以牛羊肉代之，为言'馒头'奠泸水，岸上孔明祭之。祭罢，云收雾卷，波浪平息，军获渡焉。"

古代非常重视祭祀，祭品也是五花八门，甚至有可能会祭祀人头。但诸葛亮觉得为了祭祀而杀人太过残忍，于是便命人和面做成假人头的模样，并用牛羊肉作为填充，以此来祭祀泸水。并将这种祭祀之物称为"馒头"。馒头祭祀也逐渐流传并沿用，后来馒头也作为一种食物，出现在人们的餐桌上。

从史料的记载中，就可以看出，诸葛亮所发明的"馒头"是带馅的，相当于我们今天吃的肉包子。

　　元代古籍《居家必用事类全集》中记有多种馒头："平坐小馒头（生馅）、撺尖馒头（生馅）、卧馒头（生馅，春前供）、捺花馒头（熟馅）、寿带龟（熟馅，寿筵供）、龟莲馒头（熟馅，夏供）、葵花馒头（喜筵，夏供）、毯漏馒头（卧馒头口用脱子印）。"从中可以看出，当时这种带馅的面食也称为馒头。

　　诸葛亮发明孔明灯，这是众所周知的。时至现代，也仍有人会放孔明灯用来寄托美好的愿望。但是诸葛亮最初发明孔明灯是用于军事的，用来传递信息搬救兵。而且，孔明灯的发明最重要的意义在于，诸葛亮是世界上第一个发现并使用热气球空飘原理的人。

　　不仅如此，诸葛亮还发明了孔明棋、诸葛弩、八阵图等，更有传言烤鱼、锅盔、大头菜也是诸葛亮发明的。总之，这位伟大的发明家为我们留下了丰富的文化遗产。

北周最牛的权臣，三年连废三帝

古代男性的终极梦想是当皇帝，因为皇帝拥有着至高无上的权力。大臣再厉害，也得听皇帝的。

但凡事总有个例外，浩瀚历史，总有异类。做臣子的，也能踩到皇帝头上。更准确来说，是把皇帝的小命攥在手心里。

比如，北周权臣宇文护，在职期间杀掉了三个皇帝，整个过程，仅仅用了三年时间。

宇文护是周文帝宇文泰的侄子，早些年跟随宇文泰杀伐四方，立下了赫赫战功。

宇文泰本身是个狠人，所以他能驾驭得了宇文护，把他当成自己最信任的臣子。宇文泰原想取代元氏政权自立为帝，不料在北巡途中病死。他在临终前将朝政大权交给宇文护，因为他害怕自己的几个儿子太年轻，无法守住他的政治成果，无法完成自己称帝的夙愿。

但宇文泰没有想到，宇文护没有把政治大权当成圣果来守护，而是把它淬炼成了一把锋利的刀，直指他的儿子。

西魏恭帝三年（556），宇文护迫使西魏恭帝禅位于宇文泰第三子宇文觉。彼时的宇文护看上去还是那个重情重义、信守诺言的人，没有辜负宇文泰的嘱托，扶持他的儿子上位，碾碎了西魏政权，建立了北周。宇文觉成了孝闵帝，并封自己的前任皇帝拓跋廓为宋国公。但是，没过多久，拓跋廓就被宇文护灭口。

前朝皇帝，无论是什么身份，本质上都是祸根。所以，宇文护毫不犹豫地将其铲除。拓跋廓也成了他第一个杀死的皇帝。到此时，宇文护的所作所为看起来都是在完成宇文泰给予他的使命，似乎也没有太大毛病。

但紧接着，宇文护的第二刀，瞄准了新皇帝宇文觉。

宇文觉称帝后，宇文护就任大司马，后来又晋升为大冢宰，封晋国公，食邑一万户，名义上是"一人之下，万人之上"。作为一个真正的掌权者，皇帝也不过是他的提线木偶。

作为一个曾立下赫赫战功，扶持皇帝上位，又执掌大权的人，宇文护很嚣张。

一些老臣很看不惯宇文护的专横跋扈，甚至曾有人想要密谋刺杀宇文护，并找独孤信商议。独孤信对其劝阻，并没有告发。后来宇文护得知此事，将独孤信罢官，后来又逼他自尽。

宇文觉当时尚未成年，但是也不甘心被掌控，一直渴望亲政。而朝中大臣李植、军司马孙恒和宫伯乙弗凤、贺拔提等人看出小皇帝的心思，便与皇帝密谋除掉宇文护。他们部署了周密的计划，但最后还是被人告发。

宇文护根本没把这些人放在眼里，只把为首的李植贬为梁州刺史，孙恒贬为潼州刺史。

但是，事情并没有结束，宇文觉一直不甘心，总是想方设法地要召回李植、孙恒二人。宇文护向宇文觉表演了一次"哭谏"，声泪俱下表忠心。

宇文觉身边的乙弗凤仍是加紧绸缪，与宇文觉继续密谋除掉宇文护。怎料他们并没有吸取前车之鉴，保密工作没做好，再次被人告密，刺杀失败。

这一次，宇文护被激怒了，也终于开始亮剑。他需要的是听话的木偶，他已经受够了在皇位上上蹿下跳、蠢蠢欲动的宇文觉，于是便设计逼其退位，随后杀掉了密谋的臣子。最后，快刀斩乱麻，杀掉了宇文觉。

彼时，宇文觉还是个 16 岁的少年，成为宇文护杀掉的第二个皇帝。

废掉宇文觉之后，宇文护拥立宇文泰的嫡长子宇文毓为帝。

如果皇帝不听话，那就换个新皇帝，省心又省力。这是宇文护的常规操作。

新皇帝宇文毓看起来温文尔雅，柔柔弱弱，一副很听话很好欺负的样子。但是，那只是看起来的感觉。宇文护的如意算盘又打错了。

宇文毓温顺的外壳之下，住着一头难以驯服的狮子。宇文毓有能力，有远见，在接受政权之后，励精图治，积极地推行改革，政绩显著。他的魄力让宇文护感到害怕。

令狐德棻《周书》曾这样记载宇文毓："帝宽明仁厚，敦睦九族，有君人之量。幼而好学，博览群书，善属文，词彩温丽。""治有美政，黎民怀之。"

面对优秀的宇文毓，他无法故伎重施，使其退位，只好要阴招。他让在用膳部工作的心腹，在宇文毓的食物中下毒。宇文毓成了宇文护杀掉的第三个皇帝。

宇文毓在病危时，口授遗诏传位于四弟宇文邕。

17岁的宇文邕接过了长兄手中的权杖，是为周武帝。

虽说是皇位，却没有实权，这皇位其实更像是个烫手的山芋。

在宇文护眼中，宇文邕不过是一个新的傀儡，却不知他才是自己真正的敌人。

宇文邕即位时虽然只有17岁，但他是个聪明人，他在自己兄长的不幸中看清了这场政治游戏的雷区，也找到了保命的方法。

他清楚彼时的宇文护势力在朝廷根深蒂固，所以他既不会像宇文觉一样跟他硬刚，也不会像宇文毓一样太过显露才能。他要做的，是蛰伏，隐藏起自己的心思，慢慢蓄力，找到合适的机会，才能绝地反击。所以多年来，宇文邕一直对宇文护恭恭敬敬，各种尊重各种捧。以此来麻痹敌人，让敌人觉得自己无人能敌。

一直到天和七年（572），看似毫无野心的木偶宇文邕开始反击，设局杀了宇文护，并快刀铲除了他的党羽，完成了一次政治肃清。

宇文邕是个厉害角色，他在宇文护的控制下隐忍，又有谋略，铲除了宇文护，夺回了政权，也给自己的兄长们报了仇。

其在位期间，摆脱鲜卑旧俗，推行府兵制和均田制，百姓安居乐业。577年，他灭北齐，一统北方。

只可惜，他英年早逝，才36岁，便逝于北征途中。

宋体竟然是秦桧发明的

提到秦桧，人们脑海里会自动浮现出卖国贼、大奸臣的标签。他也自然而然地成了影视剧中的反派典型。

但若是仔细地研究秦桧这个人，就会发现，在他身上除了我们所熟知的大事件，还有一些令人意外的细节。

比如说，他发明了宋体。

当时，在来往的公文中，秦桧发现各地的公文字体很不规范，便想着做一些统一的规范。他对宋徽宗的字研究得很深，于是，在徽宗所创的字体之上进行了改造，形成了一种全新的字体，字体的结构很工整，并且简单易学。于是开始使用这种字体来书写公文提交奏本。

这个新字体很快引起了徽宗的注意，并下令将秦桧的书写作为模板，用作全国统一的公文书写字体。

此后，宋体得到了快速的推广，并广泛使用和传承下来，时至今日，仍在我们日常办公中被广泛使用。

你看，如此十恶不赦的罪人，却还有这样不小的贡献。

这其中有一个值得注意的问题，就是宋体的命名。因为按照我们国家书法界的惯例，历代都会使用创造者的名字或者代表人物的姓氏来命名字体。例如，颜真卿创造的字体叫颜体，柳公权创造的字体叫柳体，那么按照这个规律来推演的话，秦桧创造的字体应该被称为秦体。但它最后偏偏被称为宋体。

关于这个问题，有这样一种说法，因为秦桧在担任了南宋的宰相以后，陷害忠良，通敌卖国，被视为千古罪人，恶名远播。所以人们对其极为仇视，在其下狱之后，人们虽然仍在沿用他创造的字体，却并不以他的名字命名，而是以创造的朝代命名，也就是宋体。

秦桧除了发明了宋体之外，还和著名的女词人李清照是亲戚。

秦桧的夫人姓王，其父名为王仲山，祖父叫王珪。王珪曾任宰相，只是并没有做出明显的成绩。

王珪是李清照的外祖父。王珪有 5 个儿子和 4 个女儿。秦桧夫人的父亲，是王珪的第四子。

李清照比秦桧大了 6 岁，如果按亲属关系来算，李清照应该算是秦桧的表姐。

不过，历史上并未记载二人有过交集，或是两家本身没有什么交往，又或者满腔爱国热情的李清照，不屑于和秦桧交往，即使后来入狱，也未曾想过要向秦桧求助。

关于秦桧，还有一则故事值得了解。

我们现在常吃的早餐油条，早期也叫"油炸桧"或者"油炸鬼"。显而易见，这也与秦桧脱不了干系。

当初，秦桧卖国，并以"莫须有"的罪名谋害了岳飞父子，百姓对秦桧和他的妻子王氏恨得咬牙切齿。当时风波亭附近有一家专卖油炸食品的店铺，在得知岳飞被秦桧夫妇所害之后，怒火中烧，拿起手中的面团，捏成了一男一女的形状，然后拿起面刀，在上面一刀又一刀地切下去，最后将它们背靠背放在一起，扔到油锅里去炸，并叫喊着"油炸秦桧"，以此泄愤。百姓闻声，纷纷赶来捧场。此后，人们争相效仿，油条在各地熟食摊上一直流传至今。时间久了，人们就慢慢把它称作油条。不过现在有一些地区，仍是沿用"油炸桧"的叫法。

秦桧的罪行，受后世唾弃，但他丢失的尊严，却被他后辈拾起。

　　秦钜是秦桧养子秦熺的后代，按辈分，应当算是秦桧的曾孙。秦钜文武双全，聪慧勇猛，能力超群。但是，因为其身份问题，一直没能得到重用。满腔报国情怀，无处施展。

　　嘉定十年（1217），金兵撕毁了与大宋的协议，再一次入侵，让大宋陷入危机。

　　宋宁宗急召大臣商量对策，想要挑选一位优秀的将领来对抗金人的入侵，但始终没有合适的人选。

　　后来，一位老臣推荐了智勇双全的秦钜，并坚称他一定能击退金兵。

　　但这一提议，引得朝中一片哗然。毕竟，他的祖上没给后辈积德。

　　有人提出，秦钜是秦桧的后代，任用恶人一定会危害国家。但也有人认为，用先人的道德水平来评判后人，这的确存在偏见，更何况大敌当前，正是用人之际，着实不该如此苛刻。

　　两种观点僵持不下。最后，宋宁宗找到了一个折中的策略，他给秦钜安排了一个不大不小的官职，并另选了一位主将。这样，既能够发挥秦钜的长处，同时又能避免秦钜带来的风险。

　　满腔报国热情的秦钜非常珍惜这一次机会，在接到任命之后，就带着全家奔赴蕲州赴任。

　　到任之后，他面临着巨大的压力。一面是金兵来袭，战争一触即发，一面是百姓和士兵将自己的满腔愤怒都指向了他，只是因为他是秦桧的后人。但是，秦钜把精力用在实处，认真地训练士兵，修筑防御工事，关爱百姓，也渐渐地赢得了百姓的认可。

　　嘉定十四年（1221），金兵入侵蕲州，秦钜与郡守李诚率领将士拼死搏斗。然而，当时秦钜只有三千兵力，双方力量悬殊，无异于以卵击石。

　　大敌当前，秦钜一面向朝廷发出增援的请求，一面奋力抵抗。就这样持续了一个月，援兵仍是迟迟未到。

　　后来，因为城内有人偷偷逃出城，使得金兵趁机破城而入，死伤惨重。金兵到处放火，火光四溢，浓烟滚滚。

　　有人拉着秦钜逃命。但他却带着家人，投入了熊熊烈火中，以身殉国。

后来，当地百姓为了纪念秦钜的忠勇，为他建了"咏烈堂"，宋宁宗亲自御题"褒忠"二字，封他为"义烈侯"。

虽为秦桧的后代，但他无愧于民族，重拾了祖辈丢失的尊严。

清朝名将年羹尧的哥哥是跨界王者，科学、医学成就斐然

清朝将领年羹尧戎马一生，曾立下赫赫战功，在历史上留下了威名。他的形象也经常出现在影视剧中。

随着《甄嬛传》热播，华妃娘娘的形象更是深入人心。华妃这个角色，正是以年羹尧妹妹敦肃皇贵妃为原型所塑造的。

在真实的历史上，关于年羹尧的家族，还有一笔让人们忽略的精彩。那就是年羹尧的哥哥年希尧。他是个优秀的科学家，也是医学奇才，此外还有很多可圈可点的才能。

年家兄妹之所以如此优秀，很大程度上要归功于家学渊源。

年羹尧祖籍安徽怀远，祖上后来迁居到辽东北镇。在顺治年间，年羹尧的祖父年仲隆考中了进士，进入汉军镶白旗。后来曾就任和州也就是如今安徽和县的知州。

在祖辈的艰苦奋斗中，年家也逐渐兴旺发达起来。

年氏兄妹的父亲年遐龄起初只是负责抄写满文汉书，后来逐步升迁，成了一名封疆大吏，一生清廉，政绩斐然。

再后来，年遐龄的小女儿成了雍亲王胤禛的侧福晋。胤禛即位后，成了雍正皇

帝，侧福晋年氏深得圣宠，被封为贵妃。年羹尧更是战功赫赫，成了威震朝野的大将军。

而大哥年希尧则是在科学、医学等方面，创造了丰硕的成果。

起初，年希尧也同样是从政，和他的父亲一样，也是从笔帖式干起的。后来一度成为广东巡抚和工部侍郎，成了朝廷二品大员。

但是年希尧并不精于做官，雍正皇帝评价他"有傻公子的秉性"。

也许，正是这种天然呆的秉性，才使他在后来投入研究，著书立说。

按照原有的轨迹，如果一切如常，年希尧可能会做一辈子的官，过着富贵舒服的官家日子。

但命运偏偏无常，残酷地收回了年家的荣耀。

雍正三年（1725），年羹尧失宠，被解职。后来又被列出九十二条罪状入狱。紧接着，他们的妹妹年贵妃病逝。

曾经风光一时的年氏家族，颓然崩塌。

年羹尧倒台，整个家族都受到了株连，年希尧也被免了职。

但不久后，年希尧又再次被雍正皇帝起用，任命他为内务府总管，管理皇家的衣食住行。

经历了官场沉浮后，年希尧对人生有了新的领悟。人生之追求，不一定非要是仕途，还可以有另一种精彩。

于是，他一头扎进书中，开始了钻研之路，在朝堂之外探寻世界的秘密和人生的价值。

年希尧对中医很有研究，经常与友人讨论医药，遇到新的医方就记录下来。后来他还编著出《年希尧集验良方》六卷，其中主治病症涵盖了养生、急治、中风、预防中风、伤寒、感冒等五十余类，具有非常高的医学价值。另外，还编著了《本草类方》十卷，将《本草纲目》中的复方分为一百多类，每类都分别列出病症及其所用的方药，至今仍有出版。

年希尧爱好音乐，喜欢古琴，曾拜在扬州琴家徐常遇的门下，成为了广陵琴派传人之一。并且他还对当时通用的韵书字典《五方元音》进行了研究和增补。

书画也同样是年希尧心头之好，他绘画技艺精湛，善于绘山水和花鸟。他的画作仍有不少存世。

在历史研究上，年希尧也同样取得了不小的成果。他依据朱熹的《通鉴纲目》编撰了一本关于中国历史年代体系的《纲鉴甲子图》。这本书被欧洲翻译为《中国历史年表》，1729 年在罗马出版，引起欧洲汉学家们的广泛关注。

在医学、美术、音乐、历史等方面步步开花的年希尧，可谓是一个优秀的跨界者。但他所涉猎的，还不只这些。凡是他感兴趣的东西，总会琢磨出点门道，做出点成绩。

年希尧为官期间，后来曾被任命为景德镇的督陶官。本着钻研到底的精神，年希尧又对陶瓷下手了。当时珐琅彩瓷都是从国外进口的，为了解决这个问题，年希尧不断研究新技术，终于研究出了制取原料的方法，并在原有的基础上做了升级，增加了十多种釉色。在他主持下烧制的瓷器也被称为"年窑"。《陶录》上称他管理窑务时"选料奉造，极其精雅"。

年希尧的跨界之路，并不止于此。他对数学也有一定研究。

清代记述中国历代天文学家和数学家的传记集《畴人传》中，就曾记载了年希尧在数学方面的成就。他的数学著作有《测算刀圭》三卷，包括《三角法摘要》《八线真数表》和《八线假数表》各一卷，另有《面体比例便览》一卷，介绍了器物容积计算方法等方面实用的知识。

年希尧还写了一本《对数广运》，首次把对数表这种现代的数学工具引入中国。

清代数学家梅文鼎也对他由衷钦佩，称他"手制小浑仪测算诸器，罗列几案，并极精好，辉映座间。公临下以简，庶务多遐，亦亲承诲迪，观其所藏奇器奇书，日闻所未闻"。

因为喜爱数学，年希尧还特地向西洋画师郎世宁学习透视知识，并得到了一本讲述透视学的书。年希尧对此产生了浓厚的兴趣，于是，继续研究。很快，他不仅洞悉了原著的要义，而且还有了一些自己的见解。他将这些精粹创作成书，也就是后来闻名于世的《视学》，该书于 1729 年出版。

他在《视学》一书中，绘制了十幅焦点透视画阐述透视原理。它运用几何学、光学等自然科学知识，在平面上更真实地展现出物体的立体形态。

如今广泛使用的"地平线""视平线"等术语，就是年希尧在《视学》中发明的。

年希尧精益求精，非常具有钻研精神。在《视学》出版之后，他觉得自己研究得不够深入，于是便继续钻研，和郎世宁"往复再四，究其源流"，并翻阅古籍，查找资料，经"苦思力索，补缕五十余图，并附图说"，在 1735 年出版了修订版本。

年希尧一生大起大落，所爱之事，一一遍尝，而且都钻研出了斐然成果。他的成就，有天分、有聪慧，但同样也有热爱和执着。

即使年希尧的光环被弟弟年羹尧遮蔽，但他所学所创，将世代流传。

于己，不枉此生，于后世，则是留下了珍贵的财富。

大明最奇葩宰相为了辞职写了 123 封辞职信

中国古代历史上的勤政皇帝有很多，谁能排上第一名，一时间也很难有定论。但是要论懒政第一名，有一位皇帝可谓牢牢地坐稳了这头把交椅。他就是万历皇帝。

万历皇帝因为懒，还创造了一个前无古人、后无来者的记录。就是他长达三十年不出宫门，不理朝政，即"不郊、不庙、不朝、不见、不批、不讲"。堪称宅男鼻祖。

荒诞的时代，懒惰的皇帝，也必然会催生出一些独特的故事。

正常来讲，老板不上班，员工一定很自在，快乐摸鱼，工资照发，但事实并非如此。皇帝有权力却撒手不管，朝政也就瘫痪了。这也直接导致该升职的官员升不了职，该退休的官员退不了休。每个人都尴尬地杵在那里。

虽然朝廷的政治气氛很糟糕，但并不是每个人都愿意浑水摸鱼，还是有有识之士，会尽职尽责地去为官施政，就比如李廷机。《明史》记载："遇事有执，尤廉洁，然性刻深，亦颇偏愎，不谙大体。"

李廷机从小勤奋好学，有学识，有才华，有正义感，也有责任感。在万历十一年（1583）的科举考试中，考了个第二名。其实，以他的才学，很有可能考第一名的，但是在最终考评时，有人从中阻挠。《明朝百家小传·李九我传》就曾记载："李廷机字尔张，号九我，晋江人，少长京师。庚午领顺天解元。申瑶泉少师慕公名，留为馆宾，转馆于董宗伯家，归而退居深山，不事干谒，凡五科至癸未会试又第一。申少师正当国，欲以鼎元与之。东阁某谓三元不可轻评，乃以朱养淳国祚为状元，赐廷机榜眼及第。"有人说是当时的宰相申时行没有把状元评给李廷机，从史料上来看，"东阁某谓三元不可轻评"，也就意味着从中阻挠者另有其人。

不过，虽然错失了第一名的好成绩，但这并不影响李廷机施展抱负。毕竟，科举不是终点，而是通往理想的大门。总之，政治的大门，他算是进去了。

此后，李廷机进入了官场，不管别人怎么混日子，他始终坚守自己的原则。不管世界乱成什么样，那都与他无关，李廷机有自己的节奏。

他在南京任职期间，整顿商业，恢复当地经济。在浙江负责会试的时候，严肃考风，杜绝作弊，同时还给朝廷推荐了许多优秀的人才。在朝中礼部为官时，为官员搞福利。他本人则是清廉刚正，又乐善好施。但凡遇见乞讨者，都会伸出援手，自己的日子却过得一贫如洗。

也许李廷机的廉政和能干，感动了懒宅的万历。又或许，懒皇帝本身就很需要这样的勤快人帮他做事情，这样可以更加放心地躺平。万历三十四年（1606），李廷机被提拔进入了内阁，做了宰相。

人们也许会想，在更高的职位上，李廷机可以大展宏图，甚至连他自己最初也可能这么想的。

可是真正进入内阁之后，他看到了这个王朝真正的面目。中央官员大量空缺，每天来自全国各地的奏折堆积如山，可万历皇帝从来不看。眼不见，心不烦。不缺吃穿的皇帝每天过着躺平的日子。

原本的朝政已经足够糟糕，可虽然皇帝什么都不管，但朝中的政治纷争从未停歇。东林党势力日渐壮大，一心想要换掉这个有能力又不站队的宰相，让自己人做宰相。所以，这些人集结在一起，隔三差五写奏折弹劾他，变着法地给他泼脏水。

越是靠近权力中心，越是令人失望。所以，李廷机不干了。他准备递上辞职信，做好离职交接，一走了之。

他知道这个皇帝有点懒，所以多写了几份辞职信，想着有个三五份，总是能批下来的。他还把自己的住所捐给了穷人，自己搬到了庙里住，就等着辞职手续办完离开，足以见得他辞职的决心。

但他低估了万历的懒惰程度，五封辞职奏本递上去，连个水花都没溅起来，毫无回音。李廷机也没放弃，万历不批复，他就一直写，写到皇帝批复为止。就这样，他在破庙度过五个春秋，给万历皇帝写了123封辞职信。

结果，还是没有结果，万历从未批复。他倒是得了个"庙祝阁老"的名号。

李廷机的耐心彻底被耗光了，最后彻底撂挑子，炒掉了皇帝，跑回了老家。这种做法的直接风险就是：如果朝廷追究，李廷机会因抗旨而获罪，甚至有杀头的可能。但李廷机受不了了。

不过，好在万历足够懒惰，朝廷大事小情堆积如山，他都不管不问，所以更懒得去追究这位落跑宰相的责任。在李廷机去世之后，万历竟然罕见地勤快了一次，赐赠他少保头衔，谥"文节"。

李廷机这一生，曾有热血，曾有失望，但是在那个乌烟瘴气的王朝里，他没有同流合污，而是坚守本心，在自己力所能及之处，发光发热。他拯救不了昏暗的政治、腐朽的王朝，但是他无愧于己，亦无愧于历史。

第三篇

那些文人墨客不为人知的另一面

曾经沧海难为水的深情终究是可以装的，

粒粒皆辛苦的怜悯终究是可以变的，

历史的车轮碾过，我们对那些人与事的了解，又有多少是片面的？

凿壁偷光的匡衡最后竟因贪腐被免职

"凿壁偷光"是我们小时候就耳熟能详的故事，它往往和"囊萤映雪"这个故事搭配出现。

《西京杂记》卷二："匡衡字稚圭，勤学而无烛，邻舍有烛而不逮。衡乃穿壁引其光，以书映光而读之。"

这个故事很简单，很励志，它讲的是贫苦人家的孩子匡衡，从小为了读书，凿穿了墙壁，借邻居家的烛光来读书的事迹。足以得见，其在学习上是何等发奋刻苦。

长大后的匡衡也的确如人们所预测的那般，非常励志地完成了人生的逆袭，纵然仕途之路并不顺利，但匡衡有着足够的韧性。他经过了9次考试，中了丙科。不过经过这9次考试，他攒够了运气。当时还是太子的汉元帝，在看到了匡衡对《诗经》的见解之后非常喜爱，也很欣赏他的才华。

后来，在汉元帝即位之后，匡衡就得到了重用，一步步地被提拔，官至宰相。后来匡衡在汉成帝时期仍是担任宰相一职。

据《汉书·匡张孔马传》记载，匡衡在辅佐汉元帝和汉成帝两位君王的时候，经常会向皇帝进言，劝谏他们不要沉迷于享乐，而是要勤俭爱民，并从《诗经》中引经据典来给他们讲道理。两位皇帝都非常尊重并且信服匡衡。

如果只看这一面，这是一个绝对励志、绝对典型的完美故事。值得赞颂，值得广泛传播，堪为励志典型。

可真实的世界，往往是残酷的，人心也总是复杂的。

官场就是一个江湖，匡衡非常珍惜来之不易的官途。所以，在官场的摸爬滚打中，他一面为朝廷发光发热，另一面也习得了不少官场上结党营私的手段，他接受了宦官石显等一派的拉拢，排除异己。

匡衡晚年，又与同僚反目，弹劾了石显一派。而政敌们自然也会不遗余力地挖他的黑料。

《汉书·匡张孔马传》里详细地记载了他"专地盗土"的事。

当时，匡衡被汉元帝升任宰相，赐为安乐侯，他的封地就在临淮郡僮县乐安乡。而临淮郡在绘制郡图的时候画错了边界，给匡衡多画了四百顷。

在汉成帝即位后，全国统一重新绘制郡图，这时候有人发现临淮郡的郡图绘制错误，并将这件事情上报到了丞相府。

匡衡没有直接做决策，而是将这个球踢给了曾经负责临淮郡郡图绘制的主簿陆赐。他说："主簿陆赐过去担任奏曹，通晓划分封地边界的事情，现在担任集曹掾。"

而陆赐的态度是，郡图边界的变动事关重大，最好是请丞相向皇帝做请示。

这样的结果显然不是匡衡所期待的，不然，他大可以直接去下令修正，或者向皇帝请示。

匡衡对这件事的最终表态是，这么小的事情不应该去惊动皇帝，况且如果将郡图修正，那正是指出前任主簿陆赐的错误，这会使他陷于尴尬境地。所以将错就错，把郡图改了。而匡衡则是，为了不让别人为难，自己"忍痛"继续享有多出的四百顷地，做个堂而皇之的地主。

汉成帝得知此事后，严惩了匡衡，将他贬为庶民。

这位充满励志色彩的两朝宰相，从巅峰回到了谷底。

历史是真实的，有时候甚至带着一点残酷，但这也正是它的有趣之处。即使它会摧毁你的一贯认知。

其实，"毁童年"的故事，不止这一个。

就像我们所熟知的"孔融让梨"。4岁的孔融就懂得谦让的美德，在吃梨子的时候选择了小的，把大的留给哥哥吃。

但这个故事，还有后半部分。

孔融长大后，有一次家中来了一个名叫张俭的人，当时中常侍侯览密令州郡捉拿他。此人是孔融兄长孔褒的好友。当时孔褒并不在家，而孔融则是自作主张地收留了他。不久，东窗事发。孔褒和孔融也被捉入狱。

最后，官员需要处死一人，来承担此次窝藏罪犯的责任。孔融和孔褒兄弟二人，争相承担罪责。因为孔融从小让梨给孔褒，这一次孔褒承担了罪责，最后官员判孔褒死刑。

孔融是孔子的第二十世孙，也是"建安七子"之一。很多人都会认为，自幼就如此谦让，又是孔老夫子的血脉传承，那么孔融也必定是一位温润如玉的谦谦君子。

尤其是在父亲孔宙去世后，孔融悲痛欲绝，伤心得难以站稳，需要人扶起。这件事当时也传遍了整个州县。这样一个人，必定是仁义慈孝的。

但事实上，孔融是个个性青年。他曾与曹操共事，但是言辞耿直，能言善辩，没少给曹操添堵。

《后汉书·孔融传》中记载着这样一件事，在建安年间，天灾和战争轮番的洗礼，造成了粮食短缺。粮食是头等大事，为了解决这一问题，曹操召集团队开会，并颁布一条禁酒令。因为酿酒需要消耗很多的粮食，禁酒便可以一定程度上缓解粮食紧缺的问题。

对于此项提议，众人一致点赞。但唯有孔融很不给面子，跳出来指出：自古都说女人是红颜祸水，为何不把女人也禁了？这口才，放到现代，或许能在辩论大赛拿个好成绩。

众人哑然，曹操无言以对，但在心里的小账本上，又给孔融记上了一笔。

像这样的事情，可不止一次。孔融满腹才学，又很聪明，但就是情商很低。曹操一直忍耐，寻找一个让孔融彻底闭嘴的方法。

这个机会，并不难找。

孔融发表过"父之于子，当有何亲？论其本意，实为情欲发耳。子之于母，亦复奚为？譬如寄物缶中，出则离矣"的言论，他认为，子女不过是父母情欲的产物，岂有恩情可言。很难想象，这样的话竟是出自那个能让梨，能为父亲的离世哭到无法站立的人。

当时以"孝"治天下，"不孝"是为大罪。孔融就这样以"违天反道，败伦乱礼"的罪名被处死，并灭了满门。

血淋淋的历史告诉我们，天狂有雨，人狂有灾，做人还是要低调。无论你在追梦的路上走多远，记得守护好自己的初心，别丢了最初的自己。

魏晋时期的名士竟然有一种学驴叫的癖好

学驴叫这种人间迷惑行为，披上了魏晋风流的壳子后，就成了一种小众的艺术。

将这种艺术推向顶峰的人物叫作王粲。有人为金钱迷醉，有人为权力倾倒，有人为美色沉沦，而王粲，则为驴鸣痴狂。每当他听到驴叫的时候，整个人的灵魂就好像得到了淬炼，让他沉迷此间不能自拔。

王粲在建安时期属于顶流中的一员，被刘勰称为"七子之冠冕"，像这种颇具影响力的人物，足能引起一种新艺术的风潮。碍于当时与人沟通的方式太过单一，王粲也只能跟自己的好友当面按头"安利"，才将这种艺术小范围地推广了一下。试想一下，如果当时就有互联网，按照王粲对驴叫的痴迷，他肯定会亲自谱曲，然后在全国流量最大的音乐网站上上传一曲《学驴叫》，再找他的好友们一起宣传，对着自己的粉丝洗脑，让他们认同自己的艺术。

曹丕是王粲的头号大粉，也是对他的艺术最为推崇的人，作为为数不多能私联偶像的人，曹丕秉着偶像做什么都对的原则，经常在宴会上与王粲一起学驴叫，将别人的笑声视作最大的夸赞。

估计曹丕的内心活动是这样的，看，跟着偶像学驴叫，我就是这场宴会上最靓的仔。

　　所以说，这种在我们现在看来比较猎奇的行为，也是在名士遍地走的魏晋时期一种非常好的博出位方式。俗称炒作。

　　可惜王粲英年早逝，曹丕十分伤心，于是他为王粲准备了一场别开生面的主题追悼会。据《世说新语·伤逝》记载："王仲宣好驴鸣。既葬，文帝临其丧，顾语同游曰：王好驴鸣，可各作一声以送之。"

　　这里驴鸣的功能应该和现在送葬时的喇叭差不多，都是为了把王粲送走，只是功效更为强大，穿透性和记忆点十足，后人但凡在行为上有一点放不开，都很难复制这场盛况。前来参加追悼会的人都在王粲的墓碑前献上了自己独一无二的驴鸣。我们无法亲眼见证，但是从寥寥几笔的记载中，依然能感受到王粲生前特立独行的气质。如果能够用手机拍摄后上传到短视频平台，这场驴鸣追悼会的点击率绝对爆棚。

　　一个人自然很难发展一种艺术，王粲死后，也没见曹丕对驴鸣的喜爱，不过西晋诗人孙楚和他的好兄弟王武子也喜欢听驴鸣。

　　据《世说新语》载，孙子荆以有才，少所推服，唯雅敬王武子。武子丧，时名士无不至者。子荆后来，临尸恸哭，宾客莫不垂涕。哭毕，向床曰："卿常好我作驴鸣，今我为卿作。"体似真声，宾客皆笑。孙举头曰："使君辈存，令此人死！"

　　灵魂伴侣的去世让孙楚伤痛不已，他在好友的遗体前用他们共同的喜好去表达哀思，却引起了围观者的嘲笑。

　　好在孙楚还算有涵养，没有直接开骂，只是内涵了两句。

　　不过从侧面也能看出来，听驴鸣学驴叫这种艺术，是真的小众到一般人都理解不了，否则也不会引起众人发笑。以至于因为孙楚学驴鸣学得像，把驴鸣称为"孙楚声"这件事是在夸人还是骂人，有待考究。

写下"粒粒皆辛苦"的诗人，其实生活极尽奢靡

除了"鹅，鹅，鹅，曲项向天歌"之外，你一定背诵过这首诗："锄禾日当午，汗滴禾下土。谁知盘中餐，粒粒皆辛苦。"

它是每个中国娃的启蒙诗歌，它教会我们从小就要发扬中华民族的传统美德，懂得珍惜粮食。

《悯农》一共有两首，第一首传诵度高，但第二首的张力更强。

"春种一粒粟，秋收万颗子。四海无闲田，农夫犹饿死！"

这一字一句，像一把锋利的剑，直接刺向社会现实，剥开当时社会的贪污腐朽对农民残酷剥削的现状。

人们大都会理所当然地认为，能写出这一首人人称颂的诗句的人，一定深谙百姓的疾苦，有着一颗悲悯之心，也必定是个节俭惜物之人。

但是，真实的历史很打脸。

这首诗的作者是李绅。他并不是两袖清风，反而把生活过得极其奢靡。

李绅出生在官宦之家，他的祖父做过宰相，他的父亲做过县令，但他的生活并不富足。小时候反倒是过了不少苦日子，在他6岁的时候，父亲就过世了，留下孤儿寡母，艰难度日。

为了生活下去，他们必须忍受生活的重重苦难，也不得不承受各色人物的白眼。处于社会底层的李绅，早早地看尽了世间的人情冷暖。

逆境也激发了他的斗志。所以他一直都是勤奋好学，期盼着早日迎来出头之日。

27 岁时，李绅考取了进士，走上了仕途，成为大唐国子监的助教。当时的李绅，还是位意气风发的志士，心怀百姓。早年间的贫苦生活，更是让他见识了百姓生活的不易，也更加痛恨社会的腐朽。

所以，他写了《悯农》，为贫苦的百姓发声，痛批社会的黑暗，尽情地抒发心中的不满。

当初，刚正不阿的李绅，因为得罪了权贵，被关进了大牢，吃了不少苦头。也有人想借着他的诗句借题发挥，向皇帝控诉他污蔑朝廷。

但是现实来了一次大反转，唐武宗看了李绅的诗句后十分欣赏他，认为他真正体恤百姓，因而给他升了官。

就这样，这悲悯百姓的诗句，成为了他的敲门砖，将他送入了更靠近权力中心的官场生活。

之后的人生，他一直泡在政治的大染缸里。尤其是他赶上了"牛李党争"时期，其中的"李"指的是李德裕，李绅与其是好友。所以，他无可避免地被卷入了这场浩大的斗争，开始拉帮结派，依附权贵。

但在这里，我们要讲的不是他的政治生涯。而是他在这不知不觉的政治生活中，染上了一身奢靡的习气。

曾经那个意气风发、体恤百姓的李绅，已经留在了过往的岁月，留在了《悯农》的诗句里。此时穿梭于宦海中的，是一个奢靡的官员。

"谁知盘中餐，粒粒皆辛苦"都抛在了九霄云外，他早已忘了一粒米的珍贵，享受着永远吃不完的大鱼大肉。据说，李绅因为喜欢吃鸡舌，所以他每吃一盘鸡舌，都要杀掉三百多只活鸡。

说到李绅的奢靡，我们还不得不提到一个成语"司空见惯"。意思很简单，就是说某种事情比较常见，不足为奇。这个成语的出处，来自于一次酒宴。这个成语所指的主角，正是李绅。

李绅一直崇拜大诗人刘禹锡的诗名，是他的资深迷弟。但刘禹锡运气不好，一直被贬在外。李绅也一直无缘见到偶像。在刘禹锡回到长安后，李绅激动地设宴款待，邀请他到家中做客。

在宴会上，李绅用自己的最高规格接待了刘禹锡，除了佳肴美馔，他还特地安排了很多歌女，用琵琶演奏当时的教坊流行的名曲《杜韦娘》。他要把最好的一切都献给偶像。

整场宴会被李绅安排得明明白白的，酒过三巡，他已经美美地沉浸其中。但是对于被贬了20多年的刘禹锡来说，他见惯的是生活的苦涩、命运的漂泊，他也更享受洒脱自由的生活。对眼前这一切，实在是提不起兴致来，尤其回到长安后，许多老友已经凋零，更让他心中一片怅然。

纵横官场多年，迷醉在酒色中的李绅，除了仰视偶像的才情外，已经无法与其共情。他还像个求签名求合影的小迷弟一样，请刘禹锡作诗。

面对此情此景，刘禹锡吟诵了一首《赠李司空妓》：

> 高髻梳头宫样妆，春风一曲杜韦娘。
> 司空见惯浑闲事，断尽江南刺史肠。

"司空见惯"这个词，也就诞生了。

在诗的后两句中，刘禹锡直言，李绅李司空见惯了这盛大排场，但是对他刘禹锡来说，他不习惯，也承受不起。

同样也是直白地表示了，李绅和他不是一路人。

也许，曾经的李绅还有满怀壮志，还可以和偶像畅谈抱负。但此刻的李绅，心中装满了政治，再也回不到从前，又或者他根本不想回去。

李绅算计了一辈子，做到了尚书右仆射、赵国公，进了中枢，也就相当于宰相职位。他把对百姓的悲悯抛得干干净净，却把官僚的腐朽、奢靡、严酷……演绎得淋漓尽致。

《云溪友议》中记载，李绅发迹之前，经常到一个叫李元将的人家中做客，并尊称对方为"叔叔"。但在李绅发迹之后，李元将因为要巴结他主动降低辈分，自称为"弟"，为"侄"。但李绅都不买账，直到李元将又降了一辈，称自己为孙子，李绅才算接受，大显官威，毫无情义。

不仅如此，他还一手制造了吴湘冤案，这也成为了他洗不去的污点。对百姓的剥削，他也毫不手软。

靠着手段，靠着算计，他竟然也在官场上纵横了几十年。

844年四月，李绅72岁的时候"暴中风恙"，中了风邪，不能上朝，基本退休了。846年，李绅病逝，享年74岁。

不知在他人生弥留之际，可否还记得自己写过的《悯农》。也不知他的心中，是否有过悔意。

一生沉浮，李绅忘了自己的初心，忘了自己来时的路，成了自己曾经最讨厌的人。

"曾经沧海难为水" 其实是人设炒作

千百年来，任时光荏苒，沧海桑田，物换星移，关于爱情的故事却总是历久弥新，由爱情所衍生的诗歌佳作也往往荡人心肠。即使在礼教严明的古代社会，抒写男女感情的情诗也是层出不穷。但是在众多的情诗才子中，有这么一个人却与众不同，他才华斐然，官至宰相，又英俊非凡，简直就是集才华、颜值于一身的超级大明星，他就是唐代大诗人元稹。

如果你对这个名字并不"感冒"，但提到他的爱情诗你一定听过："曾经沧海难为水，除却巫山不是云。取次花丛懒回顾，半缘修道半缘君。"短短四句，二十八个音节，千百年来击中太多人的心。这首是元稹悼念亡妻韦氏的诗作，言情而不庸俗，瑰丽而不浮艳，悲壮而不低沉，可谓情深义重，力透纸背。

"见过汹涌的大海，他方的水不值一提；除却巫山彩云，别处的云就相形失色。经过花丛，懒得回头一看，半是因为修道，半是因为想你。"

读罢此诗，旁人如我也能体会到元稹对妻子韦氏及他们爱情的忠诚坚贞、爱不另与。这首诗无疑为元稹打造了一个深情款款的模范丈夫的人设，我们不被其真情实感所圈粉都很难。经历丧妻之痛，写下如此穿透人心的诗句，我们猜测元稹可能会因痛失爱妻颓废不已，一蹶不振。但透过历史，当我们看到真相时，才知道自己真是想多了。那么真实的元稹对待爱妻到底是情深不寿，还是薄情寡义？让我们揭开唐朝的历史一探究竟。

779 年，在河南洛阳的一家宅院里，随着一声响亮的啼哭声，元稹出生了。他是北魏宗室鲜卑拓跋部后裔，北魏昭成帝拓跋什翼犍十九世孙，比部郎中元宽之子，可以说是出生在一个地地道道的高门望族。而且从小长得眉清目秀，才华横溢，如此发展下去，元稹的前途光明一片。但是在他八岁那年，父亲因病去世，虽然有出身书香门第的母亲郑氏亲自教导读书，还是改变了他日后的人生轨迹，特别是改变了他的择偶观。在成年后的感情道路上，依靠美貌与才华的加持，元稹几乎一直在"持靓行凶"。

贞元九年（793），少年元稹为尽快摆脱贫困，获取功名，选择投考相对容易的明经科，一战告捷。贞元十五年（799），二十一岁的元稹寓居蒲州，初仕于河中府。当时蒲州不宁，驻军骚乱。元稹借助友人之力保护处于危难之中的远亲——表亲崔莺莺一家，这样开启了元稹的初恋之旅。初见表妹崔莺莺，元稹便一见倾心，被荷尔蒙控制的大脑文思泉涌，对崔莺莺的表白情诗一首接一首。在得不到崔莺莺的回应后，元稹开始了耍赖的手段，放出要为爱绝食至死的大招。在封建社会，一个有才华的士人，为一女子绝食，这决心可见一斑，女孩子哪能受得了这样的攻势？崔莺莺终于回复了一首约会诗给表哥元稹："待月西厢下，迎风户半开。隔墙花影动，疑是玉人来。"崔莺莺与元稹相恋了，受封建礼教的束缚，他俩只能花前月下，在夜幕里互诉衷肠。

如果时光就这样静悄悄地过去，那么元稹与崔莺莺也会成就一段佳话。但元稹是清醒的也是现实的，家道中落的他更是深知生活不仅要有爱情，更要有功名利禄傍身。按唐代的举士制度，士之及第者还需要经过吏部考试，才能正式任命官职，和莺莺度过短暂的甜蜜时光后，贞元十六年（800）元稹再次赴京应试。临走之时，莺莺赠玉环给元稹并痴情嘱咐说："玉取其坚润不渝，环取其始终不绝。"既表明自己忠贞不贰，也期待元稹莫要辜负。奈何进京后的元稹却成了"陈世美"，不仅对莺莺始乱终弃，更为了逃避责任，多年之后将他和崔莺莺的故事写成了《莺莺传》。对于抛弃莺莺的做法，他非但没有一丝愧疚，还辩解道"莺莺是个'尤物'，'必妖于人'，这样的'妖孽'，我没办法搞定"。如此言语，真是让后世被他的渣男行径惊呆了。

这次进京应试，元稹并没有如愿取得名次，但他的才华却得到了当朝高官新任京兆尹韦夏卿的赏识。当他得知韦夏卿的幼女韦丛尚未婚配时，他意识到这是一个走门路、攀高枝的绝好机会。崔莺莺的家世不符合元稹为官发达的人生要求，因此在爱情和仕途之间，元稹毫不犹豫地选择了后者。恰巧韦夏卿也比较看好元稹，贞元十九年（803），元稹中书判拔萃科第四等，授秘书省校书郎，不久便娶了韦丛。

元稹如果和原配韦丛恩爱到老，对于崔莺莺的事我们只能说元稹年轻冲动，犯过渣男的错误。但事实上元稹的渣男行为才刚刚开始。虽然这是一场政治婚姻，但韦丛真心爱上了元稹，婚后的韦丛放下千金小姐的身份，主动承担起养家的重任。嫁给元稹韦丛才体会到贫贱是一种怎样的体验，野菜充饥，身着粗布，还要时不时典当嫁妆来贴补家用。但她通情达理，任劳任怨，一心一意和元稹过苦日子，连元稹都不禁写下了"贫贱夫妻百事哀"。但对于韦丛，元稹谈不上有多忠贞，在韦丛疾病缠身时，元稹也难戒流连花丛的毛病。就这样，韦丛的隐忍，终致身体每况愈下，二十七岁便离开了人世。

韦丛去世后，元稹的感情生活并未停步。往四川赴任时，元稹结识了唐朝四大才女之一的薛涛，此时的薛涛已经四十二岁，足足比元稹大了十一岁，一直坚持独身的薛涛原以为这辈子就这么过去了，元稹的出现为她带来了这一生唯一的一次爱恋。元稹也仰慕薛涛已久，才子遇见佳人，有些事情就会不可避免地发生。他们谈诗词、谈政治、谈社会、谈爱情，相见恨晚。他为她磨墨捧砚，看她写诗作画，一时叹为天人。如此郎情妾意三个月，元稹因为工作原因要离开了，鉴于薛涛的乐伎身份，他并未带走薛涛。从此二人未再见面，后来薛涛遁入空门，了却残生。

离开薛涛后，在朋友的撮合下，元稹娶了第二任妻子安仙嫔，填补了他感情的空缺。两人恩爱三年后，安仙嫔也病逝了，剩下元稹茕茕孑立。一年以后，他又续娶了山西道刺史之女裴淑。与前两任妻子一样，裴氏也是贤惠无比，勤劳善良，尽心尽力地照顾着元稹，以及两任前妻留下的女儿和儿子。尤其可贵的是，裴淑本就是"河东才女"，茶前饭后，还能与元稹诗文唱和，其乐融融。

　　这样走下去也算是岁月静好了，但元稹又岂会单恋一枝花。在这期间，元稹又看上了唐朝四大女诗人当中的另一位——刘采春。刘采春不仅年轻貌美，更是一位能歌善舞的全能型艺人，这就更为吸引元稹了。他甚至不吝赞美于刘采春道："诗才虽不如涛，但容貌美丽，非涛所能比也。"在看了刘采春的演出后，元稹便展开了猛烈追求，遇到撩妹高手元稹，当时已为人妇的刘采春还是沦陷了，她离开丈夫之后就住进了元府。两人缠绵七年，随着元稹调回京城，刘采春也被抛弃了。可怜心灰意冷的刘采春无言面对夫君，投河自尽了。大和五年（831）七月二十二日，元稹暴病，一日后便在镇署去世，时年五十三，结束了他凉薄的一生。

　　不得不说在那个信息不发达的年代，没有舆论的监督，元稹还是很幸运的，遇到的女子均是才貌双绝的佳人，她们对元稹也都是痴心一片。但是在仕途面前，她们对元稹来说也都不值一提，所谓的"曾经沧海难为水"，看似专情不再恋的元稹，却在情场里不断活跃，最终也不过是人设炒作罢了。

　　纵观元稹的情史，我们不难发现，这个男人终究还是最爱自己。元稹的爱情观和现代很多男人很相似：即使我是凤凰男，也要找孔雀女；只要家里红旗不倒，外面彩旗飘飘又何妨。这也告诫女人，爱人之前更要先学会爱自己，不要被男人的外貌和才华所迷惑，选夫最终还是要看人品，每个人都是不同的独立个体，有些人的出现只是为了教会你一些东西，陪伴你到最后的只有自己。要学会做一个有能力的女人，有爱人的能力也有坦然接受被爱的能力。

温庭筠竟然做过科举枪手

当下有高考，古代有科举，无论古今，人们都逃不开考试的命运。

科举诞生大大地推动了人才选拔，但与此同时，在名利的吸引之下，也催生出了考试作弊。作弊的方式方法也是五花八门。

我们熟知的"花间词"鼻祖温庭筠，就曾做过科举的枪手。

温庭筠的才华横溢自然不必多言，读他温婉清丽的词，很多人会自动脑补出一个风流倜傥的翩翩公子形象，温润如玉。可现实与想象大相径庭。

他的人生，是落魄又落寞。

他出身于没落的贵族家庭，一生多次赶考均是落榜，未能得志。他的形象甚至还有些丑陋，《旧唐书》对温庭筠的评语有"士行尘杂，不修边幅"，《新唐书》中，亦有提及他"无检幅"。人们还给了他一个"温钟馗"的称号。

作为一个没落家族的落魄子弟，科考是他实现人生逆袭的唯一方式。所以，他一次又一次地奔赴科考之路，一次一次地跌倒又爬起。只是，他的考运不佳。数次应试，屡不中第。

虽然考试成绩不理想，但温庭筠是有才学的，并且在多次的科考中积累了丰富的经验。于是，他成了一名优秀的"枪手"。

唐朝时期，科举考试很严格，考生在进入考场的时候都要搜身检查，而且考生之间都有隔离遮挡，以防止考生之间传阅试卷。

在这种条件下，作弊其实很难，尤其古人没有高科技加持，更是难上加难。不过，高手终究是高手。尽管困难重重，温庭筠还是完成了"枪手"任务。

855年的某次科考中，主考官早已得知了温庭筠的枪手身份，为了防止其作弊，将他作为重点防范对象。

《唐才子传·温庭筠传》记载："大中末，山北沈侍郎主文，特召庭筠试于帘下，恐其潜救。是日不乐，逼暮先请出，仍献启千余言。询之，已占授八人矣。"由此可以得知，主考官沈侍郎特地为温庭筠设置了一个考生席，将其置于帘下，与其他考生保持距离。

当日考试，一切如常。温庭筠因身体不适，提前交卷离场。尽管提早交卷，他还是洋洋洒洒写了篇千字文章。这可能就是属于学霸的素养。

在场外，温庭筠告诉别人，他"已占授八人矣"。也就是，他已经在考场上帮助了八个人。而具体是用何种方法，历史并无记载，只留下了一个让人匪夷所思的谜团。

古代考试中，作弊情况时有发生，为了考出个好成绩人们各显神通，其中最常见的就是"夹带"。将小抄藏在衣服、鞋袜、砚台中，甚至直接誊写在衣服或者身体上。这都是大众常规操作。

古代作弊的考生，就已经会"缩印"了。1997年，在河南开封出土了一套奇书。这套书的奇特之处就在于，它特别的小，小到只有火柴盒尺寸：6.5厘米长，4.8厘米宽，1.5厘米厚。

麻雀虽小五脏俱全，这一套书刊载了《易经》《书经》《诗经》《礼经》《春秋》五经，还连带注释和序言，共342页。这套小书制作得非常精巧，先是手工抄录，然后再石刻印刷。

这套作弊奇书，也可谓是"用心良苦"。

科举作弊，胆子大一些的，就会找人替考。由于古代没有身份证，没有照相机，所以常会找才学高的人替考，《通典·选举五》里记录："入试非正身，十有三四；赴官非正身，十有二三。"足以见得，当时替考很常见。

还有一种作弊方法是从考官身上下手，也就是买考题。唐伯虎当年在参加科考途中遇见的富二代朋友徐经，就曾在考前贿赂考官，提前得知了考试题，从而考出了优异的成绩。但后来东窗事发，最后连累了唐伯虎下狱，考试成绩被取消，再也不得参加科举。

在中晚唐时期，朝廷设立了锁院制，也就是在考试前三天，让主考官与外界断绝联系，防止泄题事件发生。

此外，还有一种作弊方式，是以权力施压，影响考试结果。

比如，唐代佞臣杨国忠的儿子杨暄参加科举。其人才疏学浅，成绩不佳。当时的主考官知道他是杨国忠的儿子，犯了难。他决定在杨暄落榜前把这件事报告给杨国忠。杨国忠的回复是："我儿何虑不富贵，岂籍一名，为鼠辈所卖耶？"

主考官迫于杨国忠的淫威，只能破格录取了杨暄。

宋朝的奸臣秦桧，也曾利用手中职权，干预科举结果，迫使考官录用他的孙子，从而使得已经考中的陆游落榜。

后来，为了防止走后门的情况发生，宋朝在科举制度上又实行了两个重要举措。第一就是糊名，相当于我们现在的封卷。让批阅的考官，不知道是谁的答卷。第二则是誊抄。誊抄之后，也就无法凭笔迹识别考生身份。这两项举措，也大大地减少了走后门舞弊的情况。

由此可见，虽然考试舞弊行径恶劣，但是在某种程度上却促进了科考制度的不断发展和完善。

大文豪王安石竟然是个邋遢鬼

提到王安石，我们会想到两件事，一是他脍炙人口的诗词，"春风又绿江南岸，明月何时照我还""遥知不是雪，为有暗香来"，被列为"唐宋八大家"之一。二是王安石在神宗时期，曾任宰相，积极推行变法。他是个政治家、文学家、思想家、改革家。

他留给后人的印象，是有思想、有文采、有胆识、有气魄……但如果靠近历史，凝目细看，会发现我们意料之外的另一面。

王安石这个人，非常邋遢。而且周围的人，对此已经见怪不怪了。王安石的生活条件并不差，尤其是后来担任宰相，更无衣食之忧。那么邋遢，纯粹是个人习惯问题了。

《宋史·王安石传》这样记载王安石："性不好华腴，自奉至俭，或衣垢不浣，面垢不洗。"说的就是，王安石非常节俭，节俭到衣服脏了不洗，脸脏了也不洗。

苏洵曾经在《辩奸论》中评价王安石："衣臣虏之衣，食犬彘之食。"还说他"囚首丧面而谈诗书"。意思就是他穿着囚犯一样的衣服，吃着牲畜才会吃的食物，却仍是淡定地畅谈诗书。

当时苏洵与王安石因为变法而存在一些过节，所以，他的评论可能会存在一些夸张成分，但在某种程度上也反映了王安石邋遢的事实。

据称，王安石经常会长时间不洗澡、不换衣服、不洗脸，衣服上经常满是油渍，当然也可能会有些味道。

当然，这样一个不修边幅的人，在吃的问题上也同样不会在意。

据说，有一次皇帝宴请臣子，并制定了一个有趣的规则。他命人为臣子们准备了鱼饵，让他们在御池中钓鱼，然后每个人都可以用钓上来的鱼，让御厨为自己烹制喜欢的菜肴。

众人听到了这个提议，都兴致勃勃地去垂钓，只有王安石始终坐在台子前，陷入沉思。他竟一边思考一边把盛在盘子里的球状鱼饵都吃光了。

周围的人一片讶异。但王安石连自己吃的什么都不知道，也更是不记得什么味道了。

还好，王安石的夫人和他的朋友们都不曾嫌弃，始终对他爱护尊重。这也足以见得，王安石极具人格魅力。

他在个人生活上毫不在意，大抵是因为他把全部的心思都放在了更重要的事情上。正如《宋史·王安石传》所说的，他"果于自用，慨然有矫世变俗之志"。他以天下为己任，立志要改造这个世界。他心中装着世界，所以常常忘了自己。

的确，他的一生都在为了自己的志向而奋斗。官居宰相高位前后达 8 年，他一心为国，献言献策，却从未用手中的权力为自己或者亲属谋求半点私利，廉洁自好，令后世赞服。

《岳阳楼记》是一篇看图作文，范仲淹从没登过岳阳楼

　　岳阳楼作为一处名胜，与湖北武昌黄鹤楼、江西南昌滕王阁并称为"江南三大名楼"，风光秀丽壮美，引得古今无数人驻足停留。

　　尤其是每每有人踏足，总是会激荡出满怀诗情。

　　比如杜甫途经此处时，曾吟诵了《登岳阳楼》：

> 昔闻洞庭水，今上岳阳楼。
>
> 吴楚东南坼，乾坤日夜浮。
>
> 亲朋无一字，老病有孤舟。
>
> 戎马关山北，凭轩涕泗流。

　　比如，杜甫的"爱豆"李白，在登上岳阳楼后吟诵了《与夏十二登岳阳楼》：

> 楼观岳阳尽，川迥洞庭开。
>
> 雁引愁心去，山衔好月来。
>
> 云间连下榻，天上接行杯。

> 醉后凉风起，吹人舞袖回。

还有李商隐、刘禹锡、白居易等文人，都曾在此留下恣意潇洒的笔墨，也给现在的孩子们留下了需要默写背诵的名篇。

但其实，提到关于岳阳楼的篇章，在人们心中烙印得最深的，只有《岳阳楼记》。

> 若夫淫雨霏霏，连月不开，阴风怒号，浊浪排空；日星隐曜，山岳潜形；商旅不行，樯倾楫摧；薄暮冥冥，虎啸猿啼。登斯楼也，则有去国怀乡，忧谗畏讥，满目萧然，感极而悲者矣。
>
> 至若春和景明，波澜不惊，上下天光，一碧万顷；沙鸥翔集，锦鳞游泳；岸芷汀兰，郁郁青青。而或长烟一空，皓月千里，浮光跃金，静影沉璧，渔歌互答，此乐何极！登斯楼也，则有心旷神怡，宠辱偕忘，把酒临风，其喜洋洋者矣……

就算放下课本许多年，这些波澜壮阔的句子，仍旧熟悉而惊艳。

我们在学习和默诵这伟大的篇章时，也自然而然地默认范仲淹在岳阳楼上，一定是大受震撼，才会大发感慨。我们也会通过他的文字，被代入到他当时的所见所感。

但很多人可能不知道，范仲淹很可能从来没有到过岳阳楼，《岳阳楼记》只是一篇优秀的看图作文。

事情是这样的，在 1045 年，滕子京被贬到岳州，他在任期间，就重修了这座岳阳楼。

如此壮阔秀丽的风光，一定要配上一篇好文章。于是，滕子京首先想到了和自己一样遭到贬谪的范仲淹。范仲淹才学出众，文章更是一流。但当时，范仲淹被贬河南邓州，与之相距甚远，无法亲临观摩。最后，滕子京找来了著名的画师米芾，绘制了一幅《洞庭秋晚图》，命人送到范仲淹手中，以此求记。

按照宋代的习惯，邀人作"记"，通常要附带一份所记之物的样本，也就是"画卷"或相关"文献"之类的资料，以供"作记之人"参考。

范仲淹在看到这幅图后，文思泉涌，创作了这篇传诵千古的《岳阳楼记》。所以，这篇《岳阳楼记》其实是范仲淹在河南完成的。

也有一些学者经研究考证认为，范仲淹其实曾经是到过岳阳，见过洞庭湖的。朱熹曾为江陵府曲江楼作记，曰《江陵府曲江楼记》，在文中末尾，他写道：

> 予于此楼，既未得往寓目焉。无以写其山川风景、朝暮四时之变，如范公之书《岳阳》。独次第敬夫本语，而附以予之所感者如此。后有君子，得以览观焉。

他的意思是，因为自己没有亲眼见过江陵府曲江楼，所以自然无法像范仲淹有过亲身体验，才写出了《岳阳楼记》这样的千古绝唱。因而，朱熹的观点是，范仲淹曾经是到过岳阳的。

再比如说，范仲淹在 8 岁的时候随着家庭来到安乡，度过了一段难忘的童年时光。而当时的安乡就在洞庭湖的一角。并且，他在后来回顾童年的诗句中也曾写过，如《和延安庞龙图寄岳阳滕同年》诗：

> 优游滕太守，郡枕洞庭边。
> 几处云藏寺，千家月在船。

或许，他的童年就曾被洞庭湖的壮美所惊艳。

但即使《岳阳楼记》是一篇看图作文，也不管范仲淹是否曾经真的见到过洞庭湖登过岳阳楼，这并不会影响它的魅力。

也正是这篇佳作，赋予了岳阳楼不朽的灵魂，楼与文交融，成了中华文化的一处瑰宝。

"不以物喜，不以己悲""先天下之忧而忧，后天下之乐而乐"已经成为了岳阳楼的精神内核，传递给了一代又一代中国人。

李清照不只是个婉约才女，还是个"赌神"和"剁手党"

提起李清照，很多人首先联想到的是一个婉约才女的形象。她才华横溢，创作了《声声慢》《一剪梅》《醉花阴》等脍炙人口的词作，整个人都散发着一种文艺气息。

提到李清照，就会出现这些惯性标签：婉约、文艺、才女、忧郁气质……

的确，"倚门回首，却把青梅嗅""帘卷西风，人比黄花瘦""才下眉头，却上心头"等，她创作的这些需要默写并背诵全文的词作，使她整个人都散发着一种文艺气息。《声声慢》《一剪梅》《醉花阴》等，深深烙在了中国人的精神世界里。

再加上她后半生凄苦飘零的境遇，的确很容易让人脑补出她的古典忧郁形象。

但是，这只是她的 A 面，李清照的快乐，你想象不到，而这些都藏在了她的人生 B 面。

首先，李清照出生在一个颇有名的学者仕宦家庭，父亲李格非官至礼部员外郎。所以，她是一个家境殷实又有文化的"官二代"。

然后，她在那个媒妁之言的时代里，嫁了个令她怦然心动的"国民老公"。

她的老公赵明诚，是一个会填词、爱金石，能和李清照玩到一块儿去的"官二代"，他的爸爸还当过宰相。虽然，后来下线了。

李清照在婚后的很长一段时间里，开心到起飞。

> 卖花担上。买得一枝春欲放。
>
> 泪染轻匀。犹带彤霞晓露痕。
>
> 怕郎猜道。奴面不如花面好。
>
> 云鬓斜簪。徒要教郎比并看。
>
> ——《减字木兰花·卖花担上》

门当户对，情投意合，感情值拉满，随便填首小词，就能给我们塞满狗粮。

李清照爱购物，开心了要买买买，不开心也要买买买。堪称大神级"剁手党"！

因为她买的不是普通物品，而是古董！可谓高段位玩家。

她经常会和赵明诚一起搜集、品鉴金石文物。有钱要买，没钱了也要买。特别是遇到古人书画和夏、商、周三代古器，两眼必定闪光。

这是老物件啊，必买！

没钱了？好说，当掉衣服。

幸亏当年没有网购，不然小两口家里一定是快递堆积如山。

作为超级玩家，宁可不过日子，也要把事业进行到底，夫妻二人还写了一部《金石录》。

后来，他们家境没落，赵明诚到他乡赴任，李清照最初没有随夫远行，宁可过着"食去重肉，衣去重采，首无明珠、翡翠之饰，室无涂金、刺绣之具"的节俭生活，也要守着这些金石古器和书画。

可真是，爱古物爱到了骨子里。

在古代，男人饮酒，是豪迈洒脱。女人喝酒，那叫没正事，不成体统，不像样子……但是，这条"潜规则"，在李清照这里翻车了。

生而为人，我凭什么不能喝？酒这么好喝，它招谁惹谁了？

所以，在她的诗词里，我们随处可见酒的痕迹。李清照存世作品里45首有23首都是关于喝酒的。从数量上看，李白要排在她后面。

花开了要喝，花谢了也要喝。开心了要喝，忧愁了也要喝……好像人生种种，要泡在酒缸里，才会更有滋有味。

> 常记溪亭日暮，沉醉不知归路。
>
> 兴尽晚回舟，误入藕花深处。
>
> 争渡，争渡，惊起一滩鸥鹭。
>
> ——《如梦令》

喝醉了，找不到家了。

划着船，哼着歌，摇摇晃晃到了藕花深处。

一滩鸥鹭扑棱棱地飞起，洒下点点水光，好似闪闪星光，好美，好欢乐！

"东篱把酒黄昏后"饮"三杯两盏淡酒"，她醉眼蒙眬地指着窗外的海棠花笑说，"应是绿肥红瘦"！

年少时，用酒激活喜悦；中年时，用酒浸泡忧愁；年迈时，用酒温暖回忆。

总之，从青葱少年到苍苍暮年，酒陪伴在她的生命中，也融进了她的诗词里。

人生的快乐，不只有诗酒花，还可以没事赌两把。文化人无论玩啥，都能玩出点境界。

李清照喜爱金石，和丈夫创作了《金石录》，爱赌博，就写了个《打马图序》。据有人考证，打马就是今天麻将的前身。

打马是李清照的心头好。"予性喜博，凡所谓博者皆耽之，昼夜每忘寝食。但平生随多寡未尝不进者何？精而已。"意思是："我爱赌博，并沉迷其中，废寝忘食。所以啊，我这辈子，经历大大小小的赌博。"

为什么她会如此痴迷？大概率是因为，她能赌赢。这应该就是赢家的快乐吧！

"自临安溯流，涉严滩之险，抵金华……奈此良夜乎。于是乎博弈之事讲矣。"即使在北宋灭亡后，流亡在外，刚刚租好了房子安顿下来。长夜漫漫，人生苦短，先来赌两把消遣消遣。

人生，又何尝不是一场赌博？

人生的后半段，李清照抓到了一把烂牌。

国破家亡，爱人离世，生活凄苦，用尽全力拼命守护的金石古物也丢了不少，剩下点值钱的东西，还被恶人盯上了。

这个恶人叫张汝舟，是个大渣男。

渣男最懂套路，他在李清照孤苦无依的时候，各种嘘寒问暖，表达崇拜，攻破了才女的心理防线。

婚后渣男撕碎了面具，温柔荡然无存，把李清照当成了他的银行，频频要钱，花式潇洒。并对她进行家暴以及精神上的PUA。

但是李清照经历了人生的起起落落，必定是见过大场面的。况且能写出"生当作人杰，死亦为鬼雄"这样句子的人，怎么可能是个任人欺凌、哭哭啼啼的尿货？

所以结婚不到100天的时候，她就提出离婚。当时宋代的法条规定：妻告夫，虽属实，仍须徒刑二年。就算告赢了，李清照也是要坐牢的。

但是宁可坐牢，也不能放过渣男，李清照就是这么刚。

最终张汝舟被朝廷罢官，并流放柳州。而李清照幸得翰林学士綦崇礼帮助，向皇帝请恩，只坐了9天的牢，就重获自由了。

即使这件事被后来一些学者诟病，但我相信，李清照永远不会后悔。

因为于她而言，比起别人的非议，更重要的是为自己而活，活出自己。

酸甜苦辣，诗词歌赋，人间烟火……一一尝过，高级游客李清照，定是无悔、无愧、无憾，兴尽归去，大呼：人间好欢乐！

陆游竟然是个撸猫达人，历史上有这些你不知道的猫奴

今时今日，温顺可爱的猫咪，成为了很多人的爱宠，一个可爱的小眼神，就可以轻松让主人们沦陷。

猫奴们需要给猫主子们投喂、铲屎、陪伴，却乐此不疲，甘之如饴。

在古代，人们就开始养猫为宠，彼此陪伴。有一些我们耳熟能详的名人，其实也是猫奴。比如大诗人陆游，就是个资深的撸猫达人。

陆游给人的印象，是一个忧国忧民的大诗人，同时还有那段被母亲拆散的凄美爱情。一首《钗头凤》，让人们见识到了他的柔情与深情。

但同样，他也是一个著名猫奴，如果古代有微博、朋友圈，那么他很有可能是一个优秀的宠物博主。对于可爱的猫咪，他从不吝惜笔墨，写下了 12 首诗。

> 甚矣翻盆暴，嗟君睡得成！
> 但思鱼餍足，不顾鼠纵横。
>
> ——《嘲畜猫》

这首诗中，他在嘲笑猫咪贪吃贪睡，根本不去理会到处乱窜的老鼠。诗句中名

为嘲笑实则是对猫咪充满了怜爱。

> 风卷江湖雨暗村，四山声作海涛翻。
>
> 溪柴火软蛮毡暖，我与狸奴不出门。
>
> ——《十一月四日风雨大作》

下雨天，不出门，燃起柴火，裹着毯子，撸猫最舒服。这是令多少人沉醉的惬意场景。也由此见得，这位大诗人很懂生活，也很爱生活。

> 薄荷时时醉，氍毹夜夜温。
>
> 前生旧童子，伴我老山村。
>
> ——《得猫于近村以雪儿名之戏为作诗》

看到猫咪沉醉在猫薄荷里时的憨态可掬，想必他的眼中一定是充满温柔。

不光是诗人，皇帝也爱猫如痴。

明朝晚期，明仁宗和明宣宗这对父子就对猫咪情有独钟。明仁宗有一次连画了七只猫咪。身旁的大臣为了奉承皇帝便为猫咪题诗三首。皇帝大喜，直接给他升职。这位用心吹捧皇帝爱猫的就是道友了，道友值得拥有高官厚禄。

明宣宗传承了父亲对猫咪的爱，同样也是爱撸猫，爱画猫。他一生中的"猫画"无数，并成为了他一大标签。若是放到现在，他的社交媒体上也应该全都是猫咪的美照和美图吧。

晚清名臣张之洞，也同样是个著名猫奴。

张之洞是晚清四大名臣之一，是中国近代史上一位非常重要的人物，他在推动中国近代工业化以及教育改革等方面做出了不少贡献。但是很少有人知道像张之洞这样的大人物，却是个十足的猫奴。他的堂兄在给家人写信的时候就曾提到，张之洞非常喜欢养猫，在家中养了几十只猫咪，个个都是他的心头好。

张之洞每天会给猫咪们喂食，猫咪调皮，在家中胡乱蹿跳，有时候还会随处大小便，甚至会在他的书籍和公文上排便，他也不会生气，而是耐心地用纸擦掉。

威严的朝中大臣，在猫主子面前，就是个温柔的猫奴，永远心甘情愿地臣服。

而且他还会告诉身边的人，猫咪是无知的，不要去责怪它们。

张之洞的作息像猫一样，常常是白天睡觉，夜间办公。很有可能是受到了猫咪的影响。

由此可见，无论是在古代还是现代，猫主子的魅力，一直在线。

大明最低调的男神沈周

明朝有一位男神，拥有众多优质标签，堪称完美的人设，他就是"画痴"沈周。

这个名字并不出众，甚至在他出生的明朝也并不耳熟。

他是一位画家，与文徵明、唐寅、仇英并称"明四家"。是明代中期文人画"吴派"的开创者，主要作品有《庐山高图》《秋林话旧图》《石田集》《客座新闻》等。

人生最幸福的事，莫过于以自己喜欢的方式过一生，而沈周正是如此。他热爱画画，就画了一辈子，也从未参加科举。

沈周之所以能如此心无旁骛地投入到自己所热爱的书画创作事业中，很大程度上是因为他的出身非常硬核。

沈家是书香门第，也是非常有名望的高门大户，家境殷实。沈家人祖上都不喜欢做官，喜好诗画，志趣高雅。

沈周的曾祖父，酷爱收藏，《女孝经图》《天池石壁图》《富春山居图》等真迹都被他收入囊中，这其中随便一幅就是无价之宝。

沈周的祖父在永乐年间被举荐，但是并没有去做官。他的伯父和父亲在人们的眼中是清雅的隐者。沈家人都爱读书，就连奴婢都懂得写字撰文。

这样的家庭背景和家庭环境使得沈周的物质生活和精神生活都非常富足。

沈周心中只有画。画外，他是凡俗中的沧海一粟；画里，他是乾坤世界的主宰者，随笔勾勒，随心而画。开心了要画，不开心也要画。

沈周活到了八十五岁，其中五十余年都用来画画。可以说，把时间用在了自己最喜欢的事情上。

不为生活忧愁，不为前途烦恼，只是单纯地追求着自己所热爱的事。

人生如此，谁人不羡。

热爱加天分，再加上持之以恒，笔耕不辍，所以他的画艺也非常精湛。作为吴门画派创始人的他，为后人留下了《盆菊幽赏图》《秋林话旧图》《沧州趣图》等无数传世珍宝。

沈周出身富贵，却没有半点贵公子习气，为人随和，就像邻家大哥，是个热心肠。每当有人求画，他都会应允，哪怕对方只是个平头百姓。

他的绘画水平高超，但并不会因此故意抬高画的价格。因为热爱，所以他一定不会把画画当成赚钱的工具。有时候，为了帮助别人，他还特地"自降身价"，甚至赠予对方画作，以解其燃眉之急。正如沈周自言："天地一痴仙，写画题诗不换钱。"

沈周的性格和才华，都为人称道。当地太守也非常欣赏他，这么优秀的人才，一定要举荐给朝廷。但是世人所看重的，并不是沈周所看重的。而且，他从《周易》占卜，得到了"遁"的启示，于是更加坚定了隐世的决心。

也许卜卦不过是个幌子，沈周的父辈就已经遁隐避世。沈周的选择，不过是遵从本心。

沈周的生活非常雅致。他的住所，有流水、竹子、亭子、书画、香炉、美酒……经常会有名人来访，可谓谈笑有鸿儒。

沈周是个温暖的人，他的温暖会给朋友带来愉悦，也会给亲人最贴心的照顾。他曾为了陪伴母亲，而拒绝与朋友远游。弟弟生病了，他把他接到身边，照顾了一年多。他不胜酒力，但还是会陪伴父亲应酬，帮父亲挡酒。

高门大户里常常上演宅斗，但沈周的家庭中却处处都是温暖。

沈周为人十分和善，甚至被抓去当苦力也毫无怨言。有一次，郡县的太守征集画工为他家里的墙壁绘画。有人嫉妒沈周，就偷偷报上了他的名字，所以沈周也被当劳工带走。有人劝他，找相熟的王侯贵族帮忙，免得劳碌。但沈周并没有，而是耐心地完成了所有绘画工作。

沈周虽然并不在朝为官，但一直很有名望。不久后，太守进宫朝见皇上，朝廷中不少官员问他沈周先生的近况，是否一切安好。太守不知如何作答，只是含糊应承下来。

离开之后他向人打听沈周是何许人也，询问之后才知道，各位大人口中惦念的沈周先生竟然是为自己家里做彩绘的劳工。

回去之后，太守亲自登门拜访，不停地道歉。但沈周并没有放在心上，更是没有为难太守。

沈先生还非常调皮可爱。某日里，他给好友祝枝山写了一封信。先是大赞他的文采高妙，可以与元稹和白居易这样的大家相媲美，紧接着话锋一转，又吐槽他稿费低，最后还添了一笔"呵呵"，像极了现代好友之间的微信吐槽。

沈周本身，对明朝的画坛影响深远，只是他一生淡薄，偏安一隅。所以，在史书上并没有留下太多的痕迹。因而没有被后世广泛传颂。但于沈周而言，他远离俗世的纷扰，投身于自己所热爱的绘画事业中，以自己喜欢的方式度过一生。这也是少有人能得到的圆满和潇洒。

幸福如斯，此生无憾。

唐伯虎活得并不潇洒，才子也曾装疯卖傻

提起唐伯虎，人们首先会想到他的潇洒风流。就像他的诗句"桃花坞里桃花庵，桃花庵下桃花仙。桃花仙人种桃树，又摘桃花换酒钱……"，满是自由、洒脱。

对于多数人而言，唐伯虎的形象塑造，都是来源于影片《唐伯虎点秋香》。所以人们也会理所当然地认为，他多才也多金，提笔就是佳作，这样一个人生赢家也必然会过得快活。

可揭开历史的面纱，它呈现的却是和我们所想象的完全不同的模样。唐伯虎真正的人生非但不快活，而且过得辛酸、坎坷、落魄。

在生命的最初，命运于他还算和善。

他生于商贾之家，家境优渥，丰衣足食。他天资聪颖，15岁的时候就考中了秀才，被人们称为"神童"，成年后娶妻，按部就班地成长，享受生活的幸福。

但在他24岁这一年，命运陡然变调，先是他的父亲去世了，紧接着就是他的母亲、妻子、妹妹相继离世。

一个原本幸福的人，被孤独地留在了人世间。作为家中唯一活着的人，很难说到底是幸运还是不幸。

失去了家人的唐伯虎，变得很颓废。好在朋友在身边一直支持和鼓励他，他重

新走上了科考之路，参加了乡试，并获得了第一名。那一年，他28岁。

也许人们会认为，他走出了亲人离世的低谷期，考上了"解元"，以后自当是一片坦途，前途无量。

在乡试第二年，唐伯虎奉命进京参加会试。不出意外的话，才华横溢的他，会取得不错的名次，从此走入仕途。

可偏偏意外还是来了。

在进京赶考的路上，唐伯虎认识了同去参加考试的富家子弟徐经，两人聊得投缘，成为了朋友。

多个朋友多条路嘛，这本身没毛病。

但这位朋友，却很不给力。徐经在会试时买通了考官，偷了试题。那一年的考试试题很难。考场上大部分考生都是眉头紧锁，而唐伯虎和徐经却笔走龙蛇，文采极佳。

当时的会试主考官程敏政和李东阳对二人的文采也大为赞叹。

唐伯虎和徐经在考生中一下子脱颖而出，但同时也惹人眼红。在会试考试结束后就有人告发了徐经买通考官作弊得到了试题。

科考本是为朝堂选拔人才之举，关系着国家的发展，科考舞弊，朝堂自然是严惩不贷。唐伯虎也因此被连累进了大牢。

案子查了一年多，虽然唐伯虎没有参与买题，但最后也被波及，取消了科考成绩，永远不得参加科举，永世不得为官。

这对于一个满腹才学的才子而言，是最残酷的惩罚。

曾经的踌躇满志，曾经的得意和潇洒，全都变了。

他的才学不能用来施展抱负，只能变成诗文和画卷，以维持生计。

唐伯虎又颓废了很久，后来，宁王朱宸濠向他抛来了橄榄枝，请他奔赴南昌，到其门下做事。

当不了皇帝的臣子，退而求其次，当个王爷的幕僚也是个不赖的选择。舞台是小了点，但总归是有个台子，热血和才华也就有了抛洒之地。

于是，唐伯虎又一次点亮希望，投到了宁王门下。

他以为自己迎来的是一个光明的未来，却不知道自己奔赴的是一个巨大的阴谋。

宁王的确欣赏他的才华，想要重用他。

不过唐伯虎很快发现，这位新领导有些异常。他囤积了很多粮草、兵器，还经常会接触一些土匪流氓。这些动作的目的已经足够明显了。

是的，宁王要造反。

他不仅想要治理自己的封地，还想治理整个江山。

原本碰上科考舞弊案，没了大好前途，唐伯虎觉得已经够倒霉了。没想到这一次却碰上新领导要造反，而他如今成了宁王的幕僚，这可是要掉脑袋的事情。

想要保命，只能快速溜走，和宁王脱离干系。

但离开并不是打个辞职报告那么容易的，宁王是不可能轻易地放过一个了解这么多内情的人离开的。

在危急关头，唐伯虎激发巨大的求生欲，想到了一个妙招——装疯。

只有让宁王相信他是真的疯了，他才能活着离开。

因为一个疯子，无论说什么都是不会有人相信的。

为了快速达到预期效果，唐伯虎直接亮出了绝招——裸奔。他光着身子在街上乱跑，对来往的人群傻笑，还在人群中高呼"我是宁王的贵客"，用实际行动膈应宁王。

唐伯虎的疯人举动很快传开了，同时也把宁王的面子丢光了。

最后他如愿以偿，宁王命人将唐伯虎送回苏州，眼不见为净，自己安安心心搞事业，搞谋反。《明史》中记载，唐寅"察其有异志，佯狂使酒，露其丑秽。宸濠不能堪，放还"。

后来，宁王造反的小火苗，被王阳明掐灭了。

经历了大起大落的唐伯虎总算是捡了一条命，后半生困顿寂寞，沉醉在诗词书画里。

明世宗嘉靖二年（1523），唐伯虎黯然辞世了。死后葬在桃花坞，成了桃花树下的桃花仙。

死前唐伯虎留下了《绝笔》诗：

生在阳间有散场，死归地府也何妨。

阳间地府俱相似，只当漂流在异乡。

　　唐伯虎这一辈子，其实并不风流潇洒，反而是坎坷重重。才华横溢，却与仕途无缘。但好在他的才华没有被历史淹没，他的诗画成了传世经典。

　　曲折和悲伤被淹没，活在人们记忆里的他，始终倜傥潇洒。

　　这也不失为一种美丽的成全。

第四篇

那些家喻户晓的『错误』

古往今来，顺时间洪流而下的故事，有多少真假？

白驹过隙，集日月精华于身的文字，又怎判对错？

因为"叶公好龙"这个成语，叶公被误解了几千年

"叶公好龙"这个成语，是小学课本上的内容，用来比喻人们自称爱好某种事物，实际上并不是真正爱好，甚至是惧怕、反感。其出处为汉代刘向所写的《新序·杂事》。文中说道："叶公子高好龙，钩以写龙，凿以写龙，屋室雕文以写龙。于是天龙闻而下之，窥头于牖，施尾于堂。叶公见之，弃而还走，失其魂魄，五色无主。是叶公非好龙也，好夫似龙而非龙者也。"

文中讲的是叶公子高，作为龙的传人，也是龙的铁粉，柱子上刻龙，衣服上绣龙，墙绘也要画龙。天上的真龙被这位铁粉感动，于是来到叶公面前，想要给铁粉个惊喜，却万万没想到成了惊吓，叶公吓得失魂奔逃。文章辛辣地讽刺了叶公这种唱高调、不务实的坏作风。用这个反面教材，告诫人们做事要脚踏实地。

然而事实上，叶公真的很冤，又无法为自己发声。

历史上确有叶公其人，姓芈，名诸梁，字子高，是楚国王室贵族。叶公大约与孔子同一时期，是春秋末期的军事家、政治家。因被楚昭王封到古叶邑，所以也被称为叶公。《风俗通》载："楚沈诸梁，字子高，食采于叶，因氏焉。"

叶公勤政爱民，谦虚低调，在叶邑治水开田，政绩斐然。曾组织百姓修筑了东、西二陂，蓄水浇田。防治了水害，又使农田得到了灌溉。

《叶县志·水利》:"东西有二陂,方城山有涌泉东流,蓄之以为陂,方二里,即西陂也。陂水散流,经叶县东南而北注澧水,澧水又东注叶陂,即东陂也。东陂最大,东西十里,南北七里,引水以溉民田。二陂并叶公诸梁所作,今遗址尚存,名水城。"

叶公在当时很有名望,就连游历各国的孔子都曾慕名拜访,并与叶公探讨治国之道。两人侃侃而谈,交流彼此的政治主张,这就是著名的"叶公论政"。

《荀子·非相》评价叶公:"叶公子高,微小短瘠,行若将不胜其衣。然白公之乱也,令尹子西、司马子期皆死焉。叶公子高入据楚,诛白公,定楚国,如反手尔,仁义功名善于后世。"

叶公曾率兵平定了白公胜的叛乱,从而稳定了楚国政权,使得飘摇的楚国转危为安。

那么叶公好龙一说又是由何而来呢?

叶氏谱牒《始祖·诸梁公传略》载,叶公宰叶时,为了战胜旱灾,决心修筑东、西二陂。西陂注方城山之水,东陂引澧河之水,蓄水灌田,以利农桑。为缜密筹划施工,在墙壁绘制出一幅幅巨大的渠网水系图。

有一天,一位来访客人把墙壁上的水系图当成了群龙起舞图,就毫不隐讳地说,人言叶公好龙,我看叶公并非真的好龙。

叶公问是何故,客人回答说:"风从虎,云从龙。图中之龙不画云,故从得知。"

叶公笑笑说:"我只想引龙出水,不求腾云驾雾。"

客人问道:"何谓引龙出水?"

叶公说:"凿渠引龙,龙就出水了。"

客人又问道:"群龙真可以引出水吗?"

叶公说:"少引则宜,多引则惧。"

客人又问其中原因,叶公接着说:"引一龙而需工千额,需粮万斛,所以不可不慎重。"

由此可见叶公所好之"龙",是水渠之龙;叶公所怕之"龙",是怕百姓无法承受过重的修渠任务。

　　叶公虽然为人清正，但是也有政敌，对其进行言辞攻击。所以有人借此故事，以讹传讹，污蔑叶公。后来申不害将这个被加工过的故事编写在了《申子》一书中，并流传下来，后来被汉代刘向转录，得以广泛流传。但叶公的形象，却随着这个成语的广泛传播而失了真，并被引入了小学语文教材中。

　　对于后世人而言，叶公好龙是一则警醒人们的寓言故事，教育人们要务实。但对于叶公本人而言，着实冤枉。

最正宗的中国情人节不是七夕

也不知道从什么时候起，"七夕"被炒作成了"情人节"，其实古人谈恋爱，并不在七夕节。所谓的七夕节是古代情人节，实乃史上最大的误读，历史上的七夕真的跟情人节没半毛钱关系。

七夕节准确来说叫作"乞巧节"，至少在汉代就已经出现了。起源当然是大家所熟悉的牛郎和织女的传说：相传，织女是天界的女神，她出身高贵，却意外嫁给了出身贫寒、以放牛为生的牛郎。此后，小两口过起了男耕女织、和和美美的小日子。

谁知，天上的王母娘娘知道了这件事，不仅拆散了他们俩，还划了一道银河，让他们一年只能见一次面。但这个传说仅仅是说织女和牛郎的爱情，并不是庆祝牛郎织女的"鹊桥会"，与大家理解的男欢女爱毫无关联。

其实七夕应该是"女生节"，是和小姐妹们聚会的日子，并且这个节日仅限于未婚女性！七夕节那一天，未婚的少女们会成群结队地游玩，向星空上的织女星乞求变得心灵手巧。与此同时，她们还会开展各种女红比巧的比赛。所以说七夕实打实是少女聚会游玩的节日！

后来，随着城市商业的快速发展，七夕节这天晚上，街道灯火通明，街市中催生了专门卖乞巧物品的市场，少女们在这天晚上可以出来逛街买东西，这与情人节的寓意大不相同。

在古代，女孩子基本上很难有机会出门游玩，特别是那些大家闺秀。既然连门都出不去，更别提谈情说爱约会了，所以七夕节不可能是少女与情人约会的节日。

那么古代人就真的不过情人节吗？其实还是有类似"情人节"的节日存在的，元宵节和上巳节就比较符合"情人节"的标准。

元宵节历史非常悠久，东汉末年已有，距今有两千多年，是较为浪漫的传统节日之一。那时的元宵节，被称为上元节，是一个非常隆重的节日。元宵节期间，大城市都会张灯结彩，歌舞升平。官府会下令特许打开坊门，弛禁三夜，任由人们彻夜狂欢。因为没有宵禁，女人们也可以正大光明地出门，所以这天晚上已婚的成双成对，两情相悦。未婚的可以自由约会，单身的则可物色对象。

元宵之夜，深闺中的女子可以结伴而出，赏月、闹花灯、猜灯谜，为情窦初开的少男少女提供了邂逅的良机。即便在程朱理学盛行的宋代，女孩子们依然能到街市去观赏花灯，尽兴游玩。即便深夜不归，旁人也不会多加苛责。因此，元宵节这天也就造就了无数良缘美眷。

但男女相会，并非节日主题，只是个别情况罢了。所以，虽然元宵节的由来不是为了撮合男女相会，但从习俗来看，元宵节比七夕节更具有"中国情人节"的味道。

元宵节有着浪漫的韵味，上巳节则更像是正宗的情人节。在古代三月三上巳节来临时，青年男女到郊外游春，官府更是鼓励男女相会。

早在周朝，"三月三"就可以说有着法定情人节的地位。《周礼·地官·媒氏》中有记载："仲春之月，令会男女，于是时也，奔者不禁。"

大概的意思就是，在这个适合谈恋爱的季节，大家千万不要错过。如果约定之后，没去的缺席者要遭到惩罚；而两情相悦的参与者，就算是私奔，也不会遭到阻拦！可以说，上巳节才是中国最正宗的情人节。

《古代风俗百图》这样描绘先秦郑国民俗："溱洧河畔钟鼓交，踏青游人乐陶陶。红男绿女佩香草，两情相悦赠芍药。"人们会在上巳节这天与爱人花下漫步、约会，未婚男女遇到心悦之人，则大胆私定终身，互赠一束芍药花为约定。而芍药，也成了中国的爱情之花，恋人别离时，常以芍药相赠，深深浅浅的情意、百转千回的思绪，都包含在这一束芍药花里了。

当然古人结婚也不能只靠送芍药花了事，相反，上巳节送芍药定情仅是开始。古人的婚俗礼节要比现代人复杂隆重得多，从请媒人提亲开始，到双方互通姓名八字、去祖庙占卜合婚，再到送聘礼、择日请期，之后才能正式迎娶新娘过门。

除了是恋爱的节日，上巳节还是一个多元化的日子。早在巫蛊盛行的神秘上古，上巳节已经出现。经历了一窖冬藏，邪气内沉，为祛除体内不祥，在专职女巫的领导下，大家伙儿在三月上旬的巳日齐聚河滨，用兰草濯洗，用柳枝沾着花瓣点头身。

而上巳节中，"巳"的本意，指胎包中的小儿。已婚女子，在上巳节求嗣，或祭祀生育之神——高禖，或在水中浮鸡蛋、红枣；女子争相捡食水中的鸡蛋，吞食可以得子。文人雅士则玩起了"曲水流觞"，把一个节日的内涵拔高到了极致。大家坐在河渠两旁，酒杯自上游顺流而下，停在谁的面前，谁就把酒吟诗。跟我们现在年轻人玩的漂流瓶有异曲同工之妙，只不过漂流的不是瓶子，而是酒杯！

古人如此形容上巳节："上巳良辰近，三春淑气妍。秾花轻著雨，细柳淡笼烟。燕翥当风掠，莺梭拂露穿。"如此佳节，有许多浪漫，非常独特。

从发展上看，三月三历史悠久；从习俗上看，三月三给古代男女提供了一个相会的机会；从时间上看，三月三是在万物复苏的春天，是最适合谈恋爱的时候。并且有一些学者认为，七夕时属"七月流火"，阳气盛极而衰，更多的是秋日里凄切的闺怨。而三月三正值万物生长、青春萌动的时节，从某种程度上说，古人将三月三定为"中国情人节"也很符合历史传统和自然规律。

当然这种青年男女集会的场合，女孩们一定是盛装出席的，直到后来逐渐演变成"女儿节"。宋代以后，理学盛行，礼教渐趋森严，男女之间交往不能太过亲密，上巳节风俗在汉人文化中渐渐衰微。

现如今，人们已经遗忘了它是一个最古老最正宗的情人节了，只记得三月三（上巳节）是广西少数民族的传统节日。在农历三月三这一天，广西会有许许多多的少数民族俊男靓女成群结队对歌，以歌传情。

到了当代，很多传统的节日也逐渐被国人遗忘了，反倒是各种各样的外国节日受到国人的追捧。不管如何，这样的社会乱象应该有所改变。先人前辈遗留下来的宝贵财富，后人不去珍惜岂不是文化传承中的损失？

青龙偃月刀直到唐朝才出现，关羽是肯定用不上的

说到关二爷，无人不知无人不晓，"武圣"关羽已成为一个符号，他代表着忠义，影响着后辈无数的人。这一切都要归功于罗贯中写的小说《三国演义》。

小说中写关羽杀颜良诛文丑，温酒斩华雄，过五关斩六将，千里寻刘备，忠肝义胆。英雄配好马，于是"马中赤兔"的赤兔马，成为了关羽的坐骑，一骑绝尘，如入无人之境。良将用好刀，于是青龙偃月刀成为了关羽的武器，宝刀在手，大开大合，所向披靡，无人能及，于万千兵马中可取上将首级。

但演义不是历史，小说不是史实。作者罗贯中是带着个人主观意念倾向写的小说，他以刘备这方为主角，写出了刘备仁义，关羽忠义，诸葛亮智义。但正如鲁迅先生评论诸葛亮的话，"多智而近妖"，小说也将关二爷描绘得神乎其神。

就拿关羽的武器青龙偃月刀来说，《三国演义》是这样描述的："云长造青龙偃月刀，又名冷艳锯，重八十二斤。"按照东汉的计量单位换算，一斤相当于二百多克，大概四十斤；如果按照罗贯中所处的明朝来算，有九十多斤。关羽高大威武，身材壮硕，即便他可以把重几十斤的大刀灵活挥动，他的马估计也难以承受这个重量。更别说是千里行军、领兵打仗了。

其次，青龙偃月刀是在唐代才出现的武器，原称"掩月刀"。该刀最早见于

《武经总要前集·器图》。《武经总要》成书于北宋初期仁宗庆历四年（1044），是中国第一部由官方主持编修的军事和兵器大百科全书。

书中"刀八色"章节共绘制了当时军队中使用的八种刀型，"掩月刀"便是其中之一。根据图式来看，"掩月刀"刀头阔长，形似半弦月，背有歧刃，刀身穿孔垂旄，刀头与柄连接处有龙形吐口，长杆末有鐏。"刀八色"中的"屈刀""凤嘴刀"与"掩月刀"形式相仿。刀名在当时虽然有细分，但在后世则基本以"偃月刀"作为这一类带背刃的长柄大刀的统称。

"偃月刀"作为重型兵器，劈砍的威力巨大，但其太过笨重且制造成本超高，在战场上并不实用，更多用于演武、列阵以及操练，以此展现士气军威。还有的则被宫殿侍卫和卤簿用作仪仗兵器，在清代早期甚至变成了武举考核膂力的道具。

所以到唐代才出现的青龙偃月刀，是不可能穿越到东汉末年，来到关羽手中，成为他的武器的。那关羽真正使用的兵器是什么呢？

《三国志》中记载："曹公使张辽及关羽为先锋，羽望见良麾盖，策马刺良于万众之中，斩其首还。"根据一个"刺"的动作，猜测关二爷使用的应该是长枪或者长矛；加上一个"斩"的动作，猜测关公还随身携带着一把刀。

战场之上，长矛这样的武器较难舞动，且有被敌军抢去的风险，所以备着一把刀，是比较符合逻辑与常识的。三国时期的刀，大部分是"环首刀"，在当时，各国军队汲取两汉以来炒钢、百炼钢、淬火等钢铁冶炼技术，大量生产过环首刀。

历史是由后来人所书写的，你所能看到的，不过是记录历史的史官想让你看到的。加上民间的口口相传，三人成虎。一叶障目之后，"整个泰山"都沦为历史的尘埃，被后人所忽视或遗忘。后世所能记住的，不过是那一叶秋色罢了。

古代第一位西行取经的僧人不是玄奘，他出发时已经 65 岁

提到西天取经第一人，人们总是会想到唐僧。随着《西游记》的传播，唐僧的形象已经深入人心。

但事实上，僧人法显的西行取经早于唐朝的玄奘大师 230 年，是中国佛教历史上第一个到天竺去取经的僧人。他的取经路途，开始于他 65 岁之时，历时 13 年，经过了 30 多个国家。

余秋雨曾经这样评价法显，"这位把彪炳史册的壮举放在 65 岁之后的老人，实在是对人类的年龄障碍作了一次最彻底的挑战，也说明一种信仰会产生多大的生命力量"。

东晋晋成帝咸康年间，3 岁的法显被父母送入了庙堂。这并非父母狠心抛弃，只是法显之前，已有三个孩子夭折。贫寒的家境，更是让这个孩子变得格外脆弱，面对这个体弱多病的孩子，郎中也无奈摇头。这对贫寒的父母，陷入了深深的痛苦，他们不知道生机到底在哪里。

远处传来的钟声，给这对贫寒的父母带来了启示。父母最终决定将他们的孩子送到庙里，以求佛祖保佑。

年幼的法显站在庙堂里，望着父母离去又频频回首的身影，充满了不解与牵

挂，却不得不一步步走向自己的命运，自此开始了佛家生活。

东晋时代还未摆脱战争的阴影，在那片贫瘠土地上的人们不得不与饥饿为伴，寺庙中的僧众必须自食其力，靠种植农作物得以生存，生活格外艰辛。而这残酷的世事，却孕育了法显慈悲的心肠。

20岁时，法显受了大戒（沙弥进入成年后，为防止身心过失而履行的一种仪式）。与佛经相伴的日子，安宁而空明，时光静默地流转，转眼便是40余年。法显对于经文的参透程度逐渐提高，对于经律越来越熟悉、精深，但同时，他也发现了更多的问题。

随着统治者的大力推广，佛教信徒逐渐增多，也形成了许多僧教组织。但是法显生活的时代，来自印度的佛教戒律并不齐全，再加上翻译的曲解，更是远离了佛法的本意，而僧人们更是没有一套系统的佛家戒律。众多的僧团组织，很容易在迷茫中失去修行的发展方向。

而这些疑惑，却又无人能够解答。

于是，法显立下宏愿，要寻求最权威的佛家律法，便决定到西方的天竺（古印度）佛祖的故乡，去寻求最权威的律法，誓要让众人都能够了解到佛法的大义。

很多60岁的老人都开始养花遛狗研究养生，享受美好的余生。但60余岁的法显，将要用自己的人生暮年完成一生中最大的愿望，他以信仰为拐杖，走上了求经之路。

他不像玄奘大师一样被人津津乐道，进而延展出四大名著之一的《西游记》，也不像郑和一样，带着国家的使命下西洋。法显的行走，远远超过政治所承载的意义。

晋弘始二年（399），法显开始了说走就走的追梦之旅，他与慧景、道整、慧应、慧嵬等人一同从长安出发，开始了漫长的旅途。

长安是法显旅途的起点，也是他旅途的终点。但走完这一个来回，他不知道需要多久，又或者，此生是否还有机会抵达终点。

法显一行人，西出玉门关，开始了取经之路。很快，他们就面临西行路上的第一个难关。

在法显60年来的佛学生涯中,从没见过如此穷凶极恶的环境。"沙河"(即白龙堆大沙漠)并不是一条河,而是沙漠,如同《西游记》里流沙河的湍急凶猛,这里曾是古代丝绸之路的重要通道,其凶险让往来的商旅望而生畏。

在这片渺茫无依的沙漠中,法显一行人艰难前行。抬眼望去,没有任何的标志,死人的枯骨成了沙漠里的路标。他们在经历了17个昼夜的前行后,终于抵达了西域的第一个小国鄯善(今新疆罗布泊)。这个国家还有一个更闻名遐迩的名字——楼兰。在楼兰修整一个月后,法显一行人继续西行。

400年春,法显和他的弟子们来到了于阗国(今中国新疆和田),这对于普通的商旅来说,可能是丝绸之路上一个遮风避雨的好场所。但是,对于信奉大乘佛教的僧人来说,却并不一定如此。因为此前100多年里,信奉大乘佛法的中国僧人,不被于阗所容。中国第一位西行求法的僧人高士行,也因此受到了阻挠,止步于此。如今,法显怀着忐忑的心情来到此地。他面对一个未知的答案,不知道自己能否克服宗教的分歧,将中国僧人的求法之路继续延伸,答案无从得知,他只能向着佛祖默默地祈祷。

法显到达此地时,正值一场盛大的佛事——佛诞节。壮观的仪式,规模宏大,给法显留下了深刻的印象,而对于此时的于阗国来说,宗教的分歧已不再重要。而且,这里规模宏大的瞿摩帝寺,也已经是大乘佛寺。法显心中充满了激动和欣喜。

在瞿摩帝寺里,法显惊喜地发现了许多非常珍贵的佛家典籍,而且这是中土没有的。可惊喜之余,也给法显带来了困惑。前方路途凶险,很有可能命丧黄泉。将这些佛典带回故国,便会获得无上的荣光。也许,法显的心中,也曾有过一丝犹豫。但是,在于阗休整了三个月后,法显又迈出了西行的脚步。

他们途经许多西域小国后,来到了竭叉国(今新疆库尔克地区),又经历了凶险的葱岭后,来到了雪峰。经过一个多月,求法的僧人成功走出了雪山,来到了天竺(今印度)。他们越过陀立国后横渡汹涌的印度河,开始了天竺求法之旅。

403年,此时跟随法显的人只剩下了道整一个人。其他同伴,有的到别处求法,有的先行回国,有的在途中离世。

法显终于来到了天竺境内,这里是佛教的发源地,也是印度佛教文化最丰富的地区。古天竺仿佛自由的天堂，给法显留下了深刻的印象。他沿着佛祖走过的道路，行走在恒河流域，将他所见所感的点点滴滴，都记录在《佛国记》中。这也成为了一个民族失落的记忆。

404 年，法显满怀希冀地来到了佛祖的诞生之地。然而当法显驻足于此的时候，却发现往日佛祖的荣光已经暗淡，佛法在此已经凋零。

在佛祖的故乡，他没有找到想要的律藏，那么到底要去哪里寻找？

405 年，法显抱着最后一线希望，来到了巴连弗邑城。这里是天竺最兴盛的国家，人民富裕和乐，佛教兴旺发达。这里有一位名叫罗沃私婆迷的大乘佛法学者造诣高深，所以法显慕名前来拜访。而在这里，他终于找到了他一直寻找的律藏。于是法显留了下来，一边学习梵文，一边抄写经律。在当时的天竺，还没有造纸术和印刷术，经卷是写在贝叶上的。所以抄书是一项极其考验耐力的工作。陌生的语言，陌生的地域，对于年迈的他来说是一种挑战。然而，他的心中，却没有感到任何疲倦。

他最先抄写了一部《摩诃僧祇律》，然后又抄了《萨婆多众律》《杂阿毗昙心》《方等般泥洹经》等多部经书。

随着时光的流转，法显已经将所有的典籍抄写完毕。看着眼前的经书典籍，法显知道，是时候离开了。启程的时候，一起穿过雪山活下来的道整决定留在天竺，法显不得不一个人孤身上路。

这一年，法显已经 70 岁，没有同伴陪同，携带着大量的经卷，要回到万里之外的祖国，又谈何容易？

顺着一位商人的指引，法显一路南下，一边搜集法典，一边寻找回国的渡口。

408 年，法显来到了多摩梨底国（今孟加拉国的塔姆鲁克），这里是水陆交通的中心，而且佛教发展繁盛。佛经典籍和佛教绘画极为丰富，这一切，让法显暂时停住了回国的脚步。法显在这里抄写佛经，绘制佛像。日升日落，一晃便是两年的时光。在学得了佛像绘制之法后的法显，乘船南下继续寻找回国的港口。随后他来到了一个岛国，也就是今天的斯里兰卡。

在这个佛法昌盛之地，无畏山寺浓郁的寺庙氛围，深深打动着法显。那些佛家的戒律典籍，更是让他难以割舍，所以他在这里停下了脚步，他要将这些宝贵的精神财富，带回故国。

411年，法显结束了艰难的求法之旅。他双手合十，告别了佛祖的故乡，踏上归程。然而，海上气象变幻莫测，他又是否能成功地穿越大海，回到他魂牵梦萦的故乡？

一路上面对着肆虐的狂风和波涛，流连辗转几个月，被海浪狂风损毁的商船漂泊到了一个岛上。

412年的5月，法显乘上了修复的商船，开始东归。然而，一场突来的狂风席卷印度洋。船上的旅客们，在摇晃的商船中四处逃窜。法显却平静地端坐在船中，守护着自己的经书。

暴风雨彻底失去了控制，信奉婆罗门教的商旅们，认为这个佛教徒给商船带来了厄运。人性的丑恶笼罩着一个巨大的阴谋，他们商议着要将法显投入大海，平息神明的愤怒。危急时分，一位中国商人挺身而出，保护了法显。

东晋义熙八年（412）7月14日，法显终于回到了故土。

在山东即墨登陆的法显，来到建康（今南京），将带回的经书全部翻译完。这些经书很快地传播出去，对佛教产生了重大的影响。之后，法显又开始记录自己西行的历程，他把十几年的经历，全部记载在了《佛国记》里。

《佛国记》又被称为《法显传》《佛游天竺记》《历游天竺记传》等。法显的《佛国记》不仅具有佛学价值，在文学、历史、文献、地理、航海、经济方面都有着重要作用。可以说，《佛国记》是中国古代第一部完整的旅行记。

《佛国记》的完成，为法显取经画上了一个完美的句号。东晋元熙二年（420），86岁的法显圆寂于荆州。

1500多年后的1908年，法国人在敦煌石窟的佛教文献中，发现了《佛国记》的抄本。当他们把《佛国记》翻译出来后，曾经发表言论，认为最早发现南美洲的人不是哥伦布，而是法显。法显比哥伦布早1000多年。

被"黑"惨的武大郎夫妇其实郎才女貌、恩爱有加

前有《水浒传》，后有《金瓶梅》，潘金莲也算是古代大 IP 的经典人物。后人提起她，无不是用荡妇来形容，不守妇道，毒杀亲夫，她将恶毒女这一人设稳稳立住。

大多数人都认为，这只是个被用来寄托情感和映射现实的虚构人物，所以将一切负面的情绪全都加注在这样一个德行有缺的女性角色上，丝毫没有负担。可事实上，潘金莲却是生活在明朝的一个真实而鲜活的人物。

如果潘金莲是故事中那个做尽恶事的女人，那么被万世唾骂也只能是她活该。可真正的她，却是一位善良貌美、品行端方的大家闺秀，就连她那矮矬丑的相公武大郎，实际上也是一位相貌不俗、身形高大且才学渊博的青年。

那是一段甜蜜的过往，少年武植因为家贫去潘家做短工，与豆蔻年华的潘家小姐潘金莲相识相知，潘金莲赠他银钱助他读书，而武植也不负所托，功成名就。一对有情人在父母的见证下成婚，从此夫妻恩爱共白头，还一起孕育了四个孩子。武植在任职阳谷县县令时，为官清廉，政绩卓绝，平冤案、治水患，很受百姓爱戴，武大郎这个放在后世堪比骂人话的名号，却是百姓们给父母官武植的尊称。

就是这么一对优秀的夫妻，却由于一场恶意的报复，成了后人的笑料，被翻来

覆去地鞭尸。

　　黄堂是武植的同窗，人如其名，做人十分荒唐。黄堂家中起火，他投奔武植，却因为武植仅仅招待他而没有伸手帮助，就心生怨恨。阳谷县地痞西门氏因为不满武植，背地里说了他很多坏话，这些话被黄堂听见了，他灵机一动，在回乡的途中添油加醋宣扬，甚至因为武植爱重潘金莲，还鬼迷心窍地编造了西门氏与潘金莲的绯闻。

　　阳谷县的居民自然不会相信这些谣言，可是别的地方的人不知道武植和潘金莲是何许人也，见黄堂说得有模有样，便信以为真。就这样，这段流言迅速传播，并且愈演愈烈。黄堂回家后，发现自己被烧毁的房子已经修缮好，妻子说是武植出了钱帮忙修缮，他这才后悔自己的作为。

　　本来武植和黄堂二人只是同窗，并非近亲，同窗之间若有急事，帮是情分不帮才是本分。可是黄堂作为求人的反倒把自己当作大爷，居然因为武植没有主动帮助就心生恶意，还做了恶事。看到武植帮了他后就简单地后悔一下，没有为自己犯的错付出任何代价，还白得了好招待和新房子。

　　本来事情发展到现在，就是一桩民间口耳相传的八卦，真正让这件事变了性质的人是施耐庵。

　　施耐庵在创作《水浒传》时听到了这桩八卦，在没有任何核实下，也未经当事人同意，就当作素材写进书中。可能当时对于他而言，自己仅仅是做了一件抨击狗男女的好事，可是对于武植和潘金莲来说，却是一场灾难。

　　古人看重声名，可怜武大郎和潘金莲，却因为交友不慎背上了污名。黄堂和施耐庵仅用一张嘴、一支笔、几页纸，就给这对夫妻造成了无法挽回的伤害。作为男性的武大郎，没了一生为官的清名，成为了丑陋猥琐的失败男人；而由于古代对女性的枷锁更重，潘金莲直接被钉在了耻辱柱上，成为一种另类的玩物。

　　2009 年 12 月 18 日，施耐庵的后人来到清河县武植祠为武植和潘金莲塑像，并写下了道歉诗，这迟到了几个世纪的歉意，却永远无法穿越时空，传到二人耳边了。

陈世美的千古清名被两个老同学给毁了

戏剧《铡美案》为我们贡献了一个经典渣男形象，剧中陈世美逆袭考上状元，立刻爹妈不管、妻儿不认，紧紧抱住公主大腿，将软饭吃得明明白白。老家遭了旱灾后，陈世美父母饿死，妻子秦香莲带着儿女一路乞讨，终于寻到了陈世美。可陈世美怕自己的公主老婆知道真相，打算从根本上解决问题，于是差人灭口。情急之下，秦香莲鼓起勇气上开封府告状。包青天顶住多方压力查清事情真相，最终将陈世美送上断头台，达成了糟糠妻逆境崛起、打脸渣男的爽文结局。

包大人的断案故事带给了我们爽感，陈世美不仁不义不孝，人人得而诛之。可谁又能想到，这被传唱成经典的故事，却是一桩天大的冤案。

陈世美和秦香莲的原型是清朝人士陈年谷和秦馨莲，两人虽是二婚夫妻，却是恩爱不离，携手白头，既没有公主插足，也没有买凶杀妻。

这对古代模范夫妻，之所以会变成戏剧中的模样，都是因为几个恶毒的同学使坏。

早期的陈年谷是个本地知名贫困生，本来只想低调读书，攒钱考学，可是家乡中几位有钱的同学总感觉自己上京路上缺了个对照组，于是几人商量过后决定一起资助陈年谷，给自己的漫漫考试路增加点乐趣。哪承想多人上京考试，只有陈年谷这个陪考考中进士，剩下的全都落榜。

陈年谷入职体制内成为饶阳知县后，以自己出色的业务能力和一颗坚定的人民公仆之心，绩效考核次次评优，事业一路绿灯，最后做到了贵州按察使兼任布政司参政。

从事业上看，陈年谷走得顺风顺水，所以在升职加薪的路上，总会有人来找麻烦。按照网文套路，最先来的应该是家里的极品亲戚，可是到了陈年谷这，却变成了极品同学。

胡梦蝶和仇梦麟是当年资助过陈年谷考试的人。这两个人见陈年谷官路通达，十分眼红，无奈自己水平不行，考不上事业编，于是这两个人想出了一个自认为绝妙的办法。

他们找到了陈年谷，先叙旧，再谈恩情，最后谈目的——走后门。

按照他们的想象，陈年谷能这么有出息，都是靠他们的资助，所以陈年谷的官位应该有他们的一份，现在他们要求陈年谷托关系谋个官位不算过分。

陈年谷惊呆了，世上怎会有这种无耻之人，欠债还钱，欠恩还情，让他以权谋私，这是不可能的。于是陈年谷果断将这两个异想天开的老同学请出家门。

两位老同学越想越生气，回乡途中路遇戏班子，听了一场《琵琶记》，男主忘恩负义的故事让二人来了灵感，大笔一挥，恶意修改《琵琶记》，把陈年谷夫妻写进了新编的戏剧中。不过由于陈年谷的仇人不多，他们也怕被人发现后遭到报复，于是陈年谷变成了陈世美，秦馨莲变成了秦香莲。

虽然胡梦蝶和仇梦麟读书不太行，可是他们在编剧这方面的确颇有天赋，改编版的《琵琶记》成了爆款戏剧，被人称作《赛琵琶》。如果当年有版税或者版权费这一说，他们二人有可能会在创作圈走上人生巅峰。因为这出《赛琵琶》太过精彩，观众经常大呼没看够，所以戏班子把这个最成功的二创曲目与当时的另一个爆款《陈州放粮》融合在了一起，形成了故事框架更大的《铡美案》，让包青天从宋朝跨越时空来到了清朝，增加了一份流传百年的大业绩。

一出好戏，毁掉了一个好官的千古清名，这大概就是传媒的力量。

因为《白蛇传》，人们对法海误解太深

中国有许多凄美的玄幻爱情故事，故事中的痴男怨女有的会经历苦难最终相守，有的却是惨淡收场死生不见。法海和天帝，一个阻止了人蛇相爱，一个中断了仙凡厮守，两个最会棒打鸳鸯的男人，在故事中总是以反派的形象登场。然而天帝是一个虚拟人物，真正的法海却特别想说一句"好冤！"。

法海的俗家名字叫作裴文德，作为正经的官二代，他从小得到了顶尖的教育资源，最终不负丞相老爹裴休的厚望，成为风光无限的少年状元郎。

就在裴文德准备在官场上大展拳脚的时候，他的父亲非常沉重地宣布了对他未来的规划：儿子，官场险恶，你不适合，就让爹独自在这深不见底的漩涡中沉沦吧。

当时正值一个皇子生了场大病，以当时的医疗水平算得上不治之症，裴休主动跟皇上请命，让自己的儿子出家为皇子祈福，皇上听闻非常感动，在心里给裴休点了一个大大的赞。就这样，裴文德"喜提"法号法海，离开了朝廷，被迫转投金山寺。

年纪轻轻的他不愿意面对自己不能流芳千古的事实，不想承认自己是个和尚，经常会有点小抱怨，可是时间长了他也想开了，毕竟金子在哪都会发光。皇天不负有心人，法海终于靠着寺庙加持下的运气，从地基中挖出了大量黄金，成为皇帝眼前的大红人。

不过这份功绩，最终却败给了他的一个小小举动：白蛇咬人，法海驱逐。在史料缺失的情况下，人们口耳相传，融汇多个奇闻传说，最后在明朝不知名话本写手冯梦龙的笔下，变成了高僧法海蛇妖口中拯救被困青年的故事。

这个版本的法海还是一个善良正直的好和尚，可是毕竟是民间话本，这样一个降妖伏魔的故事太过老套，中规中矩没有新意。到了清朝，人们把法海的故事玩出了新花样，法海开始有了各种奇奇怪怪的身份，性格逐渐扭曲。白蛇和许仙却成为真爱，上演感天动地的悲情故事。

鲁迅一篇《论雷峰塔的倒掉》，彻底将反派法海形象钉在了后人心中。1993 年的电影《青蛇》中，法海还与白蛇的妹妹青蛇有了一段"露水"缘分，好在演员足够帅气，也算是为这位高僧小小地挽尊。

法海的传奇故事，到现在也没有定型。至于他到底懂不懂爱这一议题，可能要留到未来其他版本的《白蛇传》里再讨论。

"鸳鸯"一词最早并不是用来形容情侣的，而是指兄弟

在高歌爱情的时候，我们常会说"只羡鸳鸯不羡仙"，以此来形容眷侣之间恩爱相伴。因为美丽的鸳鸯，一雌一雄，总是成双结对地出现，它们在结成配偶之后，会比翼双飞。这也正像是人们对美好爱情的期盼。所以，鸳鸯也经常会出现在歌颂爱情的诗句中。

所以，这种解释从任何一个角度来讲，似乎都不存在什么问题。但是在古代，鸳鸯最初其实并不是用来描写眷侣关系的，而是用来比喻兄弟情深。

《昭明文选》的《苏子卿诗四首》中有一首诗写道："骨肉绿枝叶，结交亦相因。四海皆兄弟，谁为行路人。况我连枝树，与子同一身。昔为鸳和鸯，今为参与辰……"

其中的意思是，兄弟之间的关系就如同树叶长在树上，朋友之间的关系，也是如此亲近。四海之内都是兄弟，谁都不是不相干的陌路人，我们是枝干相连的兄弟，生长于同一身体，从前亲近得如鸳鸯，现在却如同天各一方的星辰要分开了。由此可见，这里是用鸳鸯来比喻兄弟赠别之情的。

《诗经·小雅》中"鸳鸯于飞"的句子，也不是用来形容夫妻的。

《答陆士龙》四首组诗，其中有一首《鸳鸯》的序文也写道："鸳鸯，美贤也，

有贤者二人。双飞东岳，扬辉上京。"这里的鸳鸯所指的是陆机、陆云兄弟二人。

一直到唐代，诗人卢照邻在《长安古意》一诗中写道："得成比目何辞死，愿作鸳鸯不羡仙。"才开始用鸳鸯比喻伴侣之间的情意，此后，鸳鸯才逐渐成为爱情的象征。

其实，这种古今差异文化细节，还有很多。例如，如花似玉、小鸟依人在古代是形容男人的。但是从现代的角度来看，这样的词汇和男性搭配在一起，总会觉得怪怪的。

"如花似玉"出自《诗经·汾沮洳》："彼汾一方，言采其桑。彼其之子，美如英。美如英，殊异乎公行。彼汾一曲，言采其藚。彼其之子，美如玉。美如玉，殊异乎公族。"

闻一多在《风诗类钞》中首先提出"这是女子思慕男子的诗"，意思是女子形容自己的意中人"彼其之子，美如玉"。赞美对方有玉一样美好的德行。

后来随着时代的发展，玉的特质被淡化，而花则成为女性的专属象征，如花似玉也就成为了对女子的赞美。

"小鸟依人"一词出自唐太宗李世民对书法家褚遂良的评价。

《旧唐书·长孙无忌传》记录唐太宗和长孙无忌品评当朝人物时，对褚遂良作出了如下评价："褚遂良学问稍长，性亦坚正，既写忠诚，甚亲附于朕，譬如飞鸟依人，自加怜爱。"意思是褚遂良在学问方面大有长进，性格耿直，对朝廷忠心，对我很有感情，一副飞鸟依人的模样，令人怜爱。

再譬如"千金"在古代原指男儿。隋唐时期的姚思廉在《梁书》中记述道：（谢）朏幼聪慧，庄器之，常置左右。年十岁，能属文。庄游土山赋诗，使朏命篇，朏揽笔便就。琅邪王景文谓庄曰："贤子足称神童，复为后来特达。"庄笑，因抚朏背曰："真吾家千金！"孝武帝曰："虽小，奇童也！"

意思就是，神童谢朏十岁时就能出口成章。对于别人的夸赞，他的父亲谢庄则说，这是我们家的千金。意思是出类拔萃的男子，其智慧可值千金。

追根溯源，历史深处的真相，有时会让我们有些惊讶，有时又给我们一些惊喜。而这些让人意想不到的差异，正代表着文明的传承与发展。

被误解的成语

现在我们形容同患难的两个人会称之为难兄难弟。这个成语出自于《世说新语》:"陈元方子长文,有英才,与季方子孝先,各论其父功德,争之不能决,咨于太丘,太丘曰'元方难为兄,季方难为弟'。"说的是东汉末年的名士陈寔有两个儿子。长子陈纪,字元方;次子陈谌,字季方。两个人品行才学都很出众。

这兄弟二人的儿子都很崇拜自己的父亲,并为谁的父亲更优秀产生了争论。二人争执不下,最后去找了爷爷陈寔来评理。

最后,陈寔回答说:"元方难为兄,季方难为弟。"意思是二人都很优秀,难分伯仲。所以,难兄难弟,最初并不是一个同患难的悲情故事。

"二十四史"中的《隋书》也曾有言:"广陵、甘棠,咸有武艺,骁雄胆略,并为当时所推,赳赳干城,难兄难弟矣。"同样是沿用此意。

但不知从何时开始,这个成语已经失去了最初的本意,而用来形容共患难的兄弟。不过从字面上看,现代的用法也的确更直接。

在滔滔的历史文化中,还有很多成语在传承的过程中偏离了原意。

呆若木鸡常常用来比喻一个人呆愣的样子,就像一只木头鸡一样,是个具有贬义色彩的词。此成语出自《庄子·达生》:"几矣。鸡虽有鸣者,已无变矣,望之似木鸡矣，其德全矣；异鸡无敢应者，反走矣。"

这个故事讲的是战国时期，齐宣王很喜欢斗鸡的游戏，为此特地找了一位驯鸡小天才纪渻子。齐宣王对此事特别上心，他非常希望自己的鸡能在斗鸡大会上夺冠，所以经常来询问纪渻子是否驯成。纪渻子驯鸡完全不按套路出牌，总是说他驯的鸡太好斗，还要等等。

但齐宣王不解，心里一直犯嘀咕。斗鸡明明是要战斗的，为什么纪渻子要反其道而行之，把鸡驯得淡定下来？

后来，纪渻子终于把鸡驯好了。齐宣王满心期待，又有些惴惴不安。

看着赛场上其他的鸡斗志昂扬、极其兴奋的样子，而自己这只由纪渻子驯鸡则是一动不动，他心里没了底气。

但当纪渻子驯的这只鸡到了赛场上，神奇的一幕出现了，其他的鸡竟都被吓跑了。

因为这只鸡在战斗场上气定神闲，气场极其强大，其他的鸡感受到了压迫就主动投降了。"呆若木鸡"这个成语也就由此诞生了。但从这个故事中我们可以知晓，它最初的意思指的是一种波澜不惊、泰然自若的境界，而非今时所用的呆愣的样子。

还有"人尽可夫"一词现在被用来指私生活不检点的女子，可以和很多男人像丈夫一样发生关系，带有明显的贬义色彩。但事实上，根据这个成语的出处，其原意并非如此。

《左传》记载，厉公四年，祭仲专国政。厉公患之，阴使其婿雍纠欲杀祭仲。纠妻，祭仲女也，知之，谓其母曰："父与夫孰亲？"母曰："父一而已，人尽夫也。"女乃告祭仲，祭仲反杀雍纠，戮之于市。厉公无奈祭仲何，怒纠曰："谋及妇人，死固宜哉！"

这是"人尽可夫"一词的出处。讲的是郑国的大夫祭仲权势越来越大，郑厉公担心他危及自己的王位，于是派祭仲的女婿雍纠去杀了他。

祭仲的女儿知道了这件事，崩溃又为难。自己的丈夫要杀自己的父亲，她不知道该如何抉择，便向母亲请教。她问母亲，丈夫和父亲哪个更重要？而母亲的回答是，父亲只有一个，而天下男子都可能成为一个女人的丈夫。于是，祭仲的女儿有了答案，向父亲告发了丈夫要谋害他的事情。因而，雍纠在暗杀祭仲时被反杀。

所以，从它的出处我们可以得知，"人尽可夫"的原意和现代释义截然不同。

"出尔反尔"一词出自《孟子·梁惠王下》："出乎尔者，反乎尔者也。"我们现在用出尔反尔来比喻那些说了话又不算数，反复无常的行为。但其原意却另有所指。

这个成语来自于这样一个故事：在战国时期，邹国与鲁国交战，邹国损失惨重。邹穆公告诉孟子自己有三十三名官员在战争中被杀，而百姓却无动于衷。他想杀了这些百姓，但又不可能去杀掉那么多人，可不杀他们又难解恨意。

孟子引用了曾子的话"出乎尔者，反乎尔者也"回答了邹穆公的困惑。意思是一报还一报，当初闹灾荒的时候，这些官员也没有去救济百姓，让百姓活活饿死。如果施行仁政，百姓自然会和你一条心。

所以，出尔反尔的原意其实是指你怎样对别人，别人就会怎样对你。并且，这句话是曾子说的。

"大放厥词"在今天被我们指作夸夸其谈，大发议论，带有一定的贬义色彩。但其原意却是褒义。这个成语出自韩愈《祭柳子厚文》中"玉佩琼琚，大放厥词"，是韩愈赞美柳宗元辞藻精美，畅所欲言。但随着时代发展，这个词的词意就慢慢跑偏，与原意大不相同。

"眉来眼去"原指观赏美景，出自辛弃疾《满江红·赣州席上呈太守陈季陵侍郎》："落日苍茫，风才定，片帆无力。还记得，眉来眼去，水光山色。"但现在已经被用来指代眉目传情或者是暗地勾搭。

"愚不可及"现在被用来形容一个人愚蠢至极，但其原意却是褒义的。这一成语出自《论语·公冶长》，子曰："宁武子，邦有道则知，邦无道则愚。其知可及也，其愚不可及也。"意思是说宁武子在国家政治清明的时候会充分表现他的才能，而在政治混乱时，则会表现得愚钝。而在该表现才能的时候表现才能，别人也可以做到，但是在该表现得愚钝的时候表现得愚钝，却是别人所不能达到的。所以，愚不可及，实际上是赞誉他收敛锋芒、识时务的智慧。

衣冠禽兽最初是褒义词

破洞风格，俨然成为时下最流行的着装风格之一。但你知道吗？我们喜欢"破"，古代人却对"补服"情有独钟，他们对"补"的追求可谓到了极致。用他们那时候的话来说就是：长大后，我想成为"衣冠禽兽"。

"衣冠禽兽"一词，搁现在妥妥一个贬义词，搁古代怎么就成了百万平民梦寐以求的穿搭了呢？其实"衣冠禽兽"这个词最初来源是明代官员的服饰，此时的人们所用的"衣冠禽兽"一词其实是赞语，其中还带着一点点羡慕。

历代皇帝都喜欢将自己称为"真龙天子"，所以他们的制服上都会绣上龙的模样。到朱元璋当皇帝的时候，他穿上了真龙天子必备装备，但穿多了之后发现光自己一个人穿龙图腾的衣服太没意思了。正所谓没有对比就没有伤害，没有对比就没有威严。于是他想出个办法：让全国官员的"工服"上都开始绣上小动物。这样一来，最能彰显自己"真龙"形象被百兽围绕、高高在上、优越感十足的地位了。

但是要给手下设计的"工服"也不能像自己的衣服一样图腾遍布全身吧，毕竟太秀肯定会抢了自己风头的。于是朱元璋决定在一块布上绣上动物，再缝在手下穿的"工服"前后位置。那块东西就叫补子，简称"补"，所以明朝官员的"工服"也就叫"补服"。

不过，如无差别对待，恐怕会引起那些跟自己打拼过的手下的不满，伤了这帮一直追随自己的小伙伴们的心。所以大明朝的首席设计师也就因此诞生了，朱元璋想出一招儿，将所有人的"工服"安排得明明白白，哪种人要穿什么衣服，规定得很详细，划分出三六九等的"工服"。

首先按照文职和武职来分，其次按职位高低来分。文官就绣一些攻击力值低、姿态比较优雅的飞禽：一品绣仙鹤，二品绣锦鸡，三品绣孔雀，四品绣云雁，五品绣白鹇，六品绣鹭鸶，七品绣鸳鸯，八品绣黄鹂，九品绣鹌鹑。

而武官的特点就是能抗能打，就像我们打《王者荣耀》游戏时"肉坦"的角色，所以他们的官服上就得绘一些攻击力值高、防御值高的走兽：一品绘麒麟，二品绘狮子，三品绘虎，四品绘豹，五品绘熊，六品、七品绘彪，八品绘犀牛，九品绘海马。

同时，为了更明显地显示尊卑品级，明朝官员们的"工服"还会根据品级不同分为三色。一般一品到四品穿红袍，五品到七品穿青袍，八品九品穿绿袍。

由于这一系列的操作，大家通过一个人的官服就能很清楚地看出来这个人到底是几品官，是文臣还是武将。自此，补子上的飞禽走兽，就是明代人行走在江湖的一张"闪亮名片"。但也成为官员们的负担：当年明朝有个开国元勋廖永忠，很早就跟随了朱元璋，并在消灭陈友谅的水战中立下战功。但后来因穿错衣服被朱元璋赐死，一度成为明代官场茶余饭后流传的热度话题之一。

即便如此，当时的明朝职场人还是以此为荣：飞禽象征文臣文采的华美，走兽则象征武将的勇猛。这块小小的绣花织物，更是暗示了中央集权制下为官者的尊贵感、品级的高低以及权力的大小。同时也生动诠释了为何当年朱元璋在制定安邦治国方略时，会始终将服饰制度的确立作为巩固江山社稷的重要举措。

那有如此寓意的"衣冠禽兽"一词是如何一步步"变坏"，到现在竟用来骂人的呢？究其根本在于：工资太低了！明代的职场人薪水是公认的历代封建王朝中最低的。但还有另一种说法：实际上在定薪水这点上，朱元璋并没有那么苛刻，一开始定下的工资水平也不算低，在明朝早期养活一家老小还是稳够的。王琼《双溪杂记》便写道："国初定制，百官俸给皆支本色米石，如知县月支米七石，岁支米八十四石，足勾养廉用度。"

那为什么明朝还是贪腐不断？这只能归结于朱元璋了，不知道他哪里来的脑回路，将这工资定成了"永制"，也就是任时光穿梭、斗转星移，明朝物价无论发生什么变化，身为我的下属，在我这里领到的工资永远不变！那可不就是成了真的"死工资"了嘛。

朱元璋去世之后由其皇太孙朱允炆即位。这皇太孙也不是个安分的主，一上来就"新官上任三把火"，逼得朱棣搞了个靖难之役，不仅给后人留了个千古谜题"朱允炆去哪儿了"，还把之前好不容易攒了不少钱的国库搞垮了。所以当时原本是按大米支付的工资，因为朱元璋的后代"大打出手"导致整个国家粮食储备堪忧，所以明朝的职场人工资也就变成了两部分，即：工资 = 本色 + 折色；本色 = 原来的大米；折色 = 白银 / 宝钞。

这原也无可厚非，毕竟刚打完仗，需要休整，但最大的问题就出在折色上。可能是觉得宝钞在手，人无我有，自己想印多少就印多少，明朝高层大肆印钞，从而便导致了大明宝钞发行腐败得一塌糊涂。而且一代更比一代差，到后期，压根就没啥人用这玩意了。

此时的明朝高层不仅没把宝钞发行太滥这问题当回事，竟然还把打工人工资里的折色比例越提越高，这下打工人领工资相当于领了一堆废纸，让原本就不富裕的家庭更是雪上加霜。就连大清官海瑞都感叹：买二斤肉是真的不容易啊。

不仅如此，到了明朝中后期，职场打工人之间竟然刮起一股"送礼风"，原本可怜的薪水补贴家用都不够了，竟然还要打肿脸充胖子，今日来我家喝酒吃饭，明日去你家打牌聊艺术……长此以往，也就难免苦于"囊中羞涩"了。

但人情还是要维持下去不是？无奈之下，这些个光鲜亮丽的"衣冠禽兽"们不约而同地走上了贪污的道路。虽说朱元璋在早期立了法，不管是谁，只要贪到了60两就直接人头落地，但根本阻挡不了官员们走向贪污的心。为了有排面，他们无所畏惧越战越勇，利用智慧贪出新的风采！

据说当时一个七品知县都能贪到一品官员年薪的十倍那么多的钱。钱来得如此之快，彼时的明朝职场又开始盛行"不作为风"，甚至有些官员专门鱼肉百姓、贪钱敛财。老百姓苦不堪言，一肚子火气，在他们心中，"衣冠禽兽"不再是之前光辉的形象了，而是一群穿衣戴帽的禽兽。而这群压榨他们的"衣冠禽兽"们，也从百万平民之梦变成了百万平民之恨。

"衣冠禽兽"最早用于贬义是在明末陈汝元所著的《金莲记》里，他在里面写道："妆成道学规模，飞语伤人……人人骂我做衣冠禽兽，个个识我是文物穿窬（窃贼）。"

后来清代往后，"衣冠禽兽"便用作贬义，泛指外表衣冠楚楚而行为却如同禽兽的人，比喻其道德败坏。

第五篇

那些吃货进化论

吃，往小了说是满足口腹之欲，往大了说关乎世界和平。可无论从哪个角度讲，民以食为天总是没错的。吃货自古有，而我们今天所吃到的东西，又有多少是老祖宗们"吃剩下的"？

唐代和明代偷吃别人家瓜果构成犯罪

民间有句俗话叫："摸秋不算偷。"大概说的就是，立秋这天的夜晚，淮河流域的人们会悄悄潜入私人或公众的瓜园，偷摸各类瓜果，然而这样的行为不是"偷"，称为"摸秋"。

在那天，瓜园的主人无论丢了多少瓜果，都不会生气，据说这个习俗在淮河流域比较风行。而这个行为要是发生在唐朝和明朝，已经构成了犯罪。

唐朝时期，大量游牧民族迁入与汉族人混居的同时，带来了大量乳制品，且果汁的种类也非常丰富，梨汁、橘子汁、桃子汁等应有尽有。人们喜欢喝果汁和酸奶，供求关系必然催生种植业的发展。但也有偷懒的人，整日游手好闲，以偷吃别人家的瓜果蔬菜为生，百姓又不能惩治他。

因此，《唐律疏议》中便规定："诸于官私田园辄食瓜果之类，坐赃论；弃毁者，亦如之；即持去者，准盗论。"唐律的"瓜果之类"除了"青瓜梨枣"之外，还包括蔬菜等田园生长的日常生活食用之物。

《唐律》对于"瓜果之类"的特别规定，考虑到瓜果之类价值很小、保管流通变现意义不大、通常无人看管和民间生活习俗等，并不视其为通常财物。表明《唐律》规定不仅精细严密，而且充分关注社会生活经验和现实，切实体现并保障罪责刑相适应这一刑法原则。

从中我们可以看出，《唐律》之所以堪称封建法典代表作，是因为《唐律》用语非常成熟和规范，面面俱到，对之后的封建王朝产生了深刻的影响。

而对于偷吃别人家瓜果的行为，明朝也保留了《唐律》对于田园瓜果犯罪的基本规定，但有所变更："凡是于他人田园，擅食瓜果之类，坐赃论。弃毁者，罪亦如之。"

因而我们看《西游记》里，孙悟空偷吃蟠桃和人参果犯的罪应该是很严重的。

其实盗窃是中国最为古老的罪名之一。我们现在所说的小偷，在古代称为"盗"。正如《荀子·修身》里说的："窃货曰盗，害身曰贼。"意思是偷窃财物者称为"盗"，侵犯他人人身安全者为"贼"。

罪与罚是并存的关系，既然有盗贼，必会出现惩罚盗贼的法。我国的刑罚制度早在原始社会末期的舜、禹时代就已经有了，夏代刑法中已有专指侵犯财产的罪名，称为"昏"（其意是干坏事加害他人、当场强行劫取财物的行为），近似于现代刑法中的抢劫罪。

战国时期《法经》中的《盗法》，是维护私有财产和惩处盗窃犯罪的法律规定。当时，贼盗律的罪名有以下几个：杀人、大盗、窥宫、拾遗、盗符、盗玺、议国法令、越城、嬻制、群相居等，其中的"拾遗"是指拾得遗失物据为己有的行为，这与现代意义的侵占遗失物罪极为相似。当时的魏国对这种犯罪适用的刑罚是死刑，即"拾遗者诛"。

也有文献记载，《法经》规定的是"拾遗者刖"。

无论对拾遗者适用"诛"刑还是"刖"刑，有一点是明确的，即对拾遗行为的刑罚是严厉的，可见在战国时期侵占他人遗失物是一种重罪。

由此可见，自古以来盗贼都是被社会和法律所不容的，正所谓人心似铁，官法如炉，人只有行得正、做得端，才能幸福安稳地走好人生路。正所谓君子爱财，取之有道，切莫贪取不义之财，否则等待自己的只能是把牢底坐穿。

唐代禁止吃鲤鱼，捕到必须立刻放生

中国人赋予鲤鱼很多喜庆吉祥的寓意：年年有余、富贵有余、鲤鱼跃龙门……早在周朝，鲤鱼就是国宴大菜，一般人轻易吃不上。《诗经·陈风·衡门》有云："岂其取妻，必齐之姜？岂其食鱼，必河之鲤？"

足见鲤鱼在中国文化中地位极高，就连孔子都为儿子取名叫"鲤"。秦汉之后，鲤鱼地位不减，仍然是顶级的馈赠品。古乐府诗《饮马长城窟行》中写道："客从远方来，遗我双鲤鱼。"

到唐朝，鲤鱼的地位更加与众不同了，一跃成为"国宝"。并且鲤鱼还有了个特别的名字"赤鯶公"，不能吃，不能养，那抓到鲤鱼该怎么办？只能趁人还没发现麻溜儿地放了，要是心生贪念胆敢偷偷将抓来的鲤鱼进行贩卖，那么等待他的将是六十个结结实实的大板子。

这是因为唐王朝为李家天下，"鲤"与"李"同音，这"鲤鱼"真就从此跳上"龙门"了，它成了皇族象征。为什么这么说呢？唐代以前，兵符是做成虎的形状的，称为"虎符"。唯独唐朝特立独行，改虎符为鱼符，用铜铸成鲤鱼的形状，作为兵权和皇权的象征。

不仅调兵遣将用鱼符，任免行政官员的信物也用鱼符。新官上任时拿着朝廷保存的一半鱼符到驻地，与旧官员的另一半鱼符相合才可以上任，做查验身份之用。

同时还规定：五品以上的文武官员必须佩带鱼符，用以辨尊卑、明贵贱，并用作上朝或应皇帝的召见或引荐进宫的凭证。如果不小心将鱼符弄丢，那后果可想而知。

唐代皇室之所以崇拜鲤鱼，除了谐音外，还与道教有关。我们都知道唐皇室李氏有着游牧民族血统，是鲜卑族的后裔。他们为了能名正言顺地统治中原地区，获得汉族门阀士族的支持，就想出了这么一招，没想到还真获得了大成功。

李唐皇室到处放风说与和自己同姓的道教创始人李耳为同一血脉。光说李耳可能一些人不知道，但是一说"太上老君"，很多人就会恍然大悟，原来是他呀！那为何唐皇室偏偏就要说和他有关系呢？

主要是因为当时的人信奉的都是道教，而太上老君在道教中享有极高的地位，李唐皇室奉同姓的老子为自己的始祖，以老子后人自居，极力扶植道教，企图借助神权来巩固皇权。高宗和玄宗还先后封老子为"太上玄元皇帝"和"圣祖大道玄元皇帝"。如此一来，李唐皇室摇身一变，成了神仙的后裔……自然吸引了不少追随者。

因为李唐王朝崇拜、保护鲤鱼，竟有人不惜与鲤鱼攀关系。《青莲县志》中就记载了大诗人李白出生的传说，相传当时李白的母亲在青莲镇西盘江的蛮婆渡浣纱，有一尾金色鲤鱼跃入竹篮中，李白之母回家没多久就怀孕生子了，这个小孩就是李白。把李白附会为鲤鱼投生，无非是看中了鲤鱼的崇高地位，以及鲤鱼与唐朝李姓皇帝的亲密关系，希望通过鲤鱼向李唐王室套近乎，以提高自己的地位。

有人攀关系，有人却迷恋吃，尽管朝廷出台了严格的政策，但玄宗皇帝远远低估了吃货们的能力，唐朝老百姓就是要吃它。这种鱼的鱼刺虽然多，但是肉质鲜嫩，适合生吃，所以唐朝人喜欢把鲤鱼切片，这样就感受不到鱼刺的存在了。

天高皇帝远，明面上咱可以不吃，但私底下煮你也不知道呀。从平民到达官贵人，都离不开这种美味佳肴，甚至不惜违法。就连李白、杜甫这些人也挡不住它的诱惑，差点都把鲤鱼吃绝了。

为了最大程度保留鲤鱼的鲜美，唐朝人只采用一种吃法，那就是"脍"，也就是将鲤鱼切成片蘸着酱料直接吃。而最早的蘸料是葱和芥末，那份贯通鼻腔的辛辣足以吞没一切腥膻。

后来，所有辛辣食材似乎都被应用进来了，萝卜、生姜、蒜，以及酸甜的醋和橙、橘皮丝等。辛辣和酸性佐料，不仅可以提鲜去腥，还包含着中国传统的膳食科学运用：芥末和蒜的杀菌能力，可以降低生食带来的肠胃感染风险；紫苏、萝卜，开胃解郁，行气宽中，缓解生食不易消化的问题。看来当时的唐朝人，真是不折不扣的吃货呀！

但不管吃的什么蘸料，厨师的刀工才是直接影响这道菜口感和味道的因素。厉害的厨师可以把鱼片切得薄如蝉翼，唐朝人把鲤鱼做的这种鱼片称为"脍缕"，日本的刺身就是从唐朝流传过去的。

著名诗人杜甫曾用诗篇形象地记述了他吃黄河鲤鱼脍的经历。他在《阌乡姜七少府设脍戏赠长歌》诗中说："姜侯设脍当严冬，昨日今日皆天风。河冻味鱼不易得，凿冰恐侵河伯宫。饔人受鱼鲛人手，洗鱼磨刀鱼眼红。无声细下飞碎雪，有骨已剁觜春葱。偏劝腹腴愧年少，软炊香饭缘老翁。落砧何曾白纸湿，放箸未觉金盘空。"

从"无声细下飞碎雪"，可见脍手刀工的纯熟；从"放箸未觉金盘空"，可见老杜十足的吃兴。

除了杜甫写诗大赞鲤鱼生鱼片的美味之外，孟浩然、王维、王昌龄、李白、岑参、柳宗元、李商隐、白居易、陆龟蒙、皮日休等留下的诗句中都有关于鲤鱼生鱼片的痕迹。可见鲤鱼在唐朝人心目中的重要地位。

不仅如此，唐代还出现了专业化的制脍厨刀，切出来的鱼片薄得像丝一样，轻得吹口气就能飞起。市面上还有《砍鲙书》这类烹饪手册之类的东西，其中刀法诸如"舞梨花""柳叶缕""对翻蛱蝶""千丈线"之类，梨花之轻、柳叶之细、蝴蝶之美、银汉之疾，就是教大家"小晃白""大晃白""舞梨花"等各种刀法。我们甚至可以想象到，一位风度翩翩的俊逸刀客，手持双刀，在暴雨梨花般的漫天鱼片中起舞……用刀之妙，近乎于神。

这种吃鱼风潮一直持续到唐末，不过因为鲤鱼被明令禁止不能捕、不能吃、不能养，获取难度太高，根本没办法满足食客的需求，它的同类鲈鱼、鲂鱼、鳊鱼、鲫鱼等无一例外都成了唐朝人的盘中脍鱼片。

唐朝以前喝茶要用煮茶法，煮茶还要加入生姜和葱花

"好久不见，有空来我家喝茶；这是我刚淘来的上好茶叶，带来给你品品。"

"喝奶茶吗？某某路新开了一家奶茶店……"

这些日常生活中常听到的话，足以证明中国人真的很爱喝茶，究竟有多爱喝茶呢？宁可食无饭，不可饮无茶！

纵观茶史，我国每个时期都有不同的饮茶方式和风俗。上古时期，茶是药，用来嚼；春秋时期，茶是蔬菜，用清水煮；汉代，茶是粥，要搭配各种调料；到了唐朝，饮茶风俗盛行于各个阶层，形成了一种新风尚。

其实在唐之前，饮茶只是西南地区一种小范围的生活习惯。饮茶的方式也很简单，采摘茶叶，煮汤来喝，有的人甚至直接将生茶叶嚼吃下咽。这种直接粗暴的方式，好比婴儿时期喝的蔬菜汁，寡淡无盐，草味浓重，苦涩异常。此时饮茶的目的是为了解渴提神，或者是治疗保健。因为这种茶汤表面呈稀粥之状，所以古人还给之取名为"茗粥"。

随着茶叶种植和饮用区域的逐渐扩大，饮茶习惯也从西南地区扩散到长江中下游地区。饮用的人多了，自然而然出现了产业链和供求关系，所以开始有人琢磨茶的烹制、运输与保存，于是制茶方法应运而生。

好比房地产的发展，房子最开始只是遮风避雨的场所。随着时代的发展，房子要住得舒服，周边配套得好，交通得方便，还得是学区房，同时还具备了投资属性。茶叶亦是如此，经过加工烹制的茶叶，不但可以去除苦涩的味道，还增加香气，更有利于保存和运输。

茶业发展到唐代的时候，全国流行，同时还影响到当时的日本、新罗、吐蕃等周边地区，更厉害的是还流传到了波斯、阿拉伯等西亚地区。

唐代的茶相比于前朝更讲究、更精致，品茶已由粗放转为精细阶段。煮茶过程注重技艺，饮茶过程重在情趣。古代文人墨客，皆喜欢以茶会友，于品茶间静享生活之闲逸。

有着"诗魔"与"诗王"之称的白居易在《夜闻贾常州、崔湖州茶山境会亭欢宴》中写道："遥闻境会茶山夜，珠翠歌钟俱绕身。盘下中分两州界，灯前各作一家春。青娥递舞应争妙，紫笋齐尝各斗新。自叹花时北窗下，蒲黄酒对病眠人。"

其中"紫笋齐尝各斗新"的意思便是：大家一起品尝各地"紫笋茶"，比较其质量高低。紫笋茶是唐代著名的贡茶，产于浙江长兴顾渚山和江苏宜兴的接壤处。

唐代"大历十才子"之一的钱起，曾与赵莒一块儿办茶宴，地点选在竹林之中。但他们不像"竹林七贤"那般纵酒狂饮，而是以茶代酒，聚首畅谈，洗净尘心，于蝉鸣声中谈到夕阳西下，好不惬意，好不快活。

钱起为记此盛事，特意写下这一首《与赵莒茶宴》诗："竹下忘言对紫茶，全胜羽客醉流霞。尘心洗尽兴难尽，一树蝉声片影斜。"

除了文人骚客喜欢茶之外，朝廷对之也相当喜爱，为什么？因为能增加财政收入。唐代开启了破天荒的操作，第一次将茶作为商品进行流通，并开始收取茶税，随着茶商品贸易规模的逐步扩大，茶税已经在唐王朝国家财政收入当中占了不小的比例。

当然茶业的盛行与唐代中期禅教兴盛与传播有关，出家人讲究的是禅境，清静无为。其实禅境便是茶境，品的是茶艺，悟的是禅机，所以饮茶之习惯风靡全国。

不过要注意，唐朝人不"饮茶"，而是"吃茶"。唐朝人喝茶全是煮的：先用茶碾子把茶砖碾碎，碾成粉面状的茶末，再用茶罗把茶末过滤一下，然后把茶末投放到滚水里，像煮饺子一样煮上三滚，最后喝那一锅茶汤。饮时还要添加许多佐料，如葱、姜、枣、橘皮、茱萸、薄荷、盐等，连吃带喝，妙不可言呀。

但"茶圣"陆羽在所著作的《茶经》中十分反对这种"吃茶"方式，他认为应该保留茶叶本身的香气，除了盐之外，其余的调料一律摒除。

其实饮茶方式是萝卜青菜各有所爱，公有公的喜好，婆有婆的乐趣，关键是一个开心，喝得爽才是王道。

当初文成公主入藏时，就曾把茶叶和茶籽带入吐蕃。以肉食为主的藏民哪里吃过这种让人精神振奋的"汤"，纷纷称奇，口口相传，饮茶便在藏区逐渐流传起来。时至今日，西藏地区依旧保留饮酥油茶的习惯。

广西北部地区的油茶与之有异曲同工之妙，将水盛入锅中，放入茶叶，煮至沸腾，撒入少许盐，均匀搅拌。用小碗将油炸好的米花、玉米、油果粒、葱花、肉粒等佐料装好，舀起沸茶，倒入碗中，品上一口，回味无穷。

茶业发展至今，早已不仅仅是食物，或是简单的商品，它已成为一个代表中国的符号，成为世界三大饮料之一，遍布世界各大角落。可以说，凡是有中国人的地方，就一定有茶；喝茶，不仅是一种休闲，更是一种文化。

炒菜是北宋时期才发明的

吃，是人类最基本的生存需求之一。饮食文化的发展程度往往能体现一个社会政治经济的发展水平。然而我们现代人每天都在吃的炒菜，在北宋以前压根没有这一说。其实，炒菜是到了北宋才被发明出来的，在这之前，古人们最常用的烹饪方法只是烤和煮。

原始社会，古人吃的食物可以说是相当血腥，人们饿了就直接去树上采摘果实或者生吃猎杀来的动物肉，用成语来形容就是：茹毛饮血。但随着火的出现，他们学会了用火来烤食物，这样制成的食物更加美味，且更加安全。想不到我们天天吃的烧烤已经传承了千年。

而之后随着农耕文明的发展，陶器的出现更是让人们品尝到了"煮"出来的食物的鲜美。因为煮熟的食物，容易消化，又不像烧烤那样容易上火，因而成为百姓们最为追捧的一种烹饪方式。到了周朝，古人还发明了蒸、烩、烤、糟、卤、凉拌、焖等非常丰富的烹饪方法。

但这么多烹饪方法中，唯独我们现代人最常用的"炒"没有身影，这是为何？主要是因为，炒菜这一烹饪方法需要用到的锅和油对于远古时期的寻常百姓来说是一种"奢侈品"。

尽管当时陶器已经普及，但铁锅并未出现。加之当时来自动物脂肪的油又相当稀有，只有上层贵族才能享用。所以哪怕是我们今天吃的最普通的一道炒菜——番茄炒蛋，对于北宋之前的人们来说都是吃不到的。

说到这有人就要质疑了，明确文字记载的"炒"在魏晋南北朝时期就已经出现了，为何说炒菜是北宋时期发明的呢？因为南北朝虽有"炒"的记载，但炒菜在当时只是小部分人才会的烹饪方式，并未盛行。炒菜初兴时期，仅限于宋都汴梁，并且只有酒馆、饭馆才有，属于首屈一指的烹饪方式，且菜品单一又卖得非常贵，寻常百姓根本享用不起。

由此，我们可以知道炒菜的起源和金属炊具的普及有着密切关系。炒菜流行于宋代，一个原因在于宋代铸铁技术的发展，并且铁产量比之前提高了很多，铁已经不是很珍贵了。

史料记载，宋神宗元丰元年（1078），铁的年产量达到15万吨，为我国19世纪前的峰值，已超过欧洲17世纪以前的总量。而繁华的唐朝铁年产量5000吨，宋代是其30倍；其他金属产量是唐朝的10—80倍。

加之宋代以前，历朝历代的铸铁技术不成熟，开采能力有限，所以铁资源非常珍贵，不能用来铸锅。因此，人们经常用青铜器和陶土来铸造锅，但由于价格的原因，不是每个人都能使用。而炒菜需要金属炊具，因此炒菜这种烹饪方式一直很难普及。

宋朝冶金业的突飞猛进使铁锅流行起来，人们终于可以使用它们了，铁锅不容易打碎，锅底薄、传热快，适合爆炒、煎炸，还节省了柴火和做饭的时间。

有了铁锅，宋朝的人们也就有了炒遍天下的心思。宋人吴自牧编撰的《梦粱录》说："盖人家每日不可缺者，柴米油盐酱醋酒茶。"人们不分身份和社会地位聚在一间餐馆，因对美好食物的向往拉近了彼此的距离。在宋朝人眼中，一切适合的材料都可以制成美好的食物。

另一个原因是植物油以及各种调料的出现，为大火炒制打开了一扇大门，还获得了"吃货天堂"的美称。因为炒菜使得宋朝美食水平达到了巅峰。关于"炒菜"的详细描述也有记录，著名的有生炒肺、炒蟹、炒鸡、炒兔等，这时的炒已经做到旺火速成了，且生熟有别、南北不同，故而出现了生炒、南炒、北炒的不同炒法。

同时菜肴还有甘、酸、苦、辛、咸、香、鲜、辣味等，不仅有多种单味菜肴，还有多种复合味菜肴。各种煎炒、蒸煮、凉拌、炖熬的食物香气扑鼻，琳琅满目。夏天有麻腐鸡皮、麻饮细粉、砂糖冰雪冷元子、生淹水木瓜、砂糖绿豆甘草冰雪凉水，冬天则卖盘兔、猪皮肉、野鸭肉。

吃个不停的宋朝祖先不仅留下了举世闻名的中国美食，还诞生了一大批爱做菜的士大夫、有才华的厨师、带着羊肉上朝的官员；更过分的是，那会儿居然连外卖都有！在家躺着等着吃的送上门，还真不是咱们现代人的专利。

中国十大传世名画之一的《清明上河图》，可能是最能反映宋代百姓生活的画作了。在长达五米的画卷上，展现了北宋东京（现开封市）一百余栋楼宇。经过仔细观察，可发现这些楼宇间几乎有半数都是餐馆小店，可见宋代民间饮食文化的繁盛。

图中的酒楼、小摊、餐馆以及当时宋人爱吃的石水汤、云英面、通神饼……无疑都在宣告宋人爱吃，知道怎么吃，吃才最能抚慰人心！

苏东坡就是有名的代言人，是一个不折不扣的吃货。作为宋朝有名的文人，东坡先生每天不是写写诗歌，就是种种地，但是他还有一个爱好，就是发明美食。还自恋地将自己发明的食物用自己的名号命名，如东坡肘子、东坡春鸠脍、东坡鱼、东坡肉、东坡豆腐等。其中最为著名的莫过于东坡肉了，味道香糯、酥烂可口的"东坡肉"不但家喻户晓，且流传最为广泛，成为享誉古今的一道历史名菜。

鉴于此，有人认为宋朝是我国历史上经济发展较快的一个时期，甚至觉得当时宋朝民间的富庶与社会经济的繁荣远超盛唐。经济的发展使宋朝食品业有了很大的进步，与前代相比，宋代百姓的饮食结构有了较大的变化，铁锅连普通百姓也能用得起了，炒菜之所以普及是因为其烹调成本更低，更适合普通人。算起来炒菜的流行也就只有几百年而已。

北京烤鸭是朱棣由南京带入北京的

北京烤鸭的祖籍并不在北京，而是在金陵（今天的南京），对的，你不是最后一个知道的。众所周知，南京人对鸭子非常偏爱，并将鸭子的吃法发展到了极致，一千个南京人有一千种"吃鸭大法"，当地还流传着一句顺口溜"没有一只鸭子能活着走出南京"。

但这话被打脸了，"南京鸭"还真就走出去了，并且还自立门户叫"北京烤鸭"。它是靠什么走出去的呢？说出来，可能大家都不信：它之所以能名扬北京，全是靠明朝皇帝一手带出来的。

人们都说，没有到过北京，就不能说他到过中国，而去了北京就一定要吃"北京烤鸭"。这北京烤鸭的故事，还得从金陵城开始说起。

中国地势北高南低，明朝是少有的从南到北统一全国的大一统王朝。当时朱元璋一统天下之后将首都定在金陵，其实并不是很满意，在朱元璋的心里，南京过于偏安一隅，不能够稳定全国。他还曾派人考察过关中地区，为迁都西安做准备，只是最后因政务繁杂而作罢。

朱棣发动靖难之役夺取皇位之后，不知是因为他长期生活在边塞，不适应南方的生活，还是因为南京周围有太多的建文朝旧势力，他开始琢磨迁都到北京的问题。原因也很简单，毕竟北京是自己的"龙兴之地"。从北京发动靖难之役打进南京，所以他非常想给自己承继大统加上一个合理的理由，所谓"自昔帝王，或起布衣，平定天下，或外藩入承大统，而于肇迹之地，皆有升崇"。

另一方面北京地理位置更加利于对抗蒙古，控制北方，所以朱棣决定迁都。到了永乐十八年（1420），北京宫殿营建完毕，他率领文武百官以及各行各业的服务人员循着运河水道向新都城进发，回到他的燕赵龙兴之地北平府（北京），而且改南京为留都。

当时的南京老百姓爱吃南京鸭，皇帝也爱吃，据说明太祖朱元璋就"日食烤鸭一只"。朱棣自然也是非常喜欢，还是一个"死忠粉"。此次迁都北京路途遥远，路上难免会想念南京的烤鸭，干脆顺道把烤鸭也"打包"过去。

因此，在迁都时，除了文武百官也有不少宫廷的烤鸭高手们被带到了北京，朱棣嘴馋了就让从南京带来的烤鸭高手们露两手。后来烤鸭从宫廷传到了民间，很快成为北京名菜。

明朝永乐年间，首都北京人口骤增，经济发展空前繁荣。当时，除了富庶的河北、山东军属之外，北京人口最多的是来自南京的官宦人家。这些说江淮官话的人虽然跟随朱棣到了北方，但在老家的饮食习惯还是很难改变，尤其是对鸭子的爱好。

有个北漂的南京人从中看到了商机，在北京城内开了第一家烤鸭店，取名"金陵鸭片"。因为店铺位置好，交通方便，被路人称为"便宜店"，这就是如今大名鼎鼎的"便宜坊"。而我们熟知的全聚德，创始已经是清朝同治年间的事情了。

最初，食客们把切片鸭叫作南炉鸭，意思是从南方进口的烤鸭。《白下琐言》记载："金陵所产鸭甲于海内……正四时各擅其美，美不胜收。"南京鸭肴的烹饪技术与技艺体系达到顶峰：卤、烤、煮、蒸、炸。烤鸭占据新式鸭肴一席不可替代的地位。

后来，北京烤鸭出了自己的新做法，风头竟然盖过了南京烤鸭。如今，吃鸭子的美食地图已经是"北烤鸭，南板鸭"。烤鸭好像没南京什么事儿了。

虽然叫北京烤鸭，却妥妥一个"混血儿"：它的焖炉技术来自南京，葱丝来自山东，面酱来自保定，大葱面酱式的搭配吃法是北方民族的专利，更不用说填鸭的鸭种选择、葱段改葱丝、片鸭刀法和各式花样吃法……

其中最值得说道的是，填鸭的鸭子选择是很有讲究的。最初做烤鸭的鸭子是由南京湖鸭驯化而成的，据说明代以前南京湖鸭就已经很有名气了，因为这种鸭子是用稻谷喂养的，所以肥嫩多肉，特别适于烹制菜肴。后来明永乐皇帝从南京迁都北京后，把这种鸭带到北京南苑饲养，更适合做烤鸭。"南苑的鸭子——海谱儿（扑儿）"就是对北京鸭驯化、繁殖过程的真实描述。

南鸭北上，皇帝当媒人，再加上京城里全国各地的菜式匠人各显神通，烤鸭和北京相爱，并不是一场意外。在 20 世纪，北京烤鸭已经成为中国的象征。周恩来总理就曾邀请各种外国客人品尝北京烤鸭 27 次，人们也把"烤鸭外交"和"茅台外交""乒乓外交"一起称为周恩来的"三大外交策略"。

宋朝的时候，就有各种各样的美味冷饮"冰淇淋"了

烈日炎炎的盛夏时节，人都显得懒洋洋的，若在此时能有一杯冷饮加一桶冰淇淋，清凉又解暑，再享受着空调屋里的丝丝凉意，作为现代人简直不要太幸福了。那古代人夏季很难熬吗？答案是肯定的，但是也不像我们想象的那样"苦不堪言"，他们也有自己的消暑方式，在宋代的时候，冷饮已经很流行了，甚至早早地就吃上了"冰淇淋"。

中国古代在相当长的一段时期，自然环境都是比较恶劣的，气候也是反复无常，夏天炎热，冬天寒冷。虽然在古代还没有现在的温室效应，但夏日气温还是很高的，不仅有唐诗《观刈麦》（白居易）"力尽不知热，但惜夏日长"写出了被酷暑折磨的精疲力尽，到了宋代，文人墨客对夏季更是燥热难耐。宋代文人梅尧臣在《和蔡仲谋苦热》中就写道："大热曝万物，万物不可逃。燥者欲出火，液者欲流膏。飞鸟厌其羽，走兽厌其毛……"；爱国诗人陆游也曾在《苦热》中写道："万瓦鳞鳞若火龙，日车不动汗珠融。无因羽翮氛埃外，坐觉蒸炊釜甑中。"可见古人的夏日是十分煎熬的。

这样的夏日，也激发出了古人的聪明才智来防暑降温。在西周时已经开始开凿冰窖了；三国时期还发明了冰井，就是先打一口旱井，把冰块放进去密封储存，到

夏季再取出使用；到了唐朝时期，对藏冰的利用更为广泛，有头脑的商人已经开始在夏季的市场上销售冷饮，并且还出现了专门售卖冰块的商人，加上唐朝对内与少数民族的融合和对外的经济交流，带来了种类繁多的水果和牛奶制品，由此发明了一种叫作酥山的冷饮，就是将冰块儿上层的固态部分，经过反复加工做成"酥"，再浇上煮熟的牛奶，成为牛奶沙冰，这种冷饮吃法的创新为宋朝冰淇淋的出现打下了基础。不过在唐朝的时候，由于"冰块"这种物品价格还比较昂贵，对大多数寻常百姓来说是可望而不可即的"稀缺资源"，《云仙杂记》里就有这样的记载："长安冰雪，至夏日则价等金璧。"因此由冰块所制作出来的一系列冷饮产品只是贵族和富人阶层的专属品，平民百姓很难享受得到。

到了宋代，随着科学技术的进步和商品经济的繁荣，冷饮产业链条也得到进一步发展，经过不懈努力，宋朝百姓基本实现"冰块自由"，"冰冻食品自由"也在社会各阶层逐渐普及开来。北宋的皇帝还是很重视夏季避暑的，在北宋建隆二年也就是961年，朝廷专门设置了"冰井务"，掌藏冰以备用。主要职责就是研究和生产解暑降温的冷产品，以供皇室使用，当然皇帝也会把冰井务生产的降温产品依据官职的高低赏赐给王公大臣，以作为褒奖之用，在《岁时杂记》中就有记载："自初伏日为始，每日赐近臣冰人四匦，凡六次。"北宋诗人梅尧臣也在《中伏日永叔遗冰》中咏叹道："日色若炎火，正当三伏时。盘冰赐近臣，络绎中使驰。"

寻常百姓是享受不到这种待遇的，但是得益于宋朝经济的繁荣，宋朝百姓手里还是比较有钱的，夏日避暑也十分讲究，除了摇扇子、洗凉水澡外，身为吃货的宋代百姓，也想像王公贵族一样享受消暑食品这种高级的降暑方式。有需求就有市场，于是在汴京城内著名的商业街里有了"冷饮专卖店"，比较有名的就有三家，一家是位于朱雀门外的"曹家从食"，另外两家位于旧宋门外，年代久远，店名已经失考，此外还有大大小小几十家冷饮店，且这些冷饮店卖的品类也比较多。根据《事林广记》《武林旧事》等史料记载，有荔枝膏水、杨梅渴水、木瓜渴水、江茶水、香糖渴水、五味渴水、卤梅水、姜蜜水、绿豆水、椰子水、雪泡缩皮饮、杏酥饮、紫苏饮、香薷饮、梅花酒、漉梨浆、甘蔗汁、木瓜汁、五苓大顺散、乳糖真雪、金橘团、甘豆汤等多达几十种的冰点品类，冷饮种类的丰富程度，绝对不输于现代网红奶茶店饮品菜单，时至今日听起来都很诱人，这就极大地满足了宋朝百姓的味蕾需要。

比较有趣的是，宋朝的时候人们并不将这些冷冻饮品称为冷饮，而是根据配料不同称作各种凉水，这种凉水并不真是水，属于果汁类饮品。并且早期这些冰镇的果汁饮料也是分档次的，据史料记载，当时富家子弟常喝的解暑饮料是药冰水之类的，除了防暑降温还能滋补身体，不过有时候富贵人家也会义务在街头路边"散暑药冰水"积德行善，大多数情况下寻常百姓还是只能喝一般的凉水，即使这样对他们来说也是极大的满足了。在《清明上河图》中，就有一些摊位是卖冷饮的，其中一个摊位上方还有"饮子"招牌。

在宋朝，除了这些避暑的汤水之外，也已经出现了冰糕和冰淇淋。在宋朝制作冰糕的方式不同于今天的"随时可制"，它们制作受季节影响很大，只能在冬天制作保存，夏季取出来售卖。极具商业头脑的宋朝商人会在冬天用铜盆盛上一盆水，然后会在水里放上糖或蜂蜜，也可以再放点儿果汁和果胶，之后端到外面让它结冰。整盆水都冻上以后，运到冰窖里去，到了第二年夏天从冰窖取出切割成小块或者雕成小动物造型，在冷饮店里出售。因为制作成本比"凉水"高一点，售价也就高了，但丝毫不影响它受欢迎的程度。在汴京夏季的夜市里，它更是爆款食品，据《东京梦华录》记载："是月时物，巷陌路口，桥门市井，皆卖……冰雪、凉水、荔枝膏，皆用清布伞，当街列床凳堆垛。冰雪惟旧宋门外两家最盛，悉用银器。"

冰淇淋作为冰糕里的"贵族"，也是在冬季制作完成的，它的用料更为好一点，是将半固体的牛乳滴在盘子上形成"假山"形状，再在上面添加上各样的果脯、果胶或蜜豆等，然后放进冰窖里冷冻，一般几个小时就能冻好，之后储藏好等到来年夏天售卖。因为冰淇淋的口感更为香甜，一经推出便火爆全场，即使价格较贵，也深受吃货们的喜爱，甚至连文人都不吝为它记上一笔。北宋药学家唐慎微在《证类本草》中指出："石蜜既自有本条，煎炼亦自有法，今人谓之乳糖，是知石蜜字，乃白蜜字无疑。去古既远，亦文本传写之误，故今人尚言白沙蜜。"这里的"乳糖"就是冰淇淋了。南宋诗人杨万里为它写了一首五绝："似腻还成爽，如凝又似飘。

玉米盘底碎，雪向日冰消。"南宋词人周密也在《武林旧事》"都人避暑"中记载有"冰雪爽口之物"。这"冰雪爽口之物"就是冰淇淋啦。南宋王之道也写诗道："急宜买冰致凝澒，全胜汲井供潺湲。"由此可见冰淇淋的受欢迎程度。它已经是宋朝百姓生活中必不可少的夏季美食了。

更值得称赞的是中国才是冰淇淋的发明者，如果说宋朝的冰淇淋只是雏形，那么到了元朝以后，冰淇淋的制作工艺更为成熟，已经制作出具有现代意义上的中国版冰淇淋了。13 世纪意大利著名旅行家马可·波罗来到中国，有幸品尝到了当时的冰淇淋，连连称绝。他离开中国时，元世祖把冰淇淋制作方法传给了他，并让他带回意大利。意大利王室将这项技术秘密保守了三百年，后来传到了法国，法国国王改造了技术用奶油制成了"奶油水"，成为类似于现代版的冰淇淋。之后这种技术又传到了英国，伴随着英国的工业革命，作为舶来品，最后又回到了中国，真是一个轮回。

宋朝如此发达的冷饮产业自然也离不开制冷技术的支持，其实到了宋朝，制冷技术有了很大提高。一是藏冰数量增多，宋朝的时候有很多冰窖，皇宫有大冰窖，民间有小冰窖。连金庸先生所写的《天龙八部》一书中都出现过对冰窖的描写，这个冰窖还是书中三大主人公之一的虚竹和他的梦姑定情之地。另外宋朝时也有了专门的采冰人，每年冬季（12 月至次年 2 月）采冰人都能开采到三十万斤的冰块，这就很好地保证了夏季冷饮业的冰块供应。二是早期制冰工艺的出现，唐朝末年，发明火药的同时，人们发现其中炼火药的材料硝石，只要将它放在有水的盆中，它就会吸收大量热量，将水结成冰。到了宋朝，聪明的商人就利用硝石这一特性，在夏季制作出冰块，但硝石在当时也不便宜，因此硝石制冰还不普遍，只是作为供冰的补充手段来使用。三是冰鉴的广泛使用，周朝的时候已经有了冰鉴，是使用青铜器皿藏冰的，寻常百姓很难使用。到了宋朝，在长期实践中人们发现木盒藏冰效果比较好，因此经过改造，冰鉴就成了一个带有夹层的木柜子，在夹层中放入冰块，盖上盖子，冰块很长时间都不会融化，可以用来储藏瓜果蔬菜和各类冰饮等，因为制作成本不高，得到广泛使用。

不得不说，宋朝真是一个极具魅力的王朝，文化艺术水平空前，商业经济异常发达，餐食冷饮也发展到了高峰。于今日而言，制冰技术和冷饮冰淇淋已经是稀松平常之事，但是宋朝藏冰、制冰技术的进步是人类文明的进步，宋代人民对冷饮美食的追求更是人民对美好生活的向往。要想生活变得好，聪明才智也要发挥好。

一日三餐开始于宋朝，而且宋朝时就有外卖了

在中国及世界许多国家，吃是一种文化。在中国古代就已经开始讲究民以食为天，人是铁饭是钢，一顿不吃饿得慌，连孔圣人都说吃是人的本性，现代人更是少不了"吃货""干饭人"，甚至大街小巷出现的美食快递人员，让你足不出户，随时随地就能解决口腹之欲。作为生活在新时代的人民，一日三餐是基本标配，有时为了改善生活，还有下午茶和夜宵，"一日五餐"也不为过。但是在古代，若是平民阶层，能吃上饭就是一件很奢侈的事了。在宋朝以前，虽然皇室贵族一天可以吃三四次餐，但平民百姓却是固定一天两餐，直到宋朝以后，一日三餐的饮食风俗才真正成为主流习惯，并且还创造性地出现了外卖。

我国是传统的农业社会，但是在早期的时候，农业很不发达，并且时常受自然灾害的影响，在防旱防涝工程建设方面也往往力不从心。一旦出现天灾，基本就是颗粒无收，百姓流离失所，再加上粮食产量不高，有限的粮食要养活更多的百姓，吃不饱是常态，因而人们的饮食也是受限制的。据考古发现和现存史料显示，原始时期的人们更多的是"饥则求食，饱则弃余"，一日三餐定点吃饭是不存在的。

先秦时期，已经出现了"定时吃饭"，据史料记载，"商代人为两餐制，一餐是在上午进之，约巳时，称为'大食'，一餐在下午，约申时，称为'小食'，两

餐就食时间约定俗成，又被纳为时辰专名"。由此可见，商朝以后实行"两餐制"，即平民百姓之家一天基本就能吃两顿饭，就是早饭和晚饭，早饭也称为"朝食"或"饔"，在太阳行至东南方（隅中）时就餐，大约是上午 9 点的样子；晚饭也称为"飧"或"食"，在申时进餐，在下午 4 至 5 点之间，由于古代没有电灯，而普通人家又用不起油灯或蜡烛，所以吃完这顿饭基本就要睡觉了，晚上没有夜生活。这种习惯的形成也与古人"日出而作，日落而息"的原始生活状态所契合。

自从汉代以后，有一些人两餐逐渐变为三餐甚至四餐。然而，普通人家和一些级别比较低的官员依然是一日两餐，只有诸侯贵族可以享用三餐，皇室才能享有四餐。可以看出，用餐次数的增加，是生产力进步的一种表现，是富裕的象征。从汉代起，进餐次数和身份地位捆绑上了，甚至形成制度，乃至帝王死后，祭祀也按照四餐制进行。这种情况一直延续到隋唐时期，虽然唐朝经济得到快速发展，但是当时宵禁制度严格执行，晚上也就缺少了进食的需求和动力。

直到宋朝之后，终于出现了转折点。首先是宋代农业经济比起前代有了长足的发展，由于五代十国战乱频发，北方地区的农业经济和生产遭遇到了长期的毁灭性破坏，因此北宋建立之初，就十分重视农业发展，制定了一系列高效且实用的利农政策，确立劝农制度。利用五代十国时期出现的大量流民、灾民，将他们重新投放到无人种的荒地上并给予财政支持，使得大量的土地被成功改造成耕地。与此同时宋朝不断推广先进生产技术，改造和创新新型农具，宋代农民对农作物的经营和管理水平提高，除了简单的翻土、播种、灌溉、收获之外，还学会了除草和施肥。这些因素大大提高了农业生产效率，比如当时在水源充足的南方地区，已经开始使用龙骨翻车进行水利灌溉，省时省力，由此解决了农业生产大量用水的问题。随着占城稻从越南引入中原和南方水稻优良品种的培育，水稻的产量得到了大大的提高，也使水稻成为宋朝粮食作物的首位。其他农作物产量也随之翻番，极大地解决了百姓的饥饿问题，这是宋朝能实现平民阶层一日三餐最基本的物质基础。

其次是宋代商业的发展。北宋时期已不再抑制商业发展，宋朝和世界上多个国家均有政治经济上的往来，各国货物纷纷来到中国，国家的整体经济实力大幅提升。随着经济发展的逐渐繁荣，各类集市如雨后春笋般出现在大街小巷中，再加上宋朝不再实行宵禁制度，人们的夜生活变得丰富起来，晚上出来逛街游玩，玩着玩着就饿了，自然而然地就想到了吃，而宋代夜市里各种各样的餐馆也在这种背景下如火如荼地发展起来了。中国十大传世名画之一北宋张择端所作的《清明上河图》，在五米长的画卷里还原出的北宋东京城，百余栋楼宇中经营餐饮的店铺就有四十五家之多，可见宋朝餐饮业之发达。这就为北宋百姓养成吃夜宵的习惯提供了现实条件。人们养成吃夜宵的习惯以后，相应的第一顿和第二顿吃饭的时间也向前推移。至此，两餐慢慢被三餐取代，一日三餐被人们普遍接受，并盛行开来。

也正是宋朝的餐饮产业的快速发展，使得在中国饮食文化发展过程中，宋朝成为一道分水岭，不但两餐制发展为三餐制，烹饪方式有所改进，各类美食层出不穷，还出现了历史上最早的"外卖"业务。借助宋朝经济的繁荣，百姓的生活水平也有了很大提高，一些汴京城里有条件的百姓已经不满足于在家做饭了，开始上餐馆吃或者买回来吃，《东京梦华录》卷三就有记载："处处拥门，各有茶坊、酒店、勾肆、饮食。市井经纪之家，往往只于市店旋买饮食，不置家蔬。"有时间的可以直接去餐馆吃或者打包回来吃，但是如果没时间去吃去打包或者发懒不想去但又想吃怎么办？精明的餐馆老板们总是能在人们的需求中发现商机，为了满足人们不上门店依旧能享受到美食的需求，店家纷纷推出了送餐服务。在《清明上河图》描绘的一千六百多个人物里，就有一位不知往谁家送餐的"外卖小哥"，小哥左手拿着"打包盒"，右手拿着餐具，身上穿着店里的围裙，正要去送餐，这可是宋代外卖业的真实写照。

在宋朝还没有手机、电话之类的通信设备，那他们又是怎样进行外卖活动的呢？其实在宋朝，根据点菜人的需求和身份地位的不同，主要发展成了三类外卖方式：第一种是身份地位比较高的顾客，如果想吃哪家酒楼的饭菜了，就让家丁去酒楼下菜单，待酒楼做好之后就找专人送到顾客家中，顾客拿到饭菜之后再给钱；第二种是约定送餐，这种情况通常都是顾客比较中意某家酒楼，于是和酒楼达成一种长期协议，约好特定时间和菜品，到了时间酒楼就将饭菜送到顾客家中。前两种情况一般都是有钱人的点餐送餐方式，那么对于钱不充裕又临时想改善生活的百姓来说，就有了第三种外卖方式，就是到了吃饭时间，各家店铺的小二拿着本店菜单走街串巷地吆喝，如果有人想订餐就和小二说明自己想吃的菜品，然后由店铺小二一一记录下来，并且还要记录客人的地址，避免送错地方耽误客人吃饭。然后小二就会返回店家告诉大厨，等做好饭菜后，再送到客人家中，客人货到付款。

有外卖服务，就必然会用到保温餐具，令人称奇的是宋朝时的外卖保温盒一点不次于今天的保温盒。在当时主要有两种外卖器皿，一种是温盘，由上下两层构成，瓷器材料，上薄下厚中空，使用时往中间空层注入热水，既能保温又能保证食物口感，可以说是相当出色的器具发明了，当然这是给有钱人送外卖常用的保温器皿；另一种是食盒，多由竹子做成，内部层数不一，密封性好利于保温，在外卖业务中使用得更为广泛一点。

外卖人员刚开始都是各酒楼餐馆的店小二兼职，但是随着外卖需求的激增，店小二毕竟是酒楼餐馆的主要服务人员，而外送服务路程远近不一，且又在三餐高峰期，于是专门的"外卖小哥"——"闲汉"这一职业也应运而生。《东京梦华录》中记录道："更有百姓入酒肆，见子弟少年辈饮酒，近前小心供过使令，买物命妓，取送钱物之类，谓之'闲汉'。"也就是以专门帮助别人跑腿为职业的人。闲汉的出现进一步推动了宋朝时期外卖行业的发展。

点外卖不仅是百姓的爱好，甚至连宋朝皇帝也比较热衷。据说宋高宗赵构有一次微服私访，到了晚上逛夜市时肚子饿了，就在夜市里的大排档点餐体验，结果发现这里的饭菜竟然比皇宫御厨做得都好，当场就打赏了店小二。"直一贯者，犒之二贯"，这应该是最早的餐饮小费了。回宫以后宋高宗还时常怀念具有烟火气息的大排档，之后就时常开始点外卖解馋。此外据史书记载，宋孝宗也经常命人去宫外点一些名菜如李婆杂菜羹、臧三猪胰胡饼等带到宫中给宾客享用。

不得不说，宋朝的百姓很是幸福，不仅用餐次数增加，而且各种美食层出不穷，可以说是"舌尖上的宋朝"了。而且陶瓷业的发展也为美食提供了精致又实用的盛菜器皿，兼顾美观性和实用性。繁荣的经济，富足的生活，使人们更懂得享受，宋朝的百姓真是过着"宋瓷一样精致的生活"。难怪连陈寅恪先生都不禁感叹："华夏民族之文化，历数千载之演进，而造极于赵宋之世。"宋朝餐制的小小变革，昭示着人类社会的物质发展水平向前跃进了一大步，也反映了经济基础的重要性，发展经济在任何时代都是第一要务。如今的中国国富民强，也为我们造就了一个最美好的时代。

唐宋时代人们喜欢生吃螃蟹和鱼

唐宋盛世不仅经济繁荣，民风开放，也是饮食文化的高峰，食材超级丰富，饮食也颇为讲究。吃东西，唐宋老饕最讲究一个"鲜"字！在他们眼里什么样的食物才是最鲜的呢？答案是必须是原生态。

唐朝人在鱼上面把"鲜"做到了极致，而宋朝人让"鲜"在螃蟹的食用上达到了巅峰。一个专注于吃"脍鱼"，一个专注于吃"洗手蟹"，从此这两个词也成了最能代表当时唐宋饮食文化的代名词。

何为"脍鱼"？

脍鱼就相当于我们现代人吃的刺身，刺身并不是日本人的专属，我国很早就已经吃生鱼片了。关于生鱼片最早的记载可追溯至周宣王五年（前823），出土的青铜器"兮甲盘"记载了周宣王特意在宴会上用"炮鳖脍鲤"，也就是蒸煮甲鱼和生鲤鱼片来犒赏将士。

但吃生鱼片成风却是在唐朝，唐朝人把生鱼片叫鱼鲙。那时河湖中的野生鱼类资源还很丰富，不管是贫穷或是富庶地区，只要住的地方附近有河流湖泊，人们就能享受到吃鱼的乐趣。而且唐朝人对鱼是否鲜活十分看重，买鱼一定要买渔网刚打上来还活蹦乱跳的，或者是亲自去捕捞。

唐人沉迷吃"鱼脍"的程度已经到了只要得到一条新鲜的淡水鱼，首先会考虑能不能做成鱼脍。想必是吃鱼脍经验多了，民间还流传着一本介绍适合做鱼脍的鱼的烹饪书《膳夫经手录》，书中详细地将适合做脍的鱼进行排序："鲙莫先于鲫鱼，鳊、鲂、鲷、鲈次之。"

可以说只要是鱼，他们都会想做成鱼脍。不仅如此，唐朝吃货还认为这些淡水鱼都不算上乘，鲸鱼才是上好的生鱼片材料。韩愈有诗云："巨缗东钓倘可期，与子共饱鲸鱼脍"；陆龟蒙则说："长鲸好鲙无因得，乞取餘艎作钓舟。"竟然连鲸鱼都惦记上了，可见这帮吃货真是够好吃的了。但实际上唐朝是否有人品尝过鲸鱼做的鱼脍，我们就不得而知了，因为史料并未有记载。

食材准备好了，加工自然也不能马虎，为此唐朝人又专门出了一本《砍鲙书》教人怎么做鱼脍，因为"鲙"十分讲究刀工，要想鱼片口感好，切出来薄如蝉翼、吹弹可破，就得掌握好小晃白、大晃白、舞梨花、柳叶缕、对翻蛱蝶、千丈线等脍鱼的刀法。

刀法学会了，吃不能没有佐料吧？我们现在吃的刺身配芥末，唐朝人吃生鱼片也用芥末作调料，没想到吧？

不管是食材选择、刀工用法、蘸酱，都安排得明明白白，足以得见唐朝人对鱼脍的喜爱。

按理说，这么好吃的美食鱼脍自然会被传承下来继续发扬光大，但是并没有！到了宋朝，吃货们真的是恨死了唐朝爱吃鱼的那些人，觉得就是唐朝人把鱼脍捧上了天，才搞得自己吃鱼变得非常困难。

据说到了宋朝，鱼的市场价经常跌宕起伏。行情不妙的时候，一尾鱼价值千钱；便宜的时候，则只需几十文。鱼价之所以起伏不定，主要是因为长途贩卖、不易保存，新鲜的贵，不新鲜的便宜，但都不一定能买到。

鱼脍没得吃，那就吃别的吧，吃货开发新美食的心是永远阻挡不了的。因此，宋朝"第一个"吃螃蟹的人就出现了，以至于还形成了吃螃蟹的风潮。

《东京梦华录》中这样描写北宋都城开封的小吃，说在当时最大的酒楼潘楼下面，每天早上都有人摆摊卖蟹，螃蟹上市的季节卖鲜蟹，其他季节卖糟蟹。

周密《武林旧事》描写南宋都城杭州的饮食市场，说城里卖蟹的商贩太多，以至于居然组织了一个名叫"蟹行"的行业协会。

卖螃蟹的都那么专业，那吃螃蟹的自然就不会输，油炸、水煮、生腌……花样多得很。然而无论采用什么烹饪方式，最不可思议的一种吃法"生腌"地位也最无法撼动，它还有个很形象的名字"洗手蟹"。

何为"洗手蟹"？说的是这样做蟹非常快捷，不用蒸煮，不用油炸，这边客人刚洗完手，那边主人就把一盆生蟹端到客人面前了。问题是，这样做出来的蟹真的好吃吗？

答案我们不得而知，但"洗手蟹"在宋代可是一道风靡大众的美味，无论是平民百姓还是达官贵人都热衷于吃"洗手蟹"。据《东京梦华录》记载，在汴梁，大小饭馆里都有供应，食客就座之后，随点随吃，一尝活蟹的肥美。

虽说生吃螃蟹在古代由来已久，不过，宋朝以前的文献中很少出现相关线索。而在宋朝，宋人绝对钟情螃蟹，否则，不会留下如此之多的文字记载。

当时的许多文人雅士就丝毫不掩饰自己对螃蟹的钟爱。

苏轼说："堪笑吴中馋太守，一诗换得两尖团。"自嘲用诗来换螃蟹吃。

黄庭坚说："海馔糖蟹肥，江醪白蚁醇。每恨腹未厌，夸说齿生津。"吃蟹吃到怀疑人生，竟然还吃不腻。

陆游说："蟹黄旋擘馋涎堕，酒渌初倾老眼明。"吃蟹吃到老年性白内障都痊愈了。

而欧阳修更是直接说退休后就去阜阳，理由就是那儿的螃蟹比开封的好吃，后来，他还真是这么做的。

后世的我们，也看到宋朝诗句中关于螃蟹的吃法数不胜数。"脂膏""镶金""嫩玉"这类形容蟹黄、蟹膏、蟹肉的语句，甚至成了宋以后文人诗词小品里的高频词。

除了吃法，做法也有详细的记录。宋人高似孙写的《蟹略》中把生吃的螃蟹叫作"蟹生"。蟹生的做法大体有两种，一种是用盐、酒将剁碎的蟹腌渍半天就可以吃了，叫"酒泼洗手蟹生"；一种则是将用酒腌制的蟹，拌上醋、姜末、橙肉泥，即刻开吃，有个非常生动的称呼为"橙醋洗手蟹"。

不一样的做法成就了蟹生不一样的风味，有人偏爱无佐料，有人喜欢有佐料，但都不妨碍"酒泼洗手蟹生"与"橙醋洗手蟹"成为宋朝人不可或缺的一道必备菜式。除了这两种螃蟹的做法，《武林旧事》里记载以蟹为原料的菜品还有蟹羹、酒蟹、醉蟹等数十种。

由此我们可以看出，无论是唐代的鱼脍，还是宋代的洗手蟹，都反映了古人的一种饮食文化，那就是喜欢生鲜的食材进行简单的加工，从而最大程度地激发出食材天然的鲜美。

康熙皇帝是第一个吃巧克力的皇帝

人生就像一盒巧克力，你永远不知道下一颗是什么味道。但康熙皇帝知道，他觉得巧克力是苦的，还差点让巧克力变成一味中药！因为在康熙的眼里，巧克力不是糖，是药。

作为历朝历代第一个吃巧克力的皇帝，康熙对于这玩意没有一点好感，因为他看到的巧克力，是以汤药的形式出现的。康熙皇帝只喝了一次，就让现代人为之着迷的美味在中国被封杀了。

巧克力最初在中国翻译成"绰科拉"，原产南美洲，当地人叫它"苦水"。17世纪，西班牙航海家在美洲发现了可可树，在当地土著的带领下制作并食用可可。从中他们发现了商机，粗加工后带回西班牙，不出所料，西班牙贵族真的爱上了这种可可果制成的饮料，热爱程度甚至超过了咖啡。

不过他们当时用最原始的配方制作的巧克力，真的比汤药还要难喝，那个味道跟我们现代人喝的热巧完全就是两码事。当时，可可的食用方法是将可可豆烘烤，发酵后磨成糊状，加入香料，用水或酒浸泡。并且当地人一开始喝可可，就是因为看中它的那股苦味有着提神醒脑的作用，并且越喝越有韵味，和我们中国人的茶相比，是截然不同的滋味。

令人想不到的是，这玩意一传十十传百，竟然被神化了。巧克力传入欧洲后，摇身一变成了保健食品或药品，还是官方批准的可以经常使用的药物，可以用来治疗发烧，缓解疼痛，帮助消化，甚至还有人把它当作春药。

康熙四十五年（1706），巧克力随洋人漂洋过海来到中国，原以为能在中国大火，谁知道竟然闹了一场笑话。

据说康熙四十岁时曾患上过疟疾，宫中的御医、民间的郎中都拿这病没办法。就在大家都以为康熙皇帝凶多吉少大限将至时，一位法国传教士献上西药金鸡纳霜，也就是奎宁，将康熙奇迹般地从死亡边缘拉了回来，此后康熙便对西洋药来了兴趣。

当时，任职武英殿总监造的赫世亨，无意间打听到罗马教皇派来的使节铎罗带来了一种神奇的西洋药物"巧克力"，就找铎罗要了五十多块，并且详细询问了巧克力的诞生时间、材料组成、食用方法、口味效果以及相关禁忌等。据此写了一份上千字的说明书报告给了康熙皇帝，说西洋传教士经常饮用一种叫"绰科拉"的药品，喝完之后提神醒脑。一听说洋人圈里流行喝提神醒脑的药，好奇心满满的康熙皇帝便想马上试试。

皇帝都下令了，臣子们哪有理由不立即执行。赫世亨特意精选了八种不同配方的巧克力，仿照欧洲上流社会吃巧克力的方法，专门打造一套银器，配上黄杨木制成的搅拌签子，一股脑儿送到了皇上面前。

还附上解说："至绰科拉药方，问宝忠义（宫廷里的西洋大夫），言属热，味甜苦，产自阿美利加、吕宋等地，共以八种物质配制而成，其中肉桂、秦艽、白糖等三味在中国，其余噶高、瓦尼利雅、阿尼斯、阿觉特、墨噶举车等五种不在此……将此倒入煮白糖水之铜或银罐内，以黄杨木碾子搅和而饮。"

康熙起初闻到一股异香，但看着杯中浓汤，抿了一口，觉得苦就加了点糖。大臣和太监盯着皇帝的表情，看到他皱着眉头、咧着嘴笑，内心忐忑不安。康熙又喝了几口，眉宇间轻松，叹道：这是洋人天天喝的？比起我们的龙井茶简直差远了。虽然里面放了糖，但还是很苦，他们西方人为什么那么喜欢喝呢？

于是，他写了一封信，让太监拿给赫世亨，问他：药效呢？药效你咋不说？

赫世亨看到信之后，知道康熙皇帝吃巧克力不是当糖吃，而是当药吃了，直接吓呆了，心想着中国皇帝对进口药物和食品的监管力度实属罕见。

于是，他立马上书给康熙解释说："在阿美利加那个地方，人们认为巧克力对老者、胃虚者、腹有寒气者、泻肚者、胃结食者，均应饮用，助胃消食，大有裨益。但是巧克力也有禁忌症，比如内热发烧的、气喘的、痔疮流血的都是不可以吃的。"

康熙看到之后，瞬间嫌弃，只批了三个字"知道了"，也就没什么下文了。要说也是，康熙皇帝统治时期，中国地大物博，谁家还没一杯消食又提神的茶呢？可怜那送进宫去的五十块"绰科拉"，自此再不见踪影。巧克力本有可能成为一味传统中药，可它的清宫路，刚开始就戛然而止，等到它再次出现在中国已经是两百多年以后的事了。

不过，幸亏巧克力没有变成中药，才有了如今香醇甜蜜的滋味。

中国古代私自杀牛是重罪

我们经常可以在古装电视剧里看到这样的场景：一位侠客，步入客栈，招呼小二上前，点上两斤牛肉、几坛美酒，饶有兴致地品尝起来。

但电视剧终究只是供人娱乐消遣罢了，真实的古代很难出现这样的场景。因为在古代牛肉价格昂贵，且私自宰杀耕牛还会触碰法律，所以一般人根本吃不起牛肉。

《汉书·龚遂传》中记载："禁私杀牛马，牛用耕田，有宰食者，杀无赦。"

可见按照古代法律，私自宰杀耕牛可是杀头重罪。朝代更迭，到了唐、宋、明、清几代虽然对私自杀牛罪的量刑有所降低，但私自宰牛依旧是违法行为。直到清朝末期，中国才废除了这项罪名。

耕牛为什么在古代有如此地位呢？

中国古代延续几千年的经济主体都是小农经济，农业便是封建王朝的支柱产业。自战国时代开始，牛耕便逐渐被推广起来。由于那时生产力不高，牛便成为了重要的生产工具，它相当于我们现在使用的拖拉机，承载着耕田开地的重任。因此，中国各朝各代都会制定法律条文，以此保护耕牛。

而且在古代，圈养一头牛可不容易。虽然牛能在农忙的时候耕地干活，但一年四季都需要喂养。所以大部分农民是没有耕牛的，有牛的都是大户人家。

没有牛的农民，又该如何耕田？朝廷为保障民生，出资圈养大批耕牛，农忙之时，可租赁给农民。但无论是朝廷所养，还是私人所养，耕牛都属于国家的战略财产，私自宰杀都是要被处罚的。

唐玄宗李隆基曾经颁布过《禁屠杀马牛驴诏》，他认为马、牛、驴都能作为工具为人所使，因此不能随意宰杀它们。

当然古人并非一点牛肉都吃不到，法律只是规定：禁止私杀耕牛。咬文嚼字，如果不是私下宰杀耕牛，便不算犯法了。也就是说，要杀牛得跑到衙门进行报备。

原来在古代，耕牛除了能够充当农业生产工具与提供牛肉外，还有许多作用。牛浑身是宝，牛筋和牛角可制作弓，而牛皮则可以制作皮甲。弓与甲在古代可是重要的军队武器，朝廷自然得严格把控，否则影响政权稳定。毕竟若是有人私自制造武器装备，将后患无穷。好比当年秦始皇一统天下之后，为防止六国遗民反抗，将天下武器尽收，铸造成十二个大铜人像。

所以帝王对耕牛的宰杀会十分敏感，因为杀牛不但会影响农业生产，破坏经济增长，还会在一定程度上威胁朝廷政权稳定。所以古代出于以上考虑，会出明文禁止私自宰杀耕牛。

由于一段时间的"禁杀牛令"让牛得到了保护，牛类迅速繁殖。民间牛群泛滥，国家耕地面积不够多，导致了供大于求。朝廷发现之后，开始放开政策，杀牛卖牛。但事前得和朝廷请示，得到审批后，官府会派人在现场监斩，对牛皮、牛角、牛筋等可用于军事的部位进行回收，剩下的牛肉就可自由处置。如果牛自然老死，或者是发生意外，亦需要向官府报备，进行必须的流程之后，才可以自己处置牛。

总之，客栈在固定的时期是可以采购牛肉的，但也需要走特定的流程。进店便点牛肉的都是大人物。或者在牛群泛滥，官府放宽政策之时，才会有大量的牛肉流入市场，一般的普通老百姓是很难吃到牛肉的。

随着蒸汽机的发明，人类进入工业时代，到后来计算机出现，人类已来到信息时代，传统的农业工具已被摒弃，农耕文明一去不复返。耕牛地位一落千丈，失去了其最初的作用，只能作为食物被端上人类的餐桌。

时代的洪流奔流不前，耕牛无法阻止也无法预料自己的未来。而下一场时代变革，被淘汰、被端上"餐桌"的又将会是谁呢？

古代四川人基本上不吃辣椒，因为没有

四川人吃饭需顿顿有辣、无辣不欢！但是你可知道古代四川人基本上不吃辣椒？

因为——没辣椒可以吃！

众所周知，辣椒起源于墨西哥，最早随哥伦布船队返回欧洲，开始小规模传播。在明朝末年，才随着远洋贸易船队漂洋过海抵达中国。

起初，这红红的辣椒可没人敢吃，甚至它都未曾出现在厨房里，那时候，达官贵人们将辣椒当成可显摆的高级进口观赏植物。

明代高濂在《遵生八笺·燕闲清赏笺》中记载："番椒，丛生白花，子俨秃笔头，味辣色红，甚可观。"大概意思就是说，白白的辣椒花好看极了，结出来的果子像秃笔头一样，味道辣又红得正，甚是好看。可见，当年谁要是书房里能种上一盆辣椒那都是风雅之事。

为了炫耀自己有独一无二的洋玩意，各地达官贵人争先恐后地给它取名字，有番椒、地胡椒、斑椒、黔椒、辣枚、海椒、辣子、茄椒等无数不一样的名字。因此辣椒在现代各地方言里都有自己专属的名字，至于全国统称"辣椒"的这个官名，也不知是哪朝哪代的事了。

对于吃货来说，把任何东西变成食物的这种好奇心是非常强大的，不管它是珍贵还是好看……所以我们现在能吃到这辣椒的美味，真的要感谢古时候的吃货们。

然而，辣椒的辛辣口感与人们当时的口味完全不符，不像现在人人都喜欢，哪怕不喜欢也会接触到。尤其富庶之地，人们更不喜欢这种口味，甚至觉得上不了台面。可以说，在古代，辣椒只有穷人才吃。

这是为什么呢？这就得从辣椒进了中国，最先在哪儿落的户，然后在哪里花开遍地说起了。辣椒是通过海上丝绸之路进来的，第一站是浙江地区，随后传入湖南、云贵地区，再然后才是陕西和山东，传到四川已经是很晚了。辣椒传入四川的过程在整个历史中看，还是一段颇为曲折的历程。

而且可能最先吃辣椒的不是四川人，而是贵州人，因为穷！是的，你没看错，就是因为穷。

贵州因为群山环绕，交通不便，那时候的食盐和蔬菜极其短缺和珍贵。康熙年间的穷人买不起盐，吃饭就只能靠辣椒提味。辣椒又很辣，为了吃饭，只能硬着头皮吃，霸蛮吃。饮食影响性格，所以大家听贵州人说话，总感觉有股"辣味"，估计就是被辣椒惯出来的。

到了乾隆年间，辣椒已经被贵州人广泛食用，因为辣椒可以掩盖食材的新鲜度，搭配着食用那些没办法长时间储存的食物，很多人才不会饿肚子。而当时的有钱人崇尚食材的原味，从口感上是以甜为贵，辣椒的辛辣刺激他们显然看不上。

到了明末清初之时，朝代更替，战乱不断，百姓叫苦不迭，这神奇的物种随之传入云南和湖南的交界地区。辣椒对土地的适应能力太强了，就好像自来熟一样，它容易种，方便储存，价格又低，从此受到了云南、湖南人们的广泛喜欢。

嘉庆年间，已经有多个省将辣椒"种以为蔬"，吃辣大省四川也已是"山野遍种之"。川菜的调味料家族从此迎来了新成员。有句俗语"湖南人不怕辣，贵州人辣不怕，四川人怕不辣"，就是这么来的。随后辣椒顺着蜀道传到甘肃、陕北、河南等地，打开了北方市场，一路向西北直达新疆，中华大地从此被辣椒染成一片红。

从上可知，今天中国无辣不欢的核心区四川普遍吃上辣椒，已经是晚清时候的事了，比湖南要晚上近五十年，距离现在也就一百多年的时间。

　　那么没有辣椒吃的四川人之前都吃什么呢？原来，最早的四川人不吃辣，反而与江浙一带一样喜欢甜食。但川蜀之地一向是湿气较重的偏寒地区，人们为了抵挡寒气，就会吃一些比如花椒、吴茱萸、生姜等有辣味的东西。

　　吴茱萸就是王维诗里说的"遍插茱萸少一人"中的茱萸。史料记载，历朝历代中辛辣味调料用量比例最大的是花椒。唐朝时，三分之一以上的菜肴都用到花椒；周朝时，四川地区多食花椒；三国时期，则多食芥末。可以说，花椒才是中国古代的"辛辣之王"。

　　也就是说，祖传吃辣的四川人，在没有辣椒前并不是不吃辣，只是吃的辣椒不是现在大家所看到的火锅里那种红色辣椒，是花椒，此"辣"非彼"辣"。常有人说"四川人吃辣两百年，吃麻上千年"，这种说法也不无道理。

　　以至于现在在四川凡是带了辣的菜，约等于是爽的代名词，听到辣字就情不自禁地吞咽口水，闻到辣的香味就神魂颠倒。为何四川人对"辣"那么情有独钟呢？可以说是长期以来形成的饮食习惯。中国素有北咸、东南甜、西辣的说法，意思是气候干燥食为咸、气候湿热食为甜、气候潮湿食为辣。

　　四川盆地多雨而且潮湿寒冷，容易湿气入体。"四川的太阳，云南的风，四川的下雨像过冬；四川地无三里平，天无三日晴，人无三分银。"就形象地反映了四川的雨多而且特别阴冷，不管穿再多，冷也会浸入骨子里。这样的气候对人体并不友好，却恰恰适合辣椒的生长，所以当地人要吃辣椒"除湿气""祛寒"。

　　这是因为辣椒中含有一种叫作辣椒素的物质，能使人血液加速，全身冒汗，身上的寒气湿气就会被驱赶出体内。这就是从医学角度来说的辣椒具有温中下气、开胃消食、散寒除湿的作用。

　　除了地理环境所影响，还有历史原因。古时的四川山高路险，道路崎岖，交通极为不便，缺油少盐，饭菜难以下咽，为解决这一难题，只得用酸与辣来调味，酸就是酸汤，辣就是花椒、茱萸、辣椒等。长此以往，经常食用辣，能吃辣、爱吃辣也就成为四川人的一种特殊饮食习惯。

　　由此看来，如今餐桌上几乎能和所有食材成功配对的辣椒，征服我们只用了四百多年时间。而无辣不欢之所以能在中国 C 位当道，不仅仅是因为现代人生活节奏加快、压力大，吃淡味的成本越来越高，更是因为吃辣产生的内啡肽能够在人体内制造类似于快乐的感觉，从而成为当代人在餐饮领域保留的为数不多的安慰。

第六篇

那些古今大PK

　　现如今，说话办事不变通者被称为"老古板"，不谙流行者被称为"古代人"。可古人如果听到这样的话，脾气暴一点的没准会气得活过来，跳起来找我们理论也是说不准的事。毕竟，我们现在所经历的，很多都是人家玩剩下的，不信，就带你来看看。

古人追星也疯狂

娱乐年代，粉丝们为了追星，做出了不少疯狂行为。一掷千金，疯狂打 Call，更有甚者，跟踪、偷拍……

但你有没有想过，追星其实不是我们现代人的专利，古代的粉丝追起星来，同样也很疯狂。

先往远一点讲，魏晋南北朝时期，有位叫卫玠的美男子。他的容貌和风姿，绝对是在历史榜单上的。无论是古代四大美男子，还是十大美男子，卫玠绝对是榜上有名的。他琴棋书画样样精通，气质脱俗。无论走到哪，都有不少迷妹。他所到之处，都会被人们团团围住。

卫玠的舅舅王济是骠骑将军，他也是英姿豪爽，但是每次在卫玠身旁，就感觉珠玉在侧，觉得自己丑陋无比。

卫玠的姿容太过惊艳，吸引了太多粉丝，但最后却也因此丧命。

《晋书·卫玠传》曰："京师人士闻其姿容，观者如堵。玠劳疾遂甚，永嘉六年卒，时年二十七，时人谓玠被看杀。"

卫玠在初到京师之时，被疯狂的粉丝团团围住。他本就体弱多病，积劳成疾。由于粉丝给的压力过大，加速了他的病情。所以，他最终死在了这种炽热的、对他充满喜爱的目光中。

古代的文艺界，不流行唱歌跳舞演电视剧，玩诗词的才是当时的顶流。例如，李白、杜甫、白居易。

这些我们现代耳熟能详的大诗人，在当时也是文艺界的绝对王者，被奉为大神一样的存在，大神必然也会有粉丝膜拜，而往往这类大神的粉丝，段位还不低。

"还君明珠双泪垂，恨不相逢未嫁时。"写出这句动人诗句的人，正是杜甫的迷弟张籍。

张籍是唐朝中后期的诗人，代表作有《秋思》《节妇吟》《野老歌》等，在唐朝璀璨的诗词天空中，也有着自己的一席之地。

不过，张籍非常迷杜甫，他一直渴望能写出杜甫那样的惊世诗篇，甚至达到了走火入魔的境地。五代冯贽的《云仙散录》中就记载了这样一个故事。

张籍曾经把杜甫的诗句认真抄录下来，然后再把这些纸烧掉。此种行为，并不是为了寄托什么情感，而是为了烧完的纸灰。张籍会把烧完的纸灰拌上一些蜂蜜，每天早上吃三勺。

老话常说"吃什么补什么"，但是这种补法，的确清奇，也很伤肠胃。

有一次，朋友到访时发现张籍正在吃纸灰，甚至以为他得了失心疯。而张籍却镇定自若，称自己吃了杜甫的诗，就能够"改易肝肠"，写出和杜甫一样好的诗句。

这种迷之操作很另类也很疯狂。

被奉为偶像的杜甫，也有自己的偶像，那就是我们的"诗仙"李白。虽然在后世人们眼中，两人同处一个时代，都是自成一派的顶流，但事实上，他们之间的关系，更像是明星和粉头。

天宝三年（744），杜甫在洛阳与李白相识，二人相见恨晚，从此结伴同行，把酒言欢。"诗仙"与"诗圣"相见于失意之时，这在我们看起来是命定之缘，天作之合。但历史的剧情总是让你猜不透。因为在这场命定之缘中，只有一个人沦陷。这个人就是杜甫。

杜甫无法自拔地迷上了李白。李白就成了星光璀璨的神，照耀着他的世界，指引着他的理想。

那个年代，没有什么给"爱豆"做数据应援打榜等花样操作。但他总要为偶像做点什么，才能表达自己对偶像的喜欢。

而杜甫最擅长的，当然是写诗。拿出最好的文采，最靓的词儿，夸就完了。

"白也诗无敌，飘然思不群。清新庾开府，俊逸鲍参军。"

"昔年有狂客，号尔谪仙人。笔落惊风雨，诗成泣鬼神。"

总结来说，杜甫写了《冬日有怀李白》《天末怀李白》《梦李白》《赠李白》《春日忆李白》等诗，前前后后有很多很多，都是写给李白的。足以见得，这位高产的粉丝对偶像是有多爱。

然而，面对杜甫的疯狂输出，李白也只是回了两首。

杜甫把李白当作神，但李白眼中的杜甫，只是个匆匆过客。不过，这丝毫不会影响杜甫的追星热情。毕竟，追星这种事，追逐的过程，是意义也是快乐。

李白还有个比较疯狂的粉丝，名叫魏万。这个魏万名气肯定是远远不如杜甫。但他对李白的狂热，可一点不比杜甫差。

魏万作为一个资深老粉，非常崇拜李白，欣赏他的才华，把他的诗读了一遍又一遍。

随着对李白的崇拜和敬意越来越浓厚，他也越来越渴望见到李白。这是每一个粉丝的梦想。

当时交通和通信都不发达，见到偶像也就没那么容易。魏万托了很多人多方打听，才知道李白在长安。于是他马不停蹄地赶往长安。可当魏万到达长安时，李白已经到了荆州。魏万跟着去了荆州，李白却已离开，又一次错过。

一方面古代的通信和交通都差了点，再加上魏万的运气欠佳，这也使得他多次和偶像擦肩而过。一直到两年后，他才终于在扬州见到了自己的偶像，并且求偶像为他作了一首诗。

魏万这追星路很执着，也很辛苦，但还好，最后的结果是暖的。

如果魏万的执着令人动容，那么更让人大跌眼镜的是竟然有人渴望给偶像当儿子，例如白居易。

白居易崇拜李商隐，但是他比李商隐大四十岁。

　　元代辛文房的《唐才子传》记载："时白乐天老退，极喜商隐文章，曰：'我死后，得为尔儿足矣。'白死数年，生子，遂以'白老'名之。"

　　李商隐为了感念白居易这份厚爱，在白居易去世多年后，为自己的新生儿取名为"白老"，也算是很"宠粉"了。

　　白居易也有一位疯狂的粉丝，名叫葛青，极其崇拜白居易。段成式的《酉阳杂俎》记载了一段葛青为偶像疯狂打 Call 的行为。据说，葛青在浑身上下刺了白居易的三十多首诗。他要让自己的每一寸肌肤都铭刻偶像的佳作，也铭刻了对偶像的敬意。但做完这些还不够，又或者是因为他身上还有空白的皮肤，所以后来他又在身上刺下了三十多幅图。这些图都是根据白居易的诗所绘。一棵树上挂着丝缯，代表"黄夹缬林寒有叶"。

　　白居易曾做过中书舍人，被人称为"白舍人"，葛青身上的图称为"白舍人行诗图"。真是爱偶像爱到了血肉里。每每与人闲谈，葛青随手撩开自己的衣服，就是偶像的诗词。这情境，也的确够别致了。

　　古今皆有追星人，但无论如何，凡事有度，理性追星，过犹不及。

古代官员的"俸禄"是多少？

"钱多事少离家近"，这想必是不少打工人梦寐以求的工作状态。每个月最开心的也是要发工资的那几天。那么你知道古代的打工人（官员）辛苦一年到底能挣多少钱吗？

如今我们的工资主要是"钱币"一类，但在古代可不一样。在古代，官员的工资叫"俸禄"。每个朝代的情况不同，官员领俸禄的情况也各不相同。但中国古代主要朝代的俸禄都有一个共同的特点——发放形式的多样化。国学大师南怀瑾在《论语别裁》里说"'俸'等于现在的月薪，'禄'有食物配给"，"俸"即"钱"，"禄"即"粮食"。

古代中国有年薪制也有月薪制。一般来说，在现代生活中，通常只有工资高的白领才会实行年薪制。然而在中国古代相当长的时间里，从当官的到打长工的，主要实行的都是年薪制。在民间多叫"工钱"，官方称之为"年俸"。

中国古代的年薪制，是真正的年薪制，要到年底才能领到一年全部的劳动报酬。古代年薪发的是什么？并非今天花花绿绿的钞票，也不是黄金白银，而是土地、丝绸、茶叶、粟、谷之类的实物工资。大家应该听说过"吃皇粮"这个词，其实就来源于工资发粮食的缘故。

年薪制一直沿用到东汉。东汉第五位皇帝刘隆第一次进行了工资改革。他规定工资可以发货币，但还不是全发钱，而是一半货币工资，一半实物工资。到了唐代才出现全部用货币来发工资的形式，当时有的部门发金子，但绝大多数是用银子来支付。明代仍以年薪制为主。月薪制则始于南北朝的刘宋，宋文帝刘义隆对工资制度进行了改革，"按月分俸"，这个便是咱们现代人月薪制的雏形了。

聊完薪酬发放体系，很多人发出疑问，古代官员的收入换算到现代的标准相当于多少钱呢？是年薪百万，还是恰好只能维持家用？这就得看他们是为哪个皇帝打工了，朝代不同，俸禄也不同。

我们先来看一下古代的银子在我们现代能换多少人民币。古代一两银子折合人民币在各个朝代有所不同：清朝中晚期，一两银子价值人民币150—220元；在明朝中期价值人民币600—800元；在北宋朝中期价值600—1300元（或1000—1800元）；在盛唐时期价值2000—4000元（以大米为衡量单位，推算过银子的价值，虽然换算数字不一定准确，换算方法却值得参考）。

为方便比较，统一以县丞职位为例，将他们的俸禄全部换算成现在的人民币，从而得出历朝历代官员工资排名。

第一名：宋朝，130000元/月；第二名：隋唐，21000元/月；第三名：清朝，19000元/月；第四名：元朝，6500元/月；第五名：秦汉，5700元/月；第六名：晋朝，5400元/月；第七名：明朝，3000元/月。

由此看来，最幸福的当数宋朝了，别看宋代疆域不大，可人家当时贼有钱，每月13万元的工资，放到现在是绝对的高薪阶层了。

不仅如此，除了每个月可以领俸钱之外，朝廷还会发禄米。正一品官员，月领禄米150石，俸钱12万文，外加每年绫20匹，罗1匹，绵50两；九品官员，月领禄米5石，俸钱8000文，外加每年绵12两。

还有各种名目繁多的福利补贴：服装、禄粟、茶酒厨料、薪炭、盐、随从衣粮、马匹刍粟、添支（增给）、职钱、公使钱及恩赏等；地方官则配有大量职田等。就连官员家中役使的仆人衣食及工钱也都是朝廷"买单"，真的是美滋滋！

宋代虽然工资高福利好，但消费水平亦是极高。有专家曾根据史书算过，每月

100 贯，大概是 46500 元，才能过上比较体面的生活。

相比宋朝富得流油的月薪，最贫穷的应该就是明朝的官员了。流传很广的故事就是不贪不腐的大清官海瑞，穷了一辈子，母亲过生日，他买了两斤肉孝敬母亲竟成为轰动当地的大事，他死后还得靠同事凑钱得以安葬。

这样的例子还有很多，市舶司副使罗伦，家里十分贫苦，来客人时，妻子要去邻居家借米；广西道御史刘准的工资太低，养不起妻儿，于是向同事、上司们借钱借米，直到刘准病死，所欠的钱米都没能还上；还比如山西巡抚秦铉为封疆大吏，自己的妻儿老小居然经常吃不饱。在明朝，清官大多是入不敷出，贫寒万分。

据史料记载，明朝官员的俸禄制定得很低，许多低级官员靠官俸很难维持生活。高级官员则根本不可能靠官俸维持其豪华生活，所以地方官的实际收入大多来自地方税收的截流（俗称"火耗"），而京官的很多收入来自地方官馈赠。

举例来说，一个县官，正七品，年俸 90 石米，也就是 6372 公斤米，每人一年就算吃掉 180 公斤米（在这个时候不可能那么少），这些米也只够 35 个人吃一年。更可怕的是，有 40% 的米他是拿不到的，那一部分就被皇帝光明正大地折换成别的东西，例如绢布、棉布，甚至一些零碎的小东西。

而九品官员年俸 66 石大米，大约是 16200 元，正一品年俸 576 石大米，大约是 141360 元。其实明朝官员的工资从数字上来看，在当时来讲不算很低，但问题在于明朝经常发不出工资。发不出来怎么办呢？找别的东西抵吧。因此他们的工资在实际发放时常常被布匹、胡椒、纸钞顶替，官员看似可以得到普通老百姓无法得到之物，实际上，在明朝，钞票是很容易贬值的，而且非必需品的调味品也很难换取必需品，也就相当于工资被变相克扣了。

总的来说，每一个朝代都有属于自己朝代特色的官员体系，从夏商周到清末，官员的工资制度发生了巨大的变化。历代官场的发展见证了田、米的发展，钱与米的结合，最终以钱支付。但在挺多朝代都只是表面风光，如果你想穿越去古代当官，那可一定要谨慎，千万不要跑到经常发不出工资的明朝去。

还有，古代人七十岁方可退休。与现代人恨不得四十岁就退休的想法不同的是，当时宋朝的官员还变着法把自己的年纪改小，从而就可以多领几年薪水，以及各种福利补贴。

正常退休被称为"致仕"，一般致仕在七十岁。汉朝官员"致仕"，工资最高的超过 2000 多石，退休可以得到原工资的三分之一，少数极其优秀的官员甚至可以享受原来的薪资待遇。

此外，在退休时还有一次性奖励：钱、黄金、食物、房屋、车马等，怪不得大家都想通过科举考试入朝为官了。

看完古代官员的薪水，你是否愿意梦回前朝，读书入仕，博取功名，大赚一笔俸禄呢？

魏晋高质量男性爱擦粉，用香囊

随着生活水平的提升，精致这一概念迅速引爆风潮，大家对于精致女孩总是抱有善意，认为这是美与自信的体现，可是对另一个群体精致男孩，大多数人持以批判态度，甚至认为男性就应该是阳刚之美，而不是雌雄莫辨。却不知在名士辈出的魏晋时期，精致男孩才是男性的审美主流。

在历史中，刚刚经历动荡的时期，就应该出几个名垂青史、力拔山河的大英雄，可是魏晋时期就是历史发展中的奇葩，魏晋男儿更是让时代有了不一样的色彩。要是有人跟现在的男性说一句"兄弟，你长得好像个姑娘"，那很大概率能收获一番谩骂，但若是跟魏晋男子说一句"宛若好女"，那么对方必然会回一句"真有眼光"。

在魏晋南北朝，男子敷粉施朱，满街皆是，不足为奇。旁人看来带着点自恋与陶醉，却是当时的审美风潮。别以为这只是游手好闲、没见识、没文化的男子才做的事情，事实上当时满腹才华的有为青年，同样注重打扮，格外爱惜个人形象。当时的社会审美有别于秦汉的武烈刚强，喜欢偏柔美的"小鲜肉"。

究其原因，魏晋南北朝是中国历史上一段特殊的时期，作为一个分裂动荡的历史时期，当时的人们心里已经没有了什么条条框框，国家也没有过多的规矩，人们对服饰也没有要求，各种颜色各种款式流行出现。

女子也不再足不出户，反而大方地走上街头，穿着各种款式的衣服，梳着千奇百怪的发型，就像现在的时尚穿搭达人一样，极力展示自己的个性，行为开放又大胆，更崇尚及时行乐。加之，朝代频繁地更迭，社会缺乏安全感，所以"人生苦短"的心态流行起来，性情的放任产生了对感官美的狂热追求。

正是这特殊的风气，塑造了魏晋南北朝的无数"伪娘"（美男子）。四大美男子中的潘安、卫玠都有"玉人"之称。人们用"妙有姿容"来形容潘安，用"冰清玉润"来形容卫玠，可见二人的姿色。

那时候的男子流行化妆，类似现在的时尚美妆男博主，那么当时的男子是怎么化妆的呢？其实他们使用的化妆材料与女子的差不多，化妆程序也很简单。从史书记载来看，他们最注重的是肤色，因而面脂就是最为关键的了，一般敷粉是最为流行的手法，出门必打扮，随时把自己帅醒那种，从而也吸引了大把的女粉丝追捧。

因此，才会流传着潘安走上街头被大胆的女子们围住调戏的故事。另一位美男卫玠，每次出门都引起粉丝的狂热围观，可是卫玠本身就患有重病，再每每被这么围观，竟然劳累而死，这就是"看杀卫玠"的典故。除了潘安、卫玠，当时的嵇康、王衍、兰陵王、慕容冲、独孤信也都是出了名的美男子。

以至于到了后来，不知是不是为了适应大众的口味，当时的老少爷们可都是拼命向"伪娘"线路上走。尤其是贵族士子，几乎每个人都要扑粉、涂口红、喷香水啥的，一点不比现在的精致女孩差。

比如，大才子曹植有次会见朋友，竟让客人在大堂足足等候一个多时辰，而这时间竟然是花在往脸上扑粉上，只是为了脸色看起来更白净。

玄学大师何晏本来就天生丽质，结果嫌不够，早晚还得打扮一番，粉不离手，随时补妆，偶尔还停下来，对着自己的影子欣赏一番。魏晋南北朝的男子很多是镜子不离身的，一天要照好几次镜子，补补妆，几乎到了不化妆就不见人的地步。

北朝鲜卑慕容氏在选继承人或者封官的时候，优先考虑候选人的长相是否俊美。南朝士族阶层普遍有敷粉妆扮用五石散作神仙状的爱好。不仅如此，他们还喜欢在衣服上熏香，而随身佩带香囊的情形也是十分普遍。

或许难以想象，面容白皙、体态清瘦、身高甚伟，恰恰符合魏晋名士的审美标准。而且当时民风还没有被禁锢，女子们热爱追捧美男子，美男子与美男子惺惺相惜，所以魏晋南北朝有很多帅哥为后人所知。如此看来，古代男人真的把"伪娘"当得相当专业，在当时网络都没有的年代都能成为"全民网红"，放到如今估计一出场便能即刻秒杀一众"顶流小鲜肉"。

不过，在当时只是拥有柔美的容貌还不足以被热捧。内外兼修、才华横溢的美男才是顶流。魏晋南北朝有很多男人，虽然容貌出众，但给人的感觉大多是容貌至上，服装考究，男宠遍地，"伪娘"当道，体弱病娇，一走三喘。修身齐家治国平天下的理想，似乎被他们放在了第二位，有的人可能根本就没放在心上过。但他们优秀起来，连史官都要专门在史书里记上一笔，因为虽然他们"娘"，战斗起来照样和颜值一样爆表，有文才、有政才，堪当军国大事。

何晏就是漂亮人物的代表，因为首先带起吃五石散的风潮，又研究玄学，推崇清谈，所以后世许多道学家都说他不理政务，误国乱天下，将魏晋南北朝四百年动荡的根源放在了他身上，说他是"蓝颜祸水"。

但实际上，何晏对政治一直都有自己的看法，譬如他和曹叡关系还不错，便见缝插针，想尽一切办法向曹叡委婉地表达自己的政治理念。从他奉命写的《景福殿赋》中就可以看出，原本只是一篇歌功颂德的应制文章而已，但何晏硬是在文章里强行插入了"君主要顺应自然，实行无为之治"的政治理念，劝曹叡改革现在的政策，把不做事、白领俸禄的官员裁掉。

有句话怎么说来着：看脸，其实是最大的轻敌。像何晏这样的人还有很多，他们或者容貌漂亮，或者身体羸弱，但内心并不软弱，一直深藏着一份为家为国的决心和操守，并非徒有其表。

譬如萧梁的韦睿，从小身体羸弱，骑不了马，但依然能坐在板舆上指挥若定，在大家都以为输定了的情况下，以少胜多，大败北魏名将杨大眼。因为锋芒太盛，北魏将他唤作"韦虎"，还编了首歌谣说，"不畏萧娘与吕姥，但惧合肥有韦虎"，就只怕他。

还有崔浩，史书上说他"纤妍洁白，如美妇人"，甚至可说长得有些阴柔了。

但正如他侍奉的君主太武帝拓跋焘所说，崔浩"尪纤懦弱，手不能弯弓持矛"，看上去是手无缚鸡之力的书生人物，实际"胸中所怀，乃逾于甲兵"。

作为古代"竹林七贤"之一的嵇康亦是极品美男子，"龙章凤姿，天资自然"便是形容他。传说他到山林之中采药，竟然被误以为是神仙下凡，可见他的外形之俊美。不只如此，他还是名曲《广陵散》公认的最佳演奏者，嵇康最后一次弹奏此曲是在三千太学生为他请命之时。自此以后竟成绝响，其才华之出众令人惊叹。

所谓身体发肤，受之父母，大多数古人觉得理一次发、剃一次须都是对父母的不尊重。可是在魏晋男子心中，胡须是影响他们颜值的一个大问题，必须每日晨起就要刮掉，然后细细上粉，用心修容，全心打造完美妆容。稍微有点抱负的男子，甚至已经达到了不化妆不见人的地步，这种堪比现在"爱豆"的形象管理，很难让人不敬佩。

魏晋时期百姓跟着世家走，世家皆以柔为美，百姓自然更是推崇，这种将美色贯彻到极致的追求，也很大程度上刺激了群众感官。文学界大牛左思看着街上总有名士出游百姓围观的盛况，认为以自己的学问，定也能引起众人追捧，于是淡定出街，却惨遭嫌弃，有人把这一切归为百姓肤浅，只喜欢浅薄的美色，却不能欣赏深层的内涵。

百姓的确肤浅，知识已经被世家垄断，不给百姓一点启蒙的机会，而世家却还希望百姓能在迷茫中看到他们浑身上下的所有优点。百姓自然不懂，也不在乎，他们只知道看着好看就足够了。

其实每种独特的社会现象，都是一个时代的产物，好比民国时期的黑帮，成为底层人追捧向往的职业，魏晋南北朝时期的"美男风"，也是社会乱象的产物。这些产物，终究被时代遗弃，因为他们不符合社会发展的规律。

正如同我们现在许多无脑"爱豆粉"，对那些精致的"小鲜肉"趋之若鹜。如此下去，男人缺少阳刚之气，社会尽是阴柔之美，岂不糟糕？

唐朝食品管理极为严格，食物变质要立刻销毁

"民以食为天，食以安为先。"一场突如其来的疫情打乱了人们的生活节奏，也使得人们对食品安全越来越关注。其实，食品安全问题并不是现代人的专有苦恼，在古代也是一个让人头疼的难题。

当时的人们对于食物没有明确的范畴，只要是可以吃的，都称之为食物。同时也认为食品安全是人类应有的基本权利，作为一枚注重食品安全的高质量吃货，自然马虎不得。毕竟历朝历代中还有不少皇帝因为饮食问题丢了性命，普通百姓的饮食安全也就可想而知了。

那么，从周王朝到清代历经三千多年，加之科学技术又没那么发达，统治者如何保证民众们"舌尖上的安全"呢?

答案是，和现代人一样，首先从根源上解决问题——立法。从史料中我们可以查到，古代的法律对食品安全有着非常严苛的规定，和现在相比可以说是有过之而无不及，历史上第一部"食品安全法"出现在周朝。当时的周律是这么规定的："五谷不时，果实未熟，不鬻于市。"翻译过来就是：已经变质的粮食和没长熟的瓜果之类，是不能放到市场出售的。

此外，为杜绝商贩牟利而滥杀禽兽鱼鳖，周代规定："禽兽鱼鳖不中杀，不粥

于市。"(《礼记·王制第五》)即不在狩猎季节和狩猎范围的禽兽鱼鳖,不得在市场上出售。不过周王朝大都以教化为主,刑罚较少,奸商自然是很少的。

但到汉唐盛世,国家繁荣昌盛,人们商贸交易往来频繁,百姓们安居乐业,对于食物的需求就更高了。酒楼和茶馆遍地都是,在外面吃饭的人变多,可当时的保鲜条件远远不如现在,古人既没有卫生意识,也没有有效的杀菌技术,食品生产和储存过程中不可避免地会出现食品安全问题。

毕竟食材不同,加工方式亦不同,如果使用了错误的加工手法,吃下去之后必然是会对人体产生伤害的。就像我们现在不时有人喝了自己泡的酒,或吃了腌制太久的食物后,轻则洗胃,重则一命呜呼。又比如《金匮要略》记载桃子不能煮,生杏仁会伤人。《千金要方》也指出,食物放久了不能吃,所有的肉都要煮熟了再吃。

然而,在古代,人们在这一领域的知识太缺乏了,因为食用了错误的制作方法做出来的食物后失去生命的人比比皆是。而对于食物的存储古人也大都是放在阴凉通风处,减缓其变质速度,但效果可想而知,只能是短期有效,时间久了还是会变坏的。但也没有办法,在那个食物相对匮乏的年代,有得吃就已经很幸福了。因此很多贫困家庭,即使是食物变质了,但为了不浪费食物,还是经常会吃,因而食物中毒事件也频频发生。不仅如此,小商贩面对这个问题时,也会因为心疼成本,抱着侥幸心理继续出售过期食品。

为了防止有害食品流入市场,唐朝法律中明确制定了关于变质肉食品安全的法律条文,还划定了处罚标准。唐朝的食品安全法是历朝历代中最严格的,那时候食品种类不多,保鲜条件也不好,针对这个现象,唐律也做出明确规定,如果发现食物变质,必须立刻销毁,否则食物的主人就要被打上九十大板。

如果主人没有及时处理掉变质肉,被人偷吃后,一旦发生食物中毒,肉的主人也要被处罚坐牢一年。情节再严重点,把人吃死了,直接绞刑,一命抵一命!虽说唐律详细地考虑到了各种情况,罪行不同,则刑罚不同,但总体来看,仍然是通过重刑来进行压制,朝廷为直接管理者。

纵观整个唐朝,尽管政府对食品安全严格把控,没有出现大规模的群体性食品安全事件,但是因饮食而导致的食品安全问题却层出不穷。还是有人因为吃了变质的食物，命丧黄泉，这其中还涉及著名人物。

流传最广的便是"诗圣"杜甫吃了变质的牛肉身亡的故事。相传，当时郴州的地方长官听说大才子杜甫要来，就给他送去了许多酒肉，由于当时类似冰箱的储存方法还未出现，又恰逢是夏天，商家售卖的肉变质了。但由于杜甫长时间未喝酒吃肉，嘴馋心痒，不管三七二十一，大口喝酒，大口吃肉，不一会儿便中毒失去了性命，一代"诗圣"就此陨落。

不仅如此，唐律还规定，配制药物须先有处方，依方配制，说明文字也不得差误，否则大夫要被处以绞刑。那时候的大夫们开方子万万不敢如今天的医生一般，下笔龙飞凤舞，犹如天书。

同时，唐律对出售的药品质量也严格控制。但还是有不法商家，以身试法，大文豪柳宗元就曾中过招。缘起于一次柳宗元生病到大夫那问诊，大夫说他问题不大，让他自行去药店买几服茯苓，可奇怪的是柳宗元越吃病反而越严重了。

于是他打算去找"庸医"骂他一顿，但大夫很奇怪，明明自己的方子没有下错，为何病不见好？他让柳宗元把吃的药拿来看，才发现原来是药铺掌柜用老芋头冒充茯苓卖给了他。最后按照唐朝律法，这个药铺掌柜被官府判了坐牢一年，还被流放边疆，也算是罪有应得了。此事，还被柳宗元写到了《辨伏神文并序》里。

南宋的法律也继承了唐律的规定，对腐败变质食品的销售者给予严惩。同时为了加强对食品掺假、以次充好等食品质量问题的监督和管理，宋代规定从业者必须加入行会，而行会必须对商品质量负责。

由此可见，不管是在古代还是现代，食品安全问题都是政府极为重视的问题，毕竟"民以食为天"，食品确实不可以拿来开玩笑。

宋朝人的社会福利非常好，从生到死"一条龙服务"

在过去的历朝历代中，宋朝的子民大概是幸福指数最高的，因为宋朝是所有封建王朝里最为百姓考虑的一个朝代了。这一点，只要从宋朝的社会福利上就能窥见端倪。

宋朝的社会福利可谓是面面俱到，对百姓的关怀详细到令人震惊的地步。只要是大宋朝的子民，从他出生那一刻起，一直到他死后，都能享受到各种各样的社会福利。

说是从出生那一刻开始，其实并不准确，因为按照宋朝当时的福利制度，从一个人出生之前，就已经有具体的福利措施了。这项福利叫作"胎养助产"。

简单地说，就是如果一个家庭非常贫困，但是这个家庭中的女性已经怀有胎儿，那么当地的政府就会给予这个家庭一部分资金，帮助他们供养这个怀孕的妇女，并帮助她顺利生下婴儿。

这对于贫困家庭而言是雪中送炭了。因为其实不管多么贫困的家庭，只要硬撑还是可以活下去的，但如果出现了一个孕妇，那么再按照之前的方式去硬熬，就可能会出问题。过去孕妇因怀孕期间营养不良而导致难产的例子比比皆是。所以这一福利是真正利民的好福利。

至于婴儿出生之后，又会有新的福利跟上，那就是"举子仓"。

对贫困家庭来说，虽然孩子顺利出生令人欣喜，但接下来要把孩子养大仍然是个问题。如果说"胎养助产"这一福利帮助的是贫困的家庭，那么"举子仓"帮助的就是婴儿本身了。

当一个婴儿出生坠地，其实就已经是一个独立的人了。但由于其心智未全，尚需要家庭的抚养。而如果其降生的这个家庭并没有能力将其抚养长大，那么他接下来就可能会面临被遗弃甚至被饿死的命运。

"举子仓"正是为了避免这种情况而设置的。

一个人在成人之后可能会有无限可能，但是在婴儿期间，他只能任人摆布。宋朝的政府为了让新生儿能得到很好的抚养，便规定每个有婴儿的家庭可以去领取抚养婴儿的补贴，每一个婴儿能得到四贯钱的补贴。

这四贯钱对有钱人家来说是无足轻重的，但是对于连孩子都养不活的贫困家庭而言，那绝对能养活一条命。

而若是在领了补贴后，有的家庭因太过贫穷而实在无法养活孩子，仍然决定将孩子遗弃，这些孩子也仍有活下去的希望，那就是"慈幼局"。

慈幼局类似如今的福利院，专门用来收养那些被遗弃的婴孩们，让这些孩子即便被家庭抛弃了，也还是有机会被养大成人。

当一个宋朝的婴孩渐渐长大，到了需要上学读书的年纪时，迎接他们的便是新的福利，即教育方面的福利。

宋朝作为一个重视教育的朝代，在教育方面有着很多的福利，其中就包括贡士庄、学田制、广文馆等。贡士庄类似于慈善基金，它会收取来自社会爱心人士的捐赠，全部用来补贴上不起学的学生。学田制是学校自己将土地出租出去，收取的租金也用来补贴贫困学生。广文馆则是政府设立的慈善学校，专门收取贫困人家的学生，类似于如今的希望工程。

这一系列的补贴之下，即便是家庭十分贫困的孩子，只要有一颗向学的心，就能够得到很好的教育，未来完全有机会与有钱人家的孩子一同竞争，甚至封官拜相。

其实一个社会，只要教育上的福利足够完善，就相当于给了贫苦出身的孩子一条直通上层的天梯。这不仅仅造福了一些贫穷的家庭，更增加了社会人员的流动性，只有一个人人都能得到受教育机会的社会，才能真正保持活力与生命力。

当然，并不是每一个人都具备读书的能力，这个世界更多的人还是那些资质一般的普通人。这些人在成年之后，不能通过读书改变命运，也缺少钻营的头脑，最后只会成为最平凡也是数目最多的那群人，这群人在封建社会中的身份，就是农民。

对于这些农民，大宋朝仍然有福利来让他们的生活更加轻松一些。这个福利就是"常平仓"。

常平仓是一个非常人性化的福利制度。在古代，当粮食收成好的时候，因为粮食太多，价格就容易被压得很低，农民们只能苦不堪言；而在粮食收成差的时候，因粮食量少，价格升高，这时受苦的就是买粮的百姓们了。再加上一些地主在其中故意压价或者抬价，市场规律只会令贫苦家庭的百姓们苦上加苦。

常平仓的存在就类似于政府干预市场。即在粮食的市场价偏低时用高于市场价的价格向农民收取粮食，而在粮食市场价偏高时，再以低于市场价的价格向百姓们放粮。

这样一来，一方面，粮食的价格，通过常平仓的调控而变得趋于正常了，稳住了市场的经济形势；另一方面，也帮助了贫苦的百姓们渡过难关。

此外，在医疗方面，宋朝的福利也非常到位。

在宋朝时期，医疗水平已经达到了一定程度，治疗各种疾病的药物也十分齐全了。若是有人生了病，只要有足够的钱，基本上都能买到对症的药物。

可问题就在于，这些药物虽然不缺，但是也没有特别普遍，其价格对许多人来说仍是一笔不小的开支，对于一些贫苦人家来说，有些药甚至可以说是天价。

为了让贫苦人家也能抓得起药，宋朝设立了官方的药馆，名叫"官药局"。官药局提供的药材可能并没有民间的药材那么名贵，但是在治病救人的功效上却与民间药店提供的药并无太大分别。最重要的是，官药局提供的药都十分便宜，即便是贫苦人家也完全能买得起。

　　此外，为了让贫苦人家不光能抓得起药，还能看得起病，宋朝政府出面开设了许多医馆，这其中包括安乐坊、养济院、翰林医馆院、太医局，等等。病人们去这些地方看病抓药时，医馆只收取成本费。若是在疫病暴发时期，这些医馆会由政府安排，免费为民众发放相关药物，帮助大家共渡难关。

　　在这之上，宋朝还有另外一种保障体系，叫作安济坊。

　　与官药局和安乐坊这类只按最低标准收费的地方不同，安济坊是完全不收费的。只是，安济坊收取的多为无亲无故的疑难杂症患者，这里是整个大宋朝的医疗体系对最底层的保障。

　　对于老年人，宋朝同样有相应的保障措施。

　　古时候，一些贫苦家庭的老年人，因为自身已经丧失劳动能力，家里又养不起，所以可能会被抛弃，甚至还可能面临被活埋的命运。但是到了宋朝，这种情况就不会发生了，因为宋朝颁布了一个法令，名为"居养法"。

　　在居养法的保障下，所有残疾、孤寡、贫穷的老人们，都由政府出面供养。

　　宋朝当时设立了居养院，其功能就如同当下的养老院。居养院专门收留这些孤寡老人，最重要的是，政府不但不收他们一分钱，还会每天给他们发放一定的粮食和钱财，虽然不多，但足以活命。

　　居养院的环境和生活条件，在当时来说算是中上水平。老人们只要身体尚可，在这里颐养天年颇为惬意。

　　作为大宋的子民，即便是死，政府也会让你死得体体面面。

　　当然，对普通人家或有钱人家来说，本就可以死得比较体面，但对贫苦人家，或者是孤寡一人的人来说，要想死得体面可就不那么容易了。

　　为了给这些生前便无依无靠的人一个体面的身后事，大宋朝廷下令修建了漏泽园。这里专门用来收留各种无人安葬的尸体。这些尸体在下葬的过程中，会由政府安排的僧人们做法事予以超度。在下葬之后，政府还会专门雇一些寺庙的僧人时常去扫墓，让这些人即便没有家人或后人，其墓地也能保持干净整洁。

　　所以，在宋朝，一个贫苦出身的人的一生大概是这个样子的：首先，在母亲怀他的时候，原本吃不到什么有营养的食物，但是政府为母亲提供了助养金，让他在母亲的肚子里时就能摄取足够的营养用来成长；接着，在婴儿时期，政府给了他们家四贯钱，帮助他顺利成长起来；到了上学的时候，他读不起书，便去了政府建立的广文馆读书；后来他读书不行，去当了农民，丰收的季节开开心心收了粮食去卖，发现粮食价格被压得很低，但好在政府出高价收粮，也让他赚到了足够的钱；到老时，因为无家可依，就去了政府提供的居养院；最后在居养院死去的他，就被安葬在漏泽园，这里时常会有僧人前来扫墓，念着一些他听不懂的经。

　　这里才是真的可以说，一生都被安排得明明白白。

　　其实从一个社会的福利制度，就能够看出这个社会的文明程度。宋朝的福利制度以今天的眼光来看，都是十分先进的，具有十足的人文关怀。这其中的一些制度甚至有些当今的发达国家都未必能够做到。这更说明我国在宋朝时期文明就已经达到了一个非常高的程度。

古代就有法定假日，宋朝时期全年假期高达上百天

对打工族来说，最幸福的日子，莫过于放假那几天了。在现代文明之下，由于工业的发展和社会结构的系统化管理，我们的放假时间基本上都是全国统一的。除了双休日之外，还有各种大小长假，一年加起来有一百多天都可以用来休息。若是在发达国家，休息日和假期就更多一些。

当然，这些休息日和假期，也是近百年前劳动人民通过各种方式积极争取来的，如今的五一劳动节正是用来纪念工人们为自己争取足够假期的节日。

所以在享受假期的同时，有人也会感激当年那些先驱者，认为若是没有他们的不懈斗争，我们可能还过着暗无天日的日子。毕竟在我们的印象中，古时候的劳动人民可没有这么好的待遇。

我们彻底步入工业社会的时间并没有多久，而在这之前的几千年里，人们都是处于农业社会之中。与工业社会形态不同，农业社会的劳动模式更依赖天时。当天公作美时，每一天都需要出门劳作，若是天公不作美，那就不是是否有假期的问题了，而是是否还能活下去的问题。

在这样的社会结构之下，几乎很难想象人们会如今天这般拥有足够的假期。

但事实上，古时候人们的假期远比我们想象的要多得多。尤其在宋朝，全年的

法定假日已经高达上百天了。

没错，在农业社会之下的唐宋时期，就已经存在了法定假日。

这话说起来似乎有些不可思议，毕竟古时候并不能如现代一般对各种行业进行系统性的安排，若要强行休假，对很多行业来说都是并不现实的事。但实际上，古时候的社会结构远比我们想的更加复杂。比如，虽说唐宋时期仍然是以农业作为社会主体，但那时候工商业的发展已经达到了一定的规模，尤其到了宋朝，各种作坊比比皆是，大有向工业社会迈进之势。在这种社会结构之下，让更多的人在法定假日中得到充分的休息是完全有可能的。

首先，最能够贯彻执行休假制度的群体，莫过于官场了。农民们要看天时，商人们要认商机，可官员们却几乎不会受到任何外来因素的影响，只要政府要求他们上班，他们就要上，政府不做要求时，他们就可以不上。因此官员是最容易进行有规律休假的人群。

事实上，从汉代开始，官员们就已经有休假制度了。当时的规则是，官员们连续上班五天后，就能休假一天。这在古时候叫作"休沐"。

我们知道，一周七天这个制度起源于西方的基督教，他们每隔七天就要去教堂做礼拜，而那天就被称作礼拜天，其余六天则用来工作。基督教传入中国后，也在一定程度上宣扬了这种制度。只是，中国信基督教的人并不多，除了那些教徒，其余人并不会使用这种制度。

不过，不论是东方还是西方，都认可人在连续工作五六天后必须要休息一天这一事实，所以虽然东方没有做礼拜的传统，可在休息日的规定上，却与西方的礼拜制度不谋而合了。

到了唐朝，虽然并未延续之前的休沐制度，但是唐朝时期有旬休制度，也就是每个月的上中下旬各休一日。这样看起来，似乎假期比汉朝时要少了些，其实不然。因为除了旬休之外，还有许多传统节日都被添加成了假期，其中春节和冬至的假期各自都有七天，元宵清明等节日也都有休假。这样算下来，唐朝时期的政府工作人员每一年的假期已经超过了100天。

即便是今天，将所有的休息日算起来，我们每年的休息日也只是100多天，也就是说在唐朝时期生活的人们，休息日并没有比我们少多少。那个时期的人们也并未如我们想象的那般水深火热。

当然，这些休假的主体主要还是政府官员们。平常百姓仍然很难做到拥有这么多的假期。如前面所说的农民们，他们是否休假只能看天时，而不可能按照规定去休假，至于商贩们，他们只要多休一天，就会少赚一天的钱，所以他们是能不休假就不休假。

这一点其实与今日也并无太大分别。我们当下社会里，那些小商小贩也基本都是全年无休的，只有一些稍有规模的公司，在劳动法的管制下，才会按时让员工休假。虽然如今已经迈入现代化文明社会，但在社会管理上，我们仍然有可以进步的空间。

虽说古人已经有完善的法定休假，但纵观历史上的各个朝代，能媲美今日假期制度的也并不多。前面说的唐朝已经是假期非常多的朝代，能胜过唐朝的，也只有后来的宋朝。

根据记载，在宋朝，寒食、冬至都有七天的假期，而天圣节、夏至、先天节、中元节、下元节、降圣节、腊日则有三天的假期，另外，立春、人日、中和节、春分、春社、清明、上巳、天祺节、立夏、端午、天贶节、初伏、中伏、立秋、七夕、末伏、秋社、秋分、授衣、重阳、立冬，这些节日各有一天假期。

在这些日子里，所有的政府官员都是不用工作的。

有人算过，按照官方的规定，宋朝的官员们一年的休假，合起来长达113天。这其中还未包括探亲假、婚假、丧假。

也就难怪唐宋时期的书生们都想要考取功名了。毕竟一旦有了功名就能做官，只要做了官，不仅仅可以吃朝廷的俸禄，每年还能有将近小半年的时间都在带薪休假，岂不美哉？

从这些休假制度，也可以看出为何唐宋时期的文坛空前繁盛了。有才华的人都去做了官，做了官就有非常多的假期，在这些闲暇时光，自然就可以吟诗作对，为后人留下宝贵的文化遗产。

若是在一个人人都被繁重的工作压得透不过气的社会里，也就没有人能够创作出优美动人的诗章了。我们常说文化的发展从来都不是渐进式的，而是爆发式的，因为文化总是沉寂很久，又忽然涌出一大批文学家、艺术家等。其实这并非是文化本身的发展规律，任何文化的发展都依托于当时的社会环境。纵观古今中外的历史，就会发现，磅礴喷涌的文化盛宴，不过是一个正良好发展的社会的副产品。

如果说唐朝时期能够得到全部休假的主体是政府官员，那么到了宋朝，休假制度就已经扩展到了平常百姓阶层。

宋朝是一个非常重视商业发展的朝代，那个时候的社会生产关系其实已经出现资本主义制度的端倪。事实上，我国历史上有几次出现资本主义的端倪，最明显的就是在宋朝和明朝，只是后来宋朝被元朝取代，明朝又被清朝取代，之前发展起来的生产力和生产关系就被重新洗牌。这也是命运使然，最后我们直接跳过资本主义社会，而直接步入了社会主义。

虽然宋朝时期社会生产关系并没有真的成为当今西方的模式，但在当时，生产力的水平已经足够让更多的人离开农田，进入工业生产的环境。而工业与农业不同，并没有特别依赖天时地利，因此要让这些工人实现规律的假期是完全可以做到的。

因此宋朝时期便为"工人阶级"制定了休假的制度。按照当时的规定，大宋的工人们一年可以有60多天的法定休假日，其中包括了每月的旬休以及元旦和冬至等长假。并且，为了保证工人们的身体健康，在夏天，工人们每天的工作时长是其他时期的一半。在宋朝，工人们的每日工作时长为10个小时。这个规定意味着夏天里工人们每天只需要工作5个小时，也就相当于只干半天的活。

与官员们的假期比起来，工人们的假期还是少了许多。这毕竟是封建社会之下，社会有着明显的等级分层，官员们的地位始终比工人农民们高上许多。在这种工人、农民地位低下的社会里，仍然能保证工人们能够有足够的假期，已经说明这个时代较同样社会结构下的其他朝代要先进得多了。

假期多，就意味着各种娱乐活动必然会多，毕竟人们一旦放了假，就会想要游玩。因此，宋朝的休假制度，还大大刺激了娱乐行业，比如各种美食街、歌舞戏院、街头表演等。作为大宋的子民，不但在工作之外能拥有足够的假期，文化上也有许多娱乐享受，实在是再幸福不过了。

大概在当时，宋朝的人民会觉得自己正身处千百年来最好的时代了吧。可惜他们不知道，这样的日子只是昙花一现。到了元朝，人们的假日被大大缩短，所有假期加上休息日，也只有 50 多天，到了明朝，假期甚至只有 18 天。清朝同样延续着明朝的疯狂工作模式。这也就难怪，唐宋时期鼎盛的文化，到了元朝之后没落了。

人们再次拥有每年超过 100 天假期的日子，就是如今的时光了。所以当我们去了解古人的生活，细数古时候那些种种变化时，除了感慨那如梦如幻的盛世，更要珍惜当下这得来不易的美好生活。

宋朝特别流行大龄青年

在大多数人的认知里，古人十多岁接触异性，谈婚论嫁，可能 17 岁便结婚，理所应当！如今，现代人要是 17 岁谈婚论嫁不仅会被家长和学校阻拦，更是违法。

在早婚早育蔚然成风的古代，有一个朝代却独树一帜，拥有大批的大龄青年，那就是宋朝。

在宋朝，即使没有朝廷大力号召，男女也都很自觉地晚婚晚育，堪称一大历史奇观。说到底，这一切都是优秀的科举制度引领下的"及第热"导致的。赵匡胤建立宋朝以来，大概是因为当时自己的国家是兵变得来的，所以他一直防范武将，从而重文轻武，优待士大夫。

为此还出台了一个高薪养廉政策。不仅开高工资，且假期长、补贴福利优渥，偶尔还会有奖金。即使官员犯错，他们也会相互包庇，从轻处罚，千方百计保护彼此的铁饭碗，毕竟一荣俱荣，一损俱损。

据《宋史·职官志》记载：宋朝一个普通从八品县令的月薪是 15 贯，约合人民币 4500 元，年薪 5.4 万元；一个宰相的月薪 300 贯，约合人民币 9 万元，年薪超百万。除此之外，宋代官员还领取各种如禄粟、薪炭等名目繁多的津贴。

宋真宗还给宋人画了一个超大的饼，劝他们应以科考仕途为重，不必急着娶妻，很有吸引力和煽动性。

其写的《劝学诗》是这样描述的："富家不用买良田，书中自有千钟粟。安居不用架高堂，书中自有黄金屋。出门莫恨无人随，书中车马多如簇。娶妻莫恨无良媒，书中自有颜如玉。男儿欲遂平生志，五经勤向窗前读。"

用现在的话来说就是：在大宋朝，不要想那些花里胡哨的，认真学习，努力考上公务员才是王道。如果你有幸加入宋朝公务员队伍，你就会有地位和价值。有了这两样东西，吃的住的，你根本不用担心。一首《劝学诗》本来是规劝大家要好好学习，天天向上，却导致了宋朝人晚婚晚育。

就这样，为了进入仕途，宋朝掀起了读书热潮。无论是贵族子弟还是乡野村夫，都努力学习，只为考上宋朝的公务员，甚至成为了宋人一生奋斗的终极目标，"不及第不成亲"还成了一些人的誓言。

但是大宋毕竟官位有限，只有最好的才能赢。全宋朝男子都在沉迷于读书，成功考取功名的就顺理成章做了官员，没考上的又继续埋头苦读，争取来年中榜。

很多还没结婚的男性就是这样把自己拖成了大龄青年，他们还会以此为荣，毕竟考取功名是一件人生大事。男性都不愿意结婚了，那自然也影响了大宋朝的女性。

俗话说"男怕入错行，女怕嫁错郎"，既然宋朝的公务员那么吃香，那谁不想当拥有铁饭碗的公务员的夫人呢？这样的想法盛行，使得宋朝出现了一种奇特的"榜下捉婿"现象。

什么意思呢？说穿了就是女追男。在全国放榜当天，宋朝那些有权有势的官僚和有钱的地主们会一大早安排好人去蹲守，争相挑选登第士子作为自己的女婿。现场简直就是抢，抢到就赚了，坊间称之为"抓老公"。一些富人为高攀新科进士为婿，不惜重金，甚至是倒贴。

而被选中的人自然也是非常愿意的，有现成饭可以吃，意味着都不用奋斗了。从此，"榜下捉婿"就成了一些人名利双收的渠道，同时也像毒药一样麻痹了当时的男女。男的立志就算不结婚也一定要考上公务员，女的就算等到海枯石烂也要嫁公务员，这现象还真就出现了。

据记载，有位叫韩南的书生，多年苦读，终于考中进士，有人来"榜下捉婿"，他没有回绝，还写了首诗给媒人，诗曰："读尽文书一百担，老来方得一青衫。媒人却问余年纪，四十年前三十三。" 73岁了，高中进士之后，居然还那么吃香，还有人主动上门来说媒，真是"书中自有颜如玉"。

然而和考科举市场一样，进士女婿市场也是供小于求，货源奇缺，所以能抢到好女婿的也是极少数，抢到的自然欢天喜地，抢不到的怎么办呢？等呗。只要能过上吃香喝辣的好日子，多等两年也不打紧。就这样，去年等，今年等，年年都在等的宋朝姑娘，终于等出了一批"剩女"。

除了眼光高的原因外，当时婚嫁费高涨也是一部分男女会被剩下来的原因之一。随着宋代商品经济的日益发达，老百姓手中也很有钱。整个社会逐渐形成了攀比奢靡的不正之风，红白喜事都讲究排场，撑场面，许多人家为了有面子，就算是借钱也要把宴席办得风风光光，导致很多女性根本嫁不起。

现代男女婚嫁，特别是男方，需要一大笔彩礼钱，但在宋朝却是女方出嫁需要出一大笔嫁妆钱。很多人都出不起嫁妆钱，如果家里有好几个女儿，就意味要"嫁得倾家荡产"。

这样的歪风，难倒了一大批老丈人，就连宗室都无一幸免。虽说宗室有钱，但未必买得起女方的嫁妆，家里的女性出嫁，意味着需要掏空一个小宗室的钱才能行。

达官贵人也是如此，除了一些高官，其他官员都担心嫁女儿。要知道宋朝可是实行高薪养廉的，就这样都嫁不起女儿，更不用说普通老百姓了。有很多女子因为出不起嫁妆钱而选择不嫁，又不想让家里难堪，只能对外谎称自己看不上。宋朝的厚嫁之风和现代的彩礼有着很多相似性，现代一些地区也看重彩礼数量，但庆幸的是这一现象愈发的少了。

由此说来，宋人也不想成为大龄青年，而是被当时的形势所逼。男女都不想共同奋斗，只想捡现成的，但哪有那么多现成的可以捡？然而历史总是惊人的相似，大龄青年的历史又开始重演了，只不过这次的演员变了，你觉得是谁呢？

在明代当"喷子"会触犯《大明律》，最严重的可以处以死刑

自古以来，中国就是礼仪之邦，极其尊崇礼法，讲究和谐文明。历朝历代都比较讲究德行教育，与人不争、善者不辩也是德行教育的基础。饶是如此，当遇到不爽之事时，还是忍不住"口吐芬芳"，就连孔圣人不爽了都会口出"朽木不可雕也，粪土之墙不可圬也"、"老而不死是为贼"、"斗筲之人，何足算也"（"斗筲"就是指饭桶、吃货）这样骂人不带脏字的话，更别论那些没文化的人喷起来是什么情景了。

即使到了文明程度已经很高的现代社会，言语上无下限的"喷子"也是多如牛毛。关于"喷子"，正史记录在案的就有我们耳熟能详的诸葛亮、苏辙、骆宾王、魏征、海瑞等，但他们更多倾向于愤青一类的喷子，他们是喷子，他们喷得有理有据，喷得让人信服，让人无话可说；但是绝大部分的喷子是如三国时期祢衡一般的厚颜无耻之流。"乱喷"这种不文明的现象是无法杜绝的，但是在封建社会却有这么一个王朝，用特殊的方法处理了这个当代国人都处理不好的棘手问题，真是匪夷所思，这个王朝就是明朝。

明朝可以说是一个非常神奇的王朝，在中国历史上出现的八十三个王朝里它绝对算是最独特的一个，除去大家比较八卦的明朝各类奇葩皇帝，明朝在中国文明中

所发挥的作用是毋庸置疑的。纵观明朝历史，它比汉代边境更稳，它比唐代贸易更为发达，它比宋代手腕更为强硬，它比元代更为主张君臣平等，它比清代思想更为自由。不和亲、不赔款、不割地、不纳贡，天子守国门，君王死社稷，在各个领域都是英才辈出，可以说是中国历史上最有可能自发进入现代社会的一个朝代。也正是这样一个朝代，用极其特别的手段解决了各朝都不曾解决的"骂人"问题，关于"骂人"问题的解决方案被详细地写在了《大明律》里。

骂人这个问题本该属于公序良俗范围内的道德范畴，正常的也应该是由社会道德来进行调节和约束。那么为什么会被写进明朝的法律里，还是写进了类似于今天宪法地位的根本大法《大明律》里，其实也是有着深刻的历史原因的。一方面，明朝的政权是从元朝手里夺过来的，元朝是由蒙古族人建立的，在整个存续期间所受到的汉化影响并不是很大。

根据《元史》记载，元代骂人已经成为一种社会风气，甚至还出现了融合蒙古文化和汉文化的骂人语录，并且在元代时已经把埋怨咒骂别人称为"撒喷"，基本上就是现代社会"喷子"一词的源头了。在元朝汉人又是被骂的主要对象，这对于明朝开国皇帝朱元璋来说是不能忍的，因此规定了"骂詈"法，"骂詈"法也被视为驱除鞑虏，恢复汉文化的措施之一。另一方面，对于朱元璋来说，他是实打实的平民上位，在封建社会来说还是缺少了"君权神授"的正统感。为了控制舆论，让百姓更能臣服于他的统治，同时他也明白只有礼法德行教育才能真的让百姓心服口服，以他的出身经历，认为如果百姓之间一有矛盾就要通过语言辱骂来解决，就很有可能引发暴力冲突，长此以往，就有造成内乱的危险，更为严重的可能会影响社会安定，深思熟虑之后制定了《大明律》，把关于骂人的相关罪罚条例也写了进去。

《大明律》是朱元璋在总结历代法律施行的经验和教训基础上详细制定而成，同时立足于明代社会发展的现实基础，适用法律的范围涉及生活中的方方面面，是比较贴近实际生活的。仅关于"骂詈"一条，就规定了八种罪名，涵盖了一个人的所有社会关系。

第一层是广义上的骂人罪罚，《大明律》规定："凡骂人者，笞一十。互相骂者，各笞一十。"这条法律规定了所有骂人行为本身就是犯法行为，在明朝若是被人骂了，即使不动用暴力或其他方式解决，也可以凭借此条法律给予骂人者打板子的处罚；而且还要注意的是被人骂了还得忍住，你再骂回去，也是要受到同样处罚的。这里并没有限制骂者与被骂者的社会关系，这里显示了明朝骂人罪适用的广泛性。

第二层是关于骂官罪罚，《大明律》规定了两种骂官处罚，一是骂制使及本管长官，"及部民骂本属知州知县、军士骂本管指挥千户百户，若吏卒骂本部五品以上长官，杖一百，若骂六品以下长官，各减三等。骂佐贰官首领官，又各递减一等（并亲闻乃坐）"；二是佐职统属骂长官，"凡首领官及统属官骂五品以上长官，杖八十。若骂六品以下长官，减三等。佐贰官骂长官者又各减二等（并亲闻乃坐）"，这两条规定主要是调解官民和官官之间关系的，咒骂不同等级官员，处罚不同，并且多以下级骂上级有罪，显示了封建王朝的等级观念及尊卑地位。

第三层是关于家庭内部骂罪处罚，主要有四种，一是骂祖父母、父母的罪罚，《大明律》规定："凡骂祖父母、父母，及妻妾骂夫之祖父母、父母者，并绞。须亲告乃坐。"从此条法律可以看出，孙子女骂祖父母、子女骂父母及媳妇骂夫之祖父母和公婆的罪罚都是相当严重的，不管事发理由、情节轻重、结果如何，都处以绞刑，但前提条件是必须有亲属告状才能受理，基本类似于现在的自诉刑事案件。可以说这条法律是朱元璋尊崇礼法的直接体现，古人极其重视孝道，"夫孝，天之经也，地之义也，人之行也"。孝是天经地义的事，对直系尊亲属有忤逆言行，如控告或咒骂祖父母、父母是十恶中的第七恶，也就是不孝，因此这条法律其立法理念就是重视礼法孝道，维护人伦纲常。与此同时也旨在调整家庭内部关系，缓解家庭矛盾，这对于促进家庭和睦乃至社会和谐有着重要作用，朱元璋为此可谓是思虑深远。而且放到现在来看，它基本填补了家庭内部"骂人"处罚的法律空白，虽然处罚过于严苛了点。

二是骂尊长的罪罚，《大明律》规定："凡骂缌麻兄弟，笞五十；小功，杖六十；大功，杖七十；尊属各加一等。若骂兄姊者，杖一百；伯叔父母、姑、外祖父母，各加一等。并须亲告乃坐。"这条法律规定的是辱骂"五服"以内亲人所应受的处罚，其中缌麻亲指女婿对岳父、族兄弟等；小功亲指对伯叔祖、堂伯叔等；大功亲指祖父母对众孙、父母对儿媳、兄弟之间等。这条显示了明朝根据亲属关系等级及亲疏远近给予骂人者的刑罚不一样，多为笞刑、杖刑，处罚严厉程度明显低于骂祖父母和父母的罪行，此款规定旨在维护家庭宗族内部伦理秩序。

三和四都是妻妾骂夫期亲尊长和妻妾骂故夫父母，《大明律》规定："凡妻妾骂夫之期亲以下，缌麻以上尊长，与夫骂罪同。妾骂夫者，杖八十。妾骂妻者，罪亦如之。若骂妻之父母者，杖六十（并须亲告乃坐）。""凡妻妾夫亡改嫁，骂故夫之祖父母、父母者，并与骂姑舅罪同。"这款规定制定的意义与上述两条一致。

第四层是关于奴婢骂家长的，《大明律》规定："凡奴婢骂家长者，绞。骂家长之期亲及外祖父母者，杖八十、徒二年。"这条是封建社会特有的，在今天看来已经没什么实际意义了。

看完《大明律》，让人不得不感叹，在明代当"喷子"都很危险啊，即便是再气愤，也不能随便骂人。但是在明代有一类"喷子"骂人不会获罪，那就是读书人。朝廷甚至还设置了一个专门"骂人"的官职——御史，无论级别高低，权力大小，"骂人"是他们的专职。上自王公大臣，下至市井百姓，没有他们不敢"骂"的，甚至连皇帝都是他们"骂"的对象。嘉靖时期的第一清官海瑞同志就是其中的优秀代表，他骂嘉靖皇帝"嘉靖嘉靖，家家皆净"，但是通过骂皇帝，我们也能体会到海瑞的一片赤胆忠心，因此海瑞也名垂青史，万古流芳。可见在明朝，骂人之前，还是要掂量掂量自己的身份，如果只图一时之快，就很有可能祸从口出，轻则笞刑，重则坐牢甚至被判死刑，最终得不偿失。

现在看来，虽然明朝的"骂詈"罪是一款极不平等的法律，但这种刑罚在当时很有成效，通过整顿，大大减少了人与人之间、家庭与家庭之间的矛盾，社会风气也逐渐变得清朗。从现代文明角度来讲，人民有言论自由，能够顺畅地、发自内心地发表自己的观点、想法、言论，是文明社会下必须具有的权利。我们既然有幸出生在这个法律面前人人平等，民主高度发达的年代，就更要"做人先学礼"，讲究文明，传承文明。

第七篇

那些『中国之于世界』

从冰箱到星座，从信贷到石油，从化学元素的命名到载人航天的实践，让我们踏着历史的车辙印，走回去看一看古代中国的那些"敢为天下先"！

在西周时期古人就已经开凿"大冰箱"了

现代社会，冰箱对于每个家庭来说就是一件很普通的家电，炎炎夏日，从冰箱里拿出冰镇冷饮、冰镇西瓜，再配上空调、Wi-Fi，简直是一件不能再幸福的事了。冰箱的出现大大提升了现代人的夏日幸福感，但是你不知道的是，在西周时期国人就已经开凿"大冰箱"了。

无论是古代还是现代，气温始终是人类所不能控制的，冬天冷了可以加衣御寒保暖，但是夏天热了，即使脱尽衣服也不得清凉，难道夏天炎热是无解命题吗？聪明的古人告诉你，即使在炙热如火的夏日，他们也有防暑降温的好法子。相传在西周初年，正值夏天，文王是个爱热闹的大王，一天闲来无事把大臣们召集在一起饮酒看歌舞。因为天气太热，跳舞的宫女竟热晕了一个，搞得文王兴趣全无，只好撤了宴席，自己去后花园的池子里游泳了。一个大臣心里记下了这件事，心想着再热也不能热大王呀。这年冬天的时候，天很冷，雪很大，冰很厚，这个大臣望着窗外，计上心头，命人凿了好多块冰，藏在地窖里保存着。等到来年夏天，他把还未融化的冰块装进青铜做的鼎中，里面还放上了瓜果、美酒敬献给了文王。炎热夏日还能吃到如此冰凉可口的瓜果，文王大大嘉奖了这个大臣，还将该大臣的冬日藏冰之法作为一项固定的宫廷事务规定下来。

故事的真伪已经不可考证，但是有明确记载的是周朝确实设置了一个很特别的职业：凌人。他们专门负责采冰、储冰、启冰、颁冰诸事，来满足帝王的需要。据《周礼·天官·凌人》记载："凌人掌冰正，岁十有二月，令斩冰，三其凌。春始治鉴。凡外内饔之膳羞，鉴焉。凡酒浆之酒醴，亦如之。祭祀，共冰鉴。宾客，共冰。"意思就是每年的寒冬腊月，凌人都要带人到冻结的江河之上凿取天然冰，因为储存条件简陋，冰块在第二年夏天来临之前容易融化，一般要采集需用冰三倍的分量，储存在冰窖之中。到了春天就要开始检查盛冰的冰鉴。凡是宫廷中所食用的珍馐膳馐、酒品果酱和其他各种美味都必须盛放在冰鉴中以防腐保鲜。另外祭祀和宴请宾客的时候都是要用到冰鉴的。

那么冰鉴又是一种什么东西呢？在古代，鉴是指一种青铜容器，其形似大盆。关于鉴的形制及用途，东汉经学名士郑玄在他所注释的《周礼注》里写道："鉴，如甄，大口，以盛冰，置食物于中，以御温气。春而始治之，为二月将献羔而启冰。"这句话的意思就很明白了，在周朝的时候，鉴主要用于盛冰，用于存放食物以达到降温防腐保鲜的效果，可以和现代人用的冰箱相媲美了。

虽然最早的"冰箱"出现在周朝，可惜的是到目前还没有考古发现，而1978年在湖北随县出土的曾侯乙墓中的曾侯乙铜尊盘（也称曾侯乙铜鉴缶），尊高33.1厘米，口宽62厘米，盘高24厘米，宽57.6厘米，深12厘米，重170公斤，制成于春秋战国时期。铜鉴缶由方鉴和方缶两部分组成，外为方鉴内为方缶，构成了一个整体。由于方鉴和方缶之间存有较大的空隙，夏天的时候就可以将冰块置于空隙之间，在缶内装酒，盖上盖子冷藏一下，就能喝上冰镇美酒了；冬天的时候也可以将开水倒入空隙之间，盖上盖子加热一下，就能喝上温酒了，真可谓冬夏两相宜了。曾侯乙墓中的青铜冰鉴，是迄今为止发现的最早的原始"冰箱"。后来的人们又将冰鉴做了一些改造，在冰鉴上加了一些气孔，这样夏天可以释放冷气，冬天可以释放热气，具备了现代冰箱空调一体机的基本功能，不得不说这种技术即使放到今天也是很令人惊艳的。

虽然在周朝已经有了原始"冰箱"，但不是谁都能用得起的。周朝时期开采冰块是被政府垄断的，但民间是否有偷偷采冰的，我们不得而知。周王室开采的冰块除了供王室使用外，周天子也会将冰块作为珍贵的礼物赏赐给朝中重臣和身边近臣。这种"天子赐冰"的做法在后世也广为流传，《左转·昭公四年》中记载："食肉之禄，冰皆与焉。"可见不是所有当官的都能获此殊荣，只有有吃肉资格的官员才有资格获得赐冰，这也是当时夏季冰块稀缺的一种反映。

虽然夏季冰块稀缺，但是它的用途却很广泛。一是用于王室祭祀，即《周礼》中的"祭祀供冰鉴"。二是用于食物保鲜和冰镇饮品，《楚辞·招魂》里就有"但取清醇，居之冰上，然后饮之。酒寒凉，又长味，好饮也"，这就是对冰镇酒的夸赞。三是用于丧礼中的尸体防腐，但是只有王公贵族和重臣有资格使用，在《礼记·丧大记》中就有记载："君设大盘造冰焉，大夫设夷盘造冰焉，士并瓦盘无冰"，意思是为了防止尸体腐败，在国君的停尸床下放个大盘，用以盛冰；在大夫的停尸床下放个夷盘，用以盛冰；在士的停尸床下并放两只瓦盘，里边盛水而不盛冰。四是用于给室内降温，《左传·襄公·襄公二十一年》记载楚康王派薳子冯做令尹，薳子冯称病不去，当时正值夏天，薳子冯放冰然后安置床，并穿上新棉衣和皮袍，由此瞒过了楚康王派来的御医，"瘠则甚矣，而血气未动"。《吴越春秋》也曾记载："勾践之出游也，休息食室于冰厨。"这里的冰厨就是冰室，在室内藏冰，是夏季为帝王供备清凉饮食的地方，甚至也可作为临时的卧寝之所。可见当时古人已经把冰块降温用到了极致。

要想冰箱用得好，有两个环节是不容忽视的：一是取冰，二是藏冰。周朝的时候，古人还没有掌握制冰的原理，所以古代人用的冰块都是自然冰，他们不生产冰，只是自然界冰块的搬运工。如何取冰和藏冰，在当时就很关键。取冰环节主要在于时间和地点，古人取冰的时间一般是在寒冬腊月，此时冰层厚，冰质好，量也大，能够满足开采的需求；取冰的地点一般选取河湖和山谷（有水的背阴处）。

取冰之后，对藏冰技术要求也很严格，周朝时会将开采的冰藏于"凌阴"之处，《诗经·豳风·七月》中"二之日凿冰冲冲，三之日纳于凌阴"就生动描绘了古人凿取冰块、藏入冰窖的劳动情景，这里的"凌阴"也就是冰窖，一般修建于阴凉的地下。古人取冰后会先在底下铺上稻草和芦苇，然后将冰放在容器里置于上面，再覆盖稻糠、树叶等隔温材料，密封窖口，直到来年夏天开窖取冰。后来藏冰处除了"凌阴"以外，还有"凌井"，也就是冰井，在现代河南新郑、河北易县、陕西咸阳等地，都曾发现战国时期的冰井。在史料中也多有记载，《水经注·河水五》就记载了曹操所修建的冰井台，冰井台"高八丈，有屋一百四十五间。上有冰室，室内数井，深十五丈，藏冰及石墨焉"。

自古以来，我们的古圣先贤都比较敬畏自然、敬畏天地、敬畏神明，在古代冰取于自然，是天地自然的馈赠品，因此在周朝的时候就已经形成了一套比较完整的取冰、藏冰、赐冰仪式。取冰时，要在冰室内设桃木做的弓和棘做的箭，"桃"谐音"逃"，寓意逢凶化吉；"棘"有刺，是古人避邪之物。藏冰时，要用黑色的牲畜和黍祭拜司寒。司寒是水神，民间传说他所用的东西都是黑色的。赐冰时，会召集文武百官在朝廷内举行大典，完毕之后方可赐冰。形成于西周的这种仪式在后代多被沿袭，唐代诗人白居易就在《谢冰状》中说道："伏以颁冰之仪，朝廷盛典；以其非常之物，来表特异之恩。"

时间回拨到今天，自 1923 年瑞典工程师布莱顿和孟德斯发明的第一台用电动机带动压缩机工作的冰箱问世，后来又经过人类的不懈努力，成功制造出了高效节能的现代电冰箱，几乎家家都能实现冰箱自由。虽然现代科技是人类进步的阶梯，它在推进人类文明的同时，也让我们的生活变得舒适便捷，但千年之前我们的先祖藏冰于窖、用冰保鲜的先进理念和事迹，却值得我们永远地铭记和传颂。

信用贷款在先秦时期就已经产生

在当今社会，信贷业务几乎是普遍存在的现象，当有购买欲望却兜里没钱时，大部分人可能都会选择贷款消费，特别是当下的年轻人，买车买房，信贷先行，甚至只要条件具备，都能手持多张银行信用卡。据中国银行研究院发布的《全球银行业展望报告》显示，预计 2021 年个人短期消费信贷余额将同比增长约 15%，除去传统的银行信贷平台，互联网大佬们也看到了这块可口的"蛋糕"，先有蚂蚁财富，再到京东金融，当然还有其他数不尽的中小信贷平台也都纷纷进场准备分一杯羹，只要你愿意，总有一款贷款平台适合你。生活在现代，借贷是如此的方便快捷，那么你是否好奇，在古代人们没钱了该怎么办呢？事实上，也不用替古人发愁，因为信用贷款在先秦时期就已经产生。

中国能成为四大文明古国之一，得益于政治、经济、文化等多重优秀基因的传承，其中仅就经济中信贷产业的产生发展史就是当时的世界文明中首屈一指的。不同于现代人类对自然环境的利用和把控，在原始社会末期，人类受自然环境影响还是很大的，一旦碰见自然灾害连自身生存都成问题，因此各部落之间很默契地出现了物物交换或借贷的现象。最初交换和借贷的物品多是粮食、牛羊等生存物资，这种交换借贷行为以部落之间的信用为基础，且没有议定借贷利息，可以说是早期借贷行为的雏形了。

到了夏朝时，原始社会的氏族公社瓦解，开始有了私有财产，同时阶级产生，出现社会分工和贫富差距分化。商品交换的条件逐渐成熟，加上贝币等货币工具的出现，借贷行为也有了较大的发展。不过当时主要是实物和货币的借贷，并且社会中的贫困阶层向富裕阶层的个人借贷现象也比较明显。

进入商周时代，商品经济有了进一步发展，借贷方式和借贷群体都发生了变化。首先借贷方式趋于一致，由于物品种类、借贷时间、地点等多种因素的制约，很多人都已经不太喜欢实物借贷方式了，货币借贷成为主流。到了西周时期，货币不断变迁，形成了币制，这种货币由政府铸造发行，在民间很有威信力，并且易于储存，还便于出手交换其他实物，在民间广泛使用，极大地促进了借贷行业的发展。其次借贷群体范围扩大，不仅有私人之间的借贷，也出现了政府同民间的借贷。

在《周礼·地官·泉府》中就有记载："泉府掌以市之征布。敛市之不售，货之滞于民用者，以其贾买之，物楬而书之，以待不时而买者。买者各从其抵，都鄙从其主，国人郊人从其有司，然后予之。凡赊者，祭祀无过旬日，丧纪无过三月。凡民之贷者，与其有司辨而授之，以国服为之息。"主要意思就是说泉府是当时的财政金融机构，除了日常的市场税款和经济业务管理外，还承担着政府的借贷赊款等信用业务，对不同借贷情况还规定了时间，为祭祀而赊取不超过十天归还，为丧事而赊取不超过三个月归还。从"民有贷取钱物的，就同他的主管官一起辨别钱物而授给他"这条也可以看出，当时的借贷也有了担保人的影子。此外，周朝的信贷业明确了要按照国家规定的税率来收取利息，只不过刚开始的利息还是比较低的。

更为进步的是，在周朝时期，契约意识也已萌发，在借贷业务上已经有了借贷契约。《周礼》中记载"听称责以傅别"，"责"同"债"，"称责"就是借贷合同，只不过在西周的时候这种借贷契约被称为"傅别"，傅指"傅著约束于文书"，即把债的标的和双方的权利义务等写在契券上；别指"一别为而"，一般由竹子制成，分为两半，债权债务当事人各执其一。由此可见，西周之时，信贷业务操作已经比较正规了，这也为信用借贷和信用票据的普及打下了基础。

到了春秋战国时期，工商业迅速发展，货币制度更为完善，加上社会贫富差距不断拉大，借贷行为更为普遍。据《庄子·物外》记载："庄周家贫，往待于盐河侯，盐河侯曰：'诺，我得邑金，将贷子三百，可乎？'"连庄子这样的圣贤都要借钱度日，不得不说当时的民间借贷甚为流行。

比较有意思的是，不仅有民间的富者向贫者放贷，还出现过国君向百姓借贷却还不起的事情。据《晋书·食货志》记载："王赧云季，徙都西周，九鼎沦没，二南堙尽，贷于百姓，无以偿之，乃上层台以避其责，周人谓王所居'逃责台'者也。"说的是战国末年，东周末代君主周赧王姬延在楚国的游说下集合了几千人军队并联合燕、楚军队准备抗秦，但是粮草、兵器还是缺少很多，于是就想出来一个办法，向国中的富人和百姓借了一大笔钱，但最终因寡不敌众失败而归。百姓们见周王带着军队回来后，就纷纷拿着借券向周王讨债去了。周王无钱可还，只好躲到宫后的一个高台上避债，周朝人便把这个高台称为"逃债台"，这也是"债台高筑"这个成语的由来。

在这一时期，借贷人基本上没有抵押品，放贷人也是基于信用放款，但是此时放贷人是要收取利息的。到了战国时期，不仅放款取息十分普遍，而且很多都还是高利贷，据《墨子》中"各以其贾倍偿之"的描述可以得知借贷的利息已经高得和本金相同了。著名的战国四公子之一的孟尝君"邑入不足以奉客，使人出钱于薛"，就是在自己的封邑薛地放债取息，是豢养三千门客的主要经济来源。虽然有一年薛地遭遇天灾，很多人没交利息，他派人催收，仍"得息钱十万"，可见放债规模之大。

但高利贷也导致了社会财富差距极端化，富人通过高利贷敛聚巨额财富，穷人愈穷，搞得"农民解冻而耕，暴背而耨，无积粟之实"，甚至出现"行贷而食人"的事情。这使得各国君主为了维护社会稳定，必然要进行金融监管。春秋时，齐桓公向管仲求教："寡人多务，令衡籍吾国之富商蓄贾称贷家，以利吾贫萌、农夫，不失其本事。反此有道乎？"可见齐桓公想缩小贫富差距，已经派官向富商蓄贾和高利贷者征收赋税，来帮助贫民和农夫维持农事，但还是想看看有没有其他出路。因此管仲建议齐桓公派人做完民间调查后，发现齐国所有高利贷者，共放债三千万钱、三千万钟左右的粮食，借债贫民三千多家。于是提出了"鏤枝兰鼓"的办法，就是由政府（也就是齐桓公）出面，召集放高利贷的人，将国库里藏有的"枝兰鼓"花纹的美锦兑给他们，来替贫民们偿还本息，免除贫民债务。这些放高利贷的人惧于国家权威，最后只得同意。

齐桓公的做法还比较温柔，秦国是直接上法律，秦律中就有"府中公金钱，私贷用之，与盗同罪"的规定，明律禁止民间私自放贷。同时又规定，如果百姓借贷不能按期归还，就必须服役抵债。这基本就是双向禁止民众借贷，防止财富积聚在少数人手中。

从古至今，借贷行为都是一种常见的经济现象，它是社会底层人民为了生产和生活所进行的"非常规"融资活动，可以说是以不改变所有权为条件的一种社会财富再分配方式，是随着经济发展必然会出现的现象。如果规范得当，它作为一种融资方式既能便利于民，又能促进市场经济的繁荣。并且借贷行为也是禁止不了的，既然堵不住，那就要会疏解，因此对于国家来说要完善金融制度，为人民提供能存能贷的金融机构，使社会财富快捷流通，才能规避高利贷不良事件的发生。

中国僧人吃素的规定是南朝梁武帝萧衍制定的

人们对和尚的普遍印象，是饮食必须全素，半点荤腥都不可沾，但凡吃了一点肉，都算是破戒了。而人们觉得和尚们之所以如此，是因为佛教讲究慈悲为怀，全素食是为了不杀生。

但对此观点也有人时常提出疑问，既然食肉算是杀生，那么食菜食草又算不算是杀生呢？难道植物们就不算是生命了吗？如果说动物才算生命而植物不算，那算不算是将生命分成了三六九等呢？这样一来就显得十分矛盾，因为佛教素来讲究的是众生平等。

事实上，之所以会得出这样矛盾的结论，是因为人们从一开始就出现了误解。因为佛教其实从未禁止教众们食肉，全素食更是从未作过佛教的宗旨。所谓不许吃肉的规定，完全是当年南朝的梁武帝自己规定的。而这事就要从佛教的起源与传播说起。

众人皆知，佛教起源于印度，由当年印度的王子释迦牟尼所立。在印度佛教中，规定教众在饮食荤腥时只能食用三净肉。所谓的三净肉，意为食用这肉的人第一不能亲眼见到动物被杀死的场景，第二不能听见动物被杀害时发出的凄惨叫声，第三则不能让这个动物是因为自己想吃才被杀死。

这样看起来其实有些自欺欺人，既要吃肉，又不能看见动物被杀死，难道食肉的人会不知道自己口中的肉是从何而来的吗？只要不去看、不去听、不去想，难道就可以假装这件事没有发生了吗？

很显然，这并不重要，也并不需要去较真，大家只需要知道，吃肉可以，残杀小动物其实也可以，只要看不见就可以保持心灵的宁静和灵魂的纯洁。

印度的佛教起源很早，在传入中国之前已经经过了上千年的发展，这期间也出现了许多分支和不同的教义，其中的确出现了一些要求教众食素的规定，但这并非为了避免杀生，而是为了苦行。

在佛教中，"苦行"一直被视作一种修行，直到现在，印度仍然有一些以苦行为毕生追求的僧人，他们摒弃一切舒适的生活，过着常人难以想象的苦日子。而素食就成为了众多苦行方案中的一个。

没错，在印度的佛教中，食素虽然也是一种修行，但这从来都不是我们想象中的为了积德行善而做的修行，从一开始，这就是为了让自己吃苦受罪的类似于惩罚的行为。其重点也根本就不是为了爱护小动物，而是为了吃苦这件事本身，通过摒弃对食物的欲望，从而获得身体上的轻松与思想上的清明。

这一切，在佛教被传入中国之后，却发生了一些变化。

其实任何一种宗教，在被传播到任何一个地区后，都多多少少会出现些本土化现象。这也是为什么所有的规模稍大些的宗教都会出现不同的分支。毕竟每个地区的人在意的东西不同，遵从的道义也有所不同，当宗教被传入后，当地人都会依据自身的特点对其进行修正和改进。到最后，很难说究竟是宗教教化了人，还是人利用了宗教。

东汉时期，佛教被传入中国，因为佛教本身的教义与中国讲究的天人合一有所重合，所以很快在中国境内发展起来。不过那时候，佛教在中国也仅仅是一个比较有名的教派，并没有如后来那般成为中国第一大教。佛教真正在中国大行其道，与一个人的推广和发扬不无关系，这个人就是南朝的梁武帝。

梁武帝萧衍是南朝梁国的开国皇帝，作为一位开国皇帝，他可谓文武全才。作为一个文人，他熟读经史子集；作为一位将军，他在沙场上无往不胜，可以说，他的一生是绚丽而璀璨的。

而最为著名的，还是他"皇帝菩萨"的称号。

在中国早年，各个朝代都是以道教为尊的。当时的皇帝们更加信奉道教的教义，各种祭祀类的活动也多选取在道观举行，形式也完全按照道教的规则。梁武帝自小也是遵从道教，信奉的也是道教的神明。

而就在萧衍建立梁国三年后，他毅然决定改奉佛教。

那是 504 年的农历四月初八，萧衍在两万多人的见证下，在重云殿上宣读了他的《舍道事佛文》，正式宣告，从今往后，他彻底舍弃道教，成为一名佛教徒。

他一直认为，作为当时中国第一大教的道教，虽然在教义上也能教化民众，但终究难以摆脱凡俗。道教中的老子、周公等人，说到底仍然只是世间的俗人，即便他们的一生中有着许多不凡的作为，可仍不能真的成为神仙。但佛教却不同，佛教中的如来佛祖是真正的神，甚至更在神之上。既然要信奉神明，那就应当去信奉最厉害的那个。

再加上萧衍所在的年代，正是道教中各种歪风邪术盛行之时，许多所谓的道士们以道教为名为非作歹，让人不由得寄希望于一些更加高明与慈悲的神明，希望他们可以来拯救世人。

在方方面面的因素作用下，萧衍最终弃道从佛，大概对当时的萧衍来说，只有佛教才能拯救那个几乎支离破碎的年代了吧。

那天之后，萧衍将传播佛教作为了国家建设的重点之一，一时间，佛教在南朝迅速地发展起来，到了 519 年，萧衍正式在无碍殿受戒，成为了一位名副其实的"皇帝菩萨"。

在传播佛教上，萧衍可谓不遗余力。除了号召臣民们举办各种佛事和法会外，他也经常亲身上阵为民众讲法传道，更为许多佛经做了注释。甚至他还几次决定彻底出家为僧，而大臣们只能一次次以国不可以无主为名将其从寺庙中赎回。

萧衍对佛教的虔诚，不仅体现在他用心传教注经上，更体现在他对佛教的改进和修正上。

没错，虽然他将印度的佛教教义视为神旨，但他仍然决定将自身的一些理论融入其中，最终建立更符合中国特色的佛教教义。虽然他早已决定彻底放弃道教，但他仍然认为道家的一些教义可以作为借鉴，作为对佛教的修改和补充。

比如，虽然印度佛教并没有禁止教众食肉，但是萧衍在充分研习了佛教和道教以及儒家思想之后，觉得既然佛教戒杀生，直接禁止食肉才是最正确的做法。

很难说他究竟是经历了怎样的思想历程，才最后得出了这样的结论。

或许是他也很奇怪为什么戒杀和允许吃肉这两条规定可以同时存在吧。

总之，萧衍以皇帝的名义，直接在中国的佛教中加上了一条教义，即中国的和尚须戒酒肉、净口业。

对此，当时的佛教教众们必然很不高兴。

虽然萧衍凭借皇帝的地位，以一己之力将佛教发扬成为国教，但这并不意味着教众们就会接受他对教众内部的各种干涉，甚至当时他想要成为佛教中的"大僧正"也是遭到了教众极力反对的。

但不论是什么教，教众们都不得不承认的一个事实就是，不管他们信奉的神明有多么牛，到了地上，他们真正听从的人也只能是皇帝。

毕竟，违背了教义最多就是被驱逐出教，可违背了皇帝，是要被杀头的。

萧衍觉得道教的老子不过是凡夫俗子，转而供奉释迦牟尼，而萧衍自己相比于老子更是凡夫俗子，可全天下供奉释迦牟尼的僧人们真正听从的，却还是这个凡夫俗子的一纸诏令。

结果就是，连印度佛教都无法做到的事，却让萧衍做到了。从他颁布法令开始，整个南朝的和尚们都再也不能吃肉了。

南朝的和尚们不吃肉，北朝自然不能落下，否则显得北朝的佛教比较落后一样。于是，北朝的齐文宣帝也下诏禁止僧人们食酒肉。从此，中国的和尚不能吃肉喝酒，就算是一条共识了。

如今说起来，这事说有趣也有趣，说荒唐也荒唐。

有趣在于，尽管佛教发源于印度，但是到了中国之后，其行为也好，教义也好，早已经过多年的演化变得本土化，如今再看两国的僧人，其实已经有很大差别。

而荒唐则在于，这样一个影响了中国佛教上千年的教义，竟然并非来自于佛教内部，而是来自于一位皇帝的诏令。千年以来，僧人们都以信奉佛祖为信念，他们自认为自己做的每一件事都是来自于佛祖的旨意，但其实他们只是在听从一位皇帝的命令。

所以下一次，当一位僧人不小心吃到了一块肉时，或许他不应该第一时间念佛请求佛祖饶恕，而是应该对着萧衍的画像鞠一个躬，深刻反省自己的抗旨不遵吧。

国人在隋朝时期就开始玩星座了

现在的年轻人喜欢谈论星座，而这个话题几乎跟人们谈论天气一样常见。人们迷恋星座，又从来不关心星座如何诞生！

殊不知，星座可不是才从西方流传过来的新鲜玩意，早在千年前中国古人就已经开始在玩星座了。你不相信？那就一起来看看中国古人什么时候开始玩星座的。

最初，十二星座在古巴比伦时期被命名为"黄道十二宫"，曾经传入希腊，然后在西元前后，流传到印度。在 6 世纪时，十二星座随着佛经从印度来到中国。

现存最早关于星座的文献记载可以追溯到隋朝时期，当时有一位从天竺来的高僧，他带来了自己翻译的《大乘大方等日藏经》，有一段是这样写的："是九月时，射神主当；十月时，磨竭之神主当其月；十一月，水器之神主当其月；十二月，天鱼之神主当其月；正月时，特羊之神主当其月；二月时，特牛之神主当其月；是三月时，双鸟之神主当其月；四月时，蟹神主当其月；此五月时，师子之神主当其月；此六月时，天女之神主当其月；是七月时，秤量之神主当其月；八月时，蝎神主当其月。"

只不过，十二星座的叫法与现在不太一样。比如白羊叫作特羊，金牛叫作特牛，"特"字是雄性的意思。处女叫天女，双子也很好玩，大约是"在天愿为比翼鸟"的联想，所以被译为"双鸟"。至于羊身鱼尾的动物形象叫作"磨竭"，则是梵文 makara 的音译，这也是后来 88 星座中唯一保留音译的星座，就这样摩羯一开始就注定成为不平凡的星座。

除了名字有些不同，它们几乎和现在大家认知的十二星座一模一样。虽说我们现在很着迷的星座学早在隋朝就传入我国，但直到唐朝才被很多文艺青年信从，然后到宋朝才在全国流行起来。图像史料、文献记载与出土文物都可以证明宋朝的民间社会已广泛知道十二星宫，甚至达到了痴迷的程度。

谈及宋人对星座文化的痴迷程度，就不得不提北宋大文豪苏轼。大文人苏轼官运起伏得离奇，他这一生共在 14 个州县担任过职务，足迹遍布神州大地。他才情极高，诗词厨艺俱佳，但在仕途上一直不受重用。面对坎坷的仕途，苏轼却始终保有刚毅坚韧的性格，或许这与他对星座研究颇深有关，苏轼曾不止一次地感慨，之所以怀才不遇肯定是他的星座是"磨竭"造成的。

苏轼曾在《东坡志林·命分》中写道："退之（即韩愈）诗云：我生之辰，月宿直斗。乃知退之磨竭为身宫，而仆乃以磨竭为命，平生多得谤誉，殆是同病也！"大白话就是：韩愈的上升星座是摩羯座，我苏轼的太阳星座也是摩羯座，我和韩愈俩人真的好惨啊！因为都是摩羯座，所以一生受苦。看来摩羯不是什么好星座。

黑完自己还不忘黑自己的好朋友，苏轼的朋友马梦得也是摩羯座，他故意嘲弄马梦得说："马梦得与仆同岁月生，少仆八日，是岁生者，无富贵人，而仆与梦得为穷之冠；即吾二人而观之，当推梦得为首。"取笑马梦得的命理比他还要倒霉。

苏轼之所以这么喜欢黑摩羯座，是因为自己的偶像韩愈说"磨竭"不好，可见古人追起偶像来也很疯狂。韩愈在《三星行》中写道："我生之辰，月宿南斗。牛奋其角，箕张其口。牛不见服箱，斗不挹酒浆。箕独有神灵，无时停簸扬。无善名以闻，无恶声以讙。名声相乘除，得少失有馀。三星各在天，什伍东西陈。嗟汝牛与斗，汝独不能神。"从中可以看出韩愈自怨自艾的情绪，感觉自己时运不济，全都是因为摩羯座。

大概是因为苏轼影响力太大，以至于到了后期，文人们只要是觉得自己仕途坎坷，都会说自己也和韩愈苏轼一样是摩羯座。文天祥就曾暗暗流露过这样的想法："磨竭之宫星见斗，簸之扬之箕有口。昌黎安身坡立命，谤毁平生无不有。我有斗度限所经，适然天尾来临丑。虽非终身事干涉，一年贝锦纷杂糅。"

不仅如此，到了清朝的曾国藩、李鸿章都曾表示过摩羯座确实命不好。就这样，宋、元、明、清，摩羯黑出现在每一个朝代，每一个朝代都会有精神领袖站出来吐槽它。摩羯座真的是"人在家中坐，锅从天上来"，被黑得不是一般惨！直到清朝末年，足足延续了几百年。

顺便提一句，摩羯一开始的音译是摩竭，这个摩竭在中国文化中还有另外一重影响。它的形象，在隋唐时期变成了一种瑞兽，频繁出现在寺庙雕塑、器皿纹饰和墓葬雕刻上，逐渐演化出龙首、兽角、鸟翅、鲤鱼身等中国人民喜闻乐见的吉祥元素，以至于有了个文物学上的专有名词，叫作摩竭纹——即大名鼎鼎的鱼龙纹。

工作不顺，怪星座就算了，你能想象他们的军事家在打仗前用星座来预测打仗能不能赢吗？北宋有一本军事著作叫《武经总要》，被英国著名科技史学家李约瑟称作"军事技术的大百科全书"，里面记载了很多关于时间和星座的关系："春风，二月中……后三日入白羊宫，其神天魁""夏至，五月中，后六日入巨蟹宫，其神小吉"。也就是说宋朝人打仗那会儿，发起进攻前竟然要先去看看本周运势最旺、最适合打仗的是哪几个星座，甚至给最适合担任将军的几个星座列个排名榜。万万没想到，如此严谨的事情竟然这样安排，如果打仗的时候碰到霉运，那岂不是很惨？

由此可见，十二星座并不只是一个来自西方的话题，早在我国古代，智慧的人们就开始研究它了。十二星座运势预测，现代人热衷，古人也一样。

最早的盗版书竟然出现在唐朝

我们经常在地摊上会看到五元一本的盗版书，但是你可能想象不到，最早的盗版书，竟是出自唐朝。

盗版书之所以会在唐朝开始出现，很大程度上是因为雕版印刷术在唐朝被发明，并在晚唐时期大规模运用。

古代没有太多的娱乐项目，没电视，也不能刷手机，所以看书是人们生活中一件重要的事，那么这也就意味着，卖书有利可图。

在唐朝，就出现了私自印刷历书的现象。唐文宗时期的东川节度使冯宿，就曾向皇帝奏请："准敕禁断印历日版。剑南两川及淮南道，皆以版印历日鬻于市。每岁司天台未奏颁下新历，其印历已满天下，有乖敬授之道。"

其中正是说剑南两川和淮南几个地区，私自印刷历书的现象猖獗，必须要明令禁止。

因为，私自印制历书牟利事小，却事关民生。百姓种地要依历而行，一旦盗版的历书出现错误，必然会酿出大祸。

唐朝大诗人白居易也曾被盗过版权，当时他的诗名远播，很多人都仰慕他的才华。在他的诗集还没出版之前，就有人把他的诗搜集起来，在市面上销售，卖给他的粉丝。

元稹在给白居易的诗集所作的《长庆集》序中，就写道："二十年间，禁省、观寺、邮堠、墙壁之上无不书，王公、妾妇、牛童、马走之口无不道。至于缮写，模勒（模刻），炫卖于市井，或持之以交酒茗者，处处皆是。"由此可见，在当时有很多人，用手抄或者是雕版印刷在售卖白居易的诗集。

时代在发展，好的坏的都在与时俱进，盗版书行业也随之兴荣起来。

到了宋朝时期，随着商品经济和印刷术的发展，盗版活动已经不再是小打小闹了，变得越来越猖獗，甚至开始形成一定的模式。

那个时候的奸商就开始有流量、IP 思维。专门瞄准文坛大咖，谁的名声大、粉丝多，就盗版谁的作品，因为肯定会卖座。比如苏东坡其实没有出版文集，但他在世的时候就有很多地方出版了他的诗文集。

著名的理学家朱熹也曾被多次盗版，他的著作《论孟精义》就被义乌的书商看中，开始疯狂地盗版印刷。朱熹还曾在和朋友的通信中吐槽过这件事："此举殊觉可笑，然为贫谋食，不免至此，意亦可谅也。"既然不可制止，也就选择原谅。因为在当时，防盗版的确不是件易事。

但这种情况在宋朝稍有好转。宋朝有一些书商为了防止盗版，曾设计专有的商标，印在文章末尾，并且一些书中还会加上禁止盗版的说明。

宋版《东都事略》牌记上就有这样一句话"眉山程舍人宅刊行，已申上司，不许覆板"。相当于现代的防盗版法律声明。

更为神奇的是，当时竟然有盗版书流到了皇宫里，被皇上看见。有一次宋孝宗看到了一本书，是洪迈的《容斋随笔》，并赞许他写得不错。这却让洪迈大惊，因为他当时还不曾出版此书。后来，他回去查证，才发现是婺州的书商把《容斋随笔》偷偷出版售卖，又被太监采买送进宫里，就这样阴差阳错到了皇帝手中。洪迈在得到了皇帝的鼓励之后，大受鼓舞，又继续写了下去，最后成就了一部传世著作。

到了明朝，官方开始严厉打击翻印盗版，盗版书商便开始采用更高明的手法来对抗官方的打压。

他们有个更隐蔽的操作，比如把一些畅销的小说改头换面，把一本书分割成几本出版。或者把几本书合在一起，编成一本书，又或者换个作者名字。甚至，会找写手团队做山寨畅销书。操作手法非常现代化。

随着盗版的发展，官方打击力度不断提升。直到 1910 年，中国出现了第一部版权法《大清著作权律》，也正是由此，具有现代意义的版权保护观念才逐步建立。

石油是沈括在《梦溪笔谈》中命名的

当今天下，最大的财富密码应该就是石油了。一个城市如果掌握了石油资源，那就意味着这个城市将会迎来几十年的暴富，而一个国家如果掌握了石油资源，那就意味着这个国家会成为全世界所有国家的必争之地。

究其根本，还是因为石油是如今的人类社会必不可缺的能源，即便新能源的开发工作一直在进行中，可石油的地位仍然是无可替代的。

说起石油，大家总觉得这是一个很现代的东西，至少也是工业革命之后才被人们发现和使用的。诚然，石油被大规模使用，与人类发明发动机有着密切的关系，但它真正被发现和使用的时间远比工业革命早上许多。

早在我国东汉年间，人们就已经发现了石油的存在，只不过那个时候人们并没有意识到这个东西会给人类的生活带来多大的便利。当时的人们对待石油的态度，更多的是一种猎奇心理。班固曾经在《汉书》中写道，"高奴县有洧水，可燃"，说的其实就是石油。

古时候人们对物质演化缺乏科学性、系统性的研究，他们并不懂得石油的具体成因，任何大自然中出现的神奇现象，他们都可以将其理解为神迹。而一旦以神迹作解，即便多么不可思议的事情，仿佛也都变得很平常了。

不过，即便是在封建迷信占据整个文化氛围的古代，也仍然存在许多具有科学精神的学者们。他们为数不多，也并非社会主流，但他们从未停止过以科学的精神去探索这个世界的本质，虽然中国古代并不重视科学的发展，可也仍然出现了许多数学家、物理学家、化学家等人才。

北宋的沈括就是其中之一。

古时候一个人想要出人头地，最重要的就是熟读"四书""五经"，因为那时候的科举与如今的高考不同，考试内容只有一项，就是写文章，文章内容无非是些治国之道及对人生对世界的感悟之类。所以沈括虽是官宦人家出身，可从小接受的教育也是以文载道。

作为一个文人，沈括的成绩并不俗，不但在科举考试中考取了进士及第，更在后来的官场生涯中得到了王安石的提拔。不过，在他的内心中，他真正想做的从来都不是一个文人。他最大的兴趣在天地，在寰宇，在这整个世界的本质之上。

正如有的人天生就是诗人一样，沈括这样的人天生就该是一个科学家。天赋有时是一种优势，有时也是一种负担，因为一旦你有了某种天赋，那即便全世界都不希望你去做这件事，你还是会忍不住去做。沈括原本可以成为一个优秀的文人、政治家、外交官，可他还是选择将人生的绝大部分精力用在科学研究上面。

于是，其他的文士官员们都在写诗、写文、写史，而沈括，却想写一本并没有多少人会感兴趣的科普读物。

他给自己的这本书取名为《梦溪笔谈》。有趣的是，这样一本以梦为名的书籍，却是一本极其严谨的科学著作，而在古时候，许多名为书写事实的书，内容却比梦还要荒唐。

说《梦溪笔谈》严谨，是因为这里面完全是沈括的真实所见。这其中有一些是他在四处游历时见到的事物，也有一些是他曾有耳闻，但出于对科学的求实精神，他前去传闻所在之处考察得出结论之后，再予以具体和详尽的记录。

沈括在十几岁之前就读遍了家中的所有藏书，其中东汉班固所著的《汉书》自然也在其内。当沈括读到那句"洧水可燃"时，他就曾经犯过嘀咕，因为这是一种他从未接触过的东西，这世上怎么可能会有这种可以燃烧的水？

若是其他人读到那里，只会觉得这不过是神迹的显灵，多半是因为那个县的人比较虔诚，所以上天落下神迹，给予当地人一种神奇的资源，并不奇怪。而若是不信神迹的人，也会觉得这大概是当地人故弄玄虚，搞些虚假的东西吹牛。

可偏偏沈括是一个既不相信神迹，也不愿意轻易放过任何神奇现象的科研爱好者。越是不寻常，越是奇特，他就越是想要亲眼去看看。

于是，当机会出现时，沈括便只身前往班固所说的那个地方，想要一探究竟。在那里，他竟然真的见到了这种所谓的"可以燃烧的水"。

说是水，其实并不准确，因为他发现这是一种褐色的液体，当地的人称呼这种液体为"石漆""石脂"，他们已经使用这种液体作为燃料几百年了。

可惜古时候的信息传播并不像如今这样迅速，一个县的人使用了上百甚至上千年的特殊燃料，竟然没能得到全国范围的广泛传播，这在今天几乎是无法想象的。但所幸的是，有沈括这样具有考察精神的人，才没能让这样的故事被埋没。

沈括到了那里之后，又对这种液体进行了更深入的研究，他重新为这种液体命了名，于是这液体终于有了一个新的或者说正式的名字——石油。

没错，这就是石油一词的来源。许多事情，一旦追本溯源就会发现，原来我们与现代文明和科技的接触，远比我们所想象的更早一些。

沈括不但给石油命了名，更动员当地老百姓更广泛地使用石油。有这么好的能源不用，反而去砍伐树木破坏植被，那不是太可惜了吗？

如果仔细研究一下封建社会时期的各个朝代，就会发现一件十分有趣的事，那就是不论哪个朝代，上到皇室及各路官员，下到工农百姓，人们对新事物都具有一种天然的抵触。

就好像这高奴县的石油，从班固在书中记载，到沈括去实地考察，其间经历了将近千年，可对它有了解的人却仍然只局限在那一个小范围之内。在沈括之前，从未有人想过要去将其大范围推广，甚至很少有商人愿意去开采和倒卖，哪怕在沈括号召之后，石油也仍然没有真正成为当时的主要资源。

这就仿佛是，整个社会结构从上到下，人们并没有想要过得更好。

或许这也是封建社会下的科学一直难有发展的原因之一。

沈括在经过系统的考察和研究之后，最终将石油写入他的《梦溪笔谈》，他写道："鄜、延境内有石油，旧说高奴县出脂水，即此也。生于水际，沙石与泉水相杂，'惘惘'而出，土人以雉尾挹之，乃采入缶中，颇似淳漆，燃之如麻，但烟甚浓，所沾帷幕皆黑。予疑其烟可用，试扫其煤以为墨，黑光如漆，松墨不及也，遂大为之。其识文为'延川石液'者是也。此物必大行于世，自予始为之。盖石油至多，生于地中无穷，不若松木有时而竭。今齐、鲁松林尽矣，渐至太行、京西、江南，松山太半皆童矣。造煤人盖未知石烟之利也。石炭烟亦大，墨人衣。予戏为《延州》诗云：'二郎山下雪纷纷，旋卓穹庐学塞人。化尽素衣冬未老，石烟多似洛阳尘。'"

这篇文章即便放到今天，也是一篇极其严谨的科学论文。而整本《梦溪笔谈》都是以这种实事求是的精神著成的。

他在文章中写到石油从水边的沙石间流出，当地人会用野鸡尾毛将其收集进罐子。石油燃烧时会冒出浓浓黑烟，沈括将其燃烧后产生的烟煤制作成墨，并号召大量推广。

最重要的是，他意识到这石油从地下涌出，不似树木很快就会被砍伐消失，石油应当是无穷无尽的，应当大力开采，使其作为一种新的能源被广泛使用。

当然，如今我们对石油的成因虽然仍有争议，但主流一致认为石油并非取之不尽，以如今的开采和使用的速度，石油资源的枯竭并不遥远。但在沈括所在的宋朝年间，以当时对资源的利用率和人口数量而言，说石油用之不竭也并不算错。

更何况，沈括号召推广石油的时间，比西方的大航海时代还远远早了几百年，若是当时的大宋朝能够以沈括的科研探索精神为主要指导，那么我们会比西方更早进入工业革命。

这些自然是无关紧要的后话。尽管沈括有着雄心壮志，但他那本耗一生之心血完成的《梦溪笔谈》对当时来说也不过是本梦中闲谈。只不过，如今的我们除了在学习和借鉴各种西方先进科技之时，在读历史时感叹西方通过工业革命而实现科学觉醒之时，也可以读一读我们古时候的类似《梦溪笔谈》《天工开物》这一类的科技书籍。虽然这里面的许多记载对如今的我们来说已经不算新鲜，但至少可以发现，原来我们曾经也有过许多杰出的科学家，我们也曾经有过可以让科技飞速发展的可能。

朱元璋子孙的名字解决了化学元素命名难题

在人类的历史长河中，有被大浪淘去的泥沙，也有炫目璀璨的珠玉，更有一些虽为数不多，却如恒星般永恒不朽的珍宝，大明的开国皇帝朱元璋就是其中之一。

说起朱元璋，仅用"传奇"两个字来形容是远远不够的。对整个人类历史进程来说，他的生命长度不过是转瞬，但在他后世的几百年里，他所带来的影响却深远绵长。

朱元璋对后世的影响可谓方方面面，往大了说，对于社会制度的进步，经济体制的改革，文化的发展和传播等，作为一代王朝的开国皇帝，他都起到了重要的作用；往小了说，他的个人奋斗经历，军事上的运筹帷幄，都能使千万后人从中得到借鉴和鼓舞。

或许是因为他已经站在了人类社会的一个至关重要的位置上，又或许是因为他奇妙的创造力与行动力，他的一些举动和决定，连他自己都无法预料会对后世造成怎样的影响。比如，元素周期表上一些重金属元素的中文命名。

这要从朱元璋最初给子孙取名一事说起。

众所周知，朱元璋出身贫苦，旧社会底层人民在给子女取名时，往往趋向于取一些简单或者粗鄙的名字，迷信的说法就是取个贱名好养活。所以朱元璋原名叫朱重八，原因很简单，就是因为他在家中排行第八。在他之前出生的同辈兄长们则分别叫重一、重二、重三等。在他之上的父辈、祖辈，也皆是类似朱初一、朱四九这些看起来很随意的名字。

直到朱元璋后来率农民起义，为了能顺利将元朝打败，他方给自己改名为"元璋"。而随着起义军的大获全胜，元朝彻底覆灭，大明王朝建立之后，朱元璋的心态也逐渐发生了变化。他再也不是当年那个住着破败茅草屋的穷人家的孩子了，他的命运，他的地位，他的整个人生都焕然一新，他自然不愿再回到从前，而他更不允许自己的子孙后代回到他曾经的人生里。

于是，当涉及给子孙取名的问题时，他自然不会再如自己的祖辈那般，随随便便用一个出生时间，或者是出生顺序来给子孙命名。既然是帝王之后，那名字自然要有分量，要有帝王家的霸气，要区别于平民，不可落于俗套。

到这时，问题就来了。虽然朱元璋一生有着许许多多不凡的成就，但作为一个出身贫苦的帝王，他从小并没有接受足够的文化教育，不如其他帝王一样拥有深厚的文化底蕴，更不能随口吟诗作对，在取名的问题上，他也很难想到一些优雅高深的文字。又缺少足够的文化素养，又要给子孙取些具有帝王气势的名字，这就成了一道难题，不过这并没有难倒朱元璋，他用了一种最简单而又从某种意义上来说也比较"高大上"的方式，即以五行相生的方式，为子孙命名。

在旧社会一直有一种迷信的风水理论，即五行之间相生相克。五行即为金木水火土，其中金生水、水生木、木生火、火生土、土生金。以这种理论为依照，朱元璋决定今后自己的子子孙孙都以此种规律命名，比如朱元璋的儿子们的名字均为木字旁，而孙子辈的名字则均为火字旁，以此类推。

当时朱元璋对自己的决定很是满意，这既让取名这件事变得简单了起来，又不失帝王之家的身份。而他并没有意识到，这种取名的方式，其实同他父辈以排序、日期之类命名的方式在本质上并没有什么不同，而且较父辈们还多了一个弊端。

那就是汉字里以金木水火土为偏旁的文字，数目是有限的，而朱元璋的子孙，却可以世世代代绵延下去。尤其在这种妃嫔众多的帝王家族里，子孙繁衍的速度之快，规模之庞大，都是朱元璋难以料及的。随着帝王之家的开枝散叶，为他们命名的这一工作便愈发艰难起来。

　　当然，那时候这个工作已经跟朱元璋没有多大的关系了。可即便他人早已不在，他所制定的规章却是必须要遵守的，这也是开国皇帝最大的功效所在，即为整个王朝奠定宪制。任何一个朝代，只要开端立得正，便可保后世几百年安稳，所以几乎没有谁敢违背开国皇帝立下的规章，不论这规章是否与国家发展相关。

　　因此，在为帝王后代命名的问题上，只要大明朝仍在，便必须一直延续五行相生的规矩。字不够用了，就翻遍各种文学古籍，只要偏旁带上了金木水火土，不论多么生僻，都要统统用上。倘若翻遍了各种书籍，仍然再也找不到这样的字，那么硬着头皮生造也要造出这样的字来。

　　所以当研究明朝皇室家谱时，会发现一个有趣的现象：越是早期的成员，名字越正常，而时期越是靠后，名字便会越来越生僻，越来越古怪。而其中含金字旁的名字更是见所未见，诸如朱慎镭、朱同铬、朱同铌等。

　　光是看到这些名字，就可以想象得到，负责给皇室家族命名的官员当时有多痛苦和绝望。但他们永远无法得知的是，他们当时的痛苦与绝望，却在几百年后帮了中国的化学家一个大忙。

　　这大概是历史传承的最美妙之处了，几百年前一个孩子栽下的一棵小树苗，在几百年后帮助了另一个孩子躲过毒辣的太阳。

　　朱元璋去世几百年后，明朝早已不复存在，不论是中国，还是世界，都经历了翻天覆地的变化。一方面，社会制度经过了一个又一个的统治者不断破和立，总有人想保存利益，也总有人想去争取一个更美好的世界；另一方面，一些追求真理的人，不论人类社会变成什么样子，他们探索真理的脚步都从未停止。到19世纪时，人们已经能将这世上所有物质的本质，分解到原子层面了。

　　而在1869年，化学界发生了一个堪称里程碑的事件，即来自俄国的化学家门捷列夫编写了元素周期表。如今，这个表已经成为了基础教育的一部分，是每个学生都需掌握的基本知识，但在那时，门捷列夫的这一创举，等于是将人们原本对这个世界的模糊认识，变得彻底清晰起来，从此世间万物都变得有迹可循。

　　众所周知，那时候的中国正处于风雨飘摇的年代，但正如几千年来的惯例，不论社会形态如何，追求真理的人却始终在前行。就在门捷列夫编写出元素周期表后，当时著名的科学家徐寿便很快投入到对元素周期表的翻译工作中。

这工作并不容易，因为翻译讲究信达雅，即便只是对每一个独立元素重新以中文命名，徐寿仍然要根据每一种元素的特质来将其归类命名，比如气体类元素都以气字为偏旁，而金属类元素便都以金字旁命名。众所周知，元素周期表到了后面，便全都是稀有的重金属元素，要给这些元素以中文命名，便不适合用太平常的汉字。

金字旁的汉字本就有限，其中的生僻字则更是少之又少，徐寿也是万万没想到，他的翻译生涯里遇到的最大障碍，竟然是字不够用。

也是皇天不负有心人，就在徐寿一筹莫展之时，在因缘际会下，他忽然留意到了朱元璋的子孙。不能不说，朱元璋作为一代开国皇帝，他不但为明朝奠定了一个非常好的基础，在开枝散叶上也功勋卓著。大明王朝有300多年，而就在这300多年内，朱元璋的子孙加起来，竟然有5000多人！当然，这并不是徐寿留意的重点，他所在意的重点是，在朱家子孙的名字中，竟然有那么多金字旁的字！

他的难题瞬间迎刃而解，原本他只是想要找一些生僻的金字旁的字，却没想到朱家子孙的名字竟可以如此生僻。结果，他毫不费力地为元素周期表上那些金属元素赋予了人们从未见过的汉字名称。

这就造成了一个非常有趣的现象，那就是诸如"钠、镭"这些字都是"Na、Ra"等元素专用的汉字，甚至在字典里，这些字的释义都只有一个，就是它们所代表的金属元素，可若翻开《明史》，就会发现这些字竟然都在朱家子孙的名字里，比如朱在钠、朱慎镭等。这现象令人不由得产生了一种穿越感，这些人并不应该存在于过去，仿佛更应该存在于未来。

当然，在了解了前因后果之后，这便也只是一件趣谈而已。

所以，谁又能说逝去的已然逝去？谁又能说历史不过是虚无？几百年前的官员们为了给皇子们命名绞尽了脑汁，这脑汁却为几百年后负责发展科学的人员解决了难题，这难道不正是独属于人类文明的极致浪漫吗？

牙刷是明孝宗朱祐樘发明的

我们每个人清晨起床的第一件事，就是刷牙。但你可曾想过，牙刷是谁发明的？

这个问题可能会难住很多人，但它的答案一定会让很多人大为吃惊。因为它的发明者是一位皇帝——明孝宗朱祐樘。

英国 2004 年出版的《发明大全》中列举了影响人类的 300 项伟大的发明，其中明确指出，牙刷的发明者正是明朝皇帝朱祐樘，时间为 1498 年。当时他制作牙刷所用的材料是兽骨和野猪鬃毛。美国牙科医学会和美国牙科博物馆等相关资料也对此进行了记载。

牙刷这项发明不断传承发展，成为了每个人的生活必需品，不得不说，这位明朝皇帝朱祐樘，值得拥有掌声。

深扒历史，你会发现明孝宗朱祐樘不仅有着卓越的创造力，而且勤政爱民，感情专一，堪称完美皇帝。

他虽然拥有完美的人格，但是他的皇权之路走得并不通畅，而且充满了坎坷。他历经波折，登上皇位，而后，他没有沉迷于享乐，而是用毕生的精力去扭转腐败的朝政。他每天早朝必到，而且重开了午朝，使得大臣有更多的机会协助皇帝办理政务。他革去贪腐的官员，任用贤能，躬行节俭，勤于政事，重视司法。在他的努力之下，明朝的历史才出现了短暂的和平时期，百姓安居乐业，经济繁荣发展。史称"弘治中兴"。

晚明学者朱国桢曾说："三代以下，称贤主者，汉文帝、宋仁宗与我明之孝宗皇帝。"

此外，明孝宗还有一点令人称道的是，在封建的古代社会，作为一个拥有至高无上权力的皇帝，他对感情却尤为专一。

历朝历代的皇帝都是"三宫六院"，寻常人家也有个三妻四妾，但是明孝宗却倡导"一夫一妻"，并身体力行，一生只爱张皇后一人。像寻常夫妻一样，与张皇后一同起居，过着幸福的日子。在古代的帝王中，堪称一股清流。

可遗憾的是，他在这个世界停留得太过短暂。

1505 年，朱祐樘驾崩，他去世的时候，仅仅三十六岁。

在他去世之后，他那个被宠坏的儿子朱厚照没有继承他的优点，反而走向了另一个极端：称帝后任情恣性，荒淫无度，宠信宦官，使得大权旁落。此后，大明王朝国力一落千丈，滑向了崩溃的深渊。

但人们不会忘记，历史上的大明朝，曾有过一段兴盛安乐的好时光，它的缔造者名叫朱祐樘。

我国明朝出现了第一个想到利用火箭飞天并付诸实践的人

所有伟大的开端都源于不可思议的构想和实践。文明，也总是在这种对未知的茫然探索中诞生。

当今时代，我国载人航天火箭多次成功发射，已经处于世界领先水平。人们正在靠着科技的力量，探索宇宙，反哺社会，让社会发展越来越快，让生活越来越好。

虽然火箭是现代科技文明的产物，但其实从古代开始，先人就已经开始了对宇宙的探索。

火箭一词最早出现在三国时期。它指的是将火把装在箭中，然后发射出去。其实也就是带火的箭，但这并不是我们现代意义上的火箭，并且也和航天没有半点关系。真正的火箭，要从火药开始说起。

隋唐时期发明了火药，唐末火药开始用于战争，到了北宋年间出现了人类历史上最早最原始的"火药箭"。而明朝时期，人们对火药的使用，又更前进了一步。我国就出现了第一位想利用火箭飞天，并付诸实践的人，这也成为了我国对航天事业探索的开端。这个人是明朝的万户陶成道。

据说，陶成道是浙江婺城陶家书院山长，敢想敢干，爱钻研。他对制作兵器火器很有研究，经过多方钻研，琢磨出了一些门道。后来朱元璋在攻下婺洲的时候，陶成道率领自己的子弟前来投靠，又献上了自己所研制的火器技术，使朱元璋在与敌军对战中获得了较大的助力。陶成道也因此被朱元璋封赏为"万户"，从此人们便称陶成道万户。

《苍溪陶氏世系表》对此曾作了如下记载："第一四六世陶成道，俊美子，在元名广义，在明名成道，字思温，又字焦玉，号东宁伯，又号火器神，元至大元年正月初六日生，有文武名，于金华府城（婺城）事陶家书院，任山长，先娶宋太祖次子德昭之第十一代孙赵孟本之女媛贞为妻，其妻为福建江西行枢密院都事陶煜妻之饱妹，早年亡，次娶彭城刘氏为妻，三娶张氏，至正十八年太祖下婺州，府城人望见城西有五色云如车盖，以为异，纷纷报与成道，成道与子景初前往探望，方知是太祖军到，遂领三百弟子从太祖，献火器神功技，以咨议军器用，明洪武时以才累官兵部侍郎，以祖传用军策裔孙，自着火器神留名。"

万户有一个好友班背，他非常看重万户的才华，所以向朝廷举荐，把他推荐到了兵器局，两人志同道合，成为了要好的朋友。

然而班背性格耿直，得罪了朝中权贵，后来被罢免了官职，并且被人关押在一个山谷里。万户得知自己的好友被幽禁之后心急如焚，于是想要利用自己的发明专长，造一只飞鸟，飞入山谷之中，将好友解救出来。可是万户的飞鸟还没有造成，班背就已经被人杀害。

世俗的勾心斗角让万户感到深深的疲惫，有一天夜晚他在自家庭院看到了天空中皎洁的月光，对纯净月球充满了无限向往。

在产生了这个想法之后，万户开始细心地研究做火箭的技术。他完善和改造了自己的飞鸟图纸，使之变成火箭的构造，为自己飞上天空做准备。

经过一段时间的钻研和制造后，万户在众人的瞩目之下，带上自己所有的装备来到了一座高山上。

相信当时的人们看待万户的眼光一定是充满质疑的，这样一个超越时代的先行者，在生产力并不发达的社会，无异于异类。

他是一个有些疯狂的理想主义者，但人们只看到了疯子。

万户还是毅然决然地点燃了自己的火箭，他并不需要被人理解，也的确没有人能理解。

为理想付诸实践，他赌上了自己的一切，哪怕献出自己的生命。

遗憾的是这次飞行最终失败，万户也因此丧命。

也许，在那个时代，他身后受到了种种非议，成了人们茶余饭后的谈资，收获的也只有几声唏嘘而已。但他的行为，在几百年后，震荡了整个世界。

他使中国成为了火箭发明的源头，后世的人们，沿着他的狂想，成功研制出可以载人的航天火箭，并利用先进的技术不断探索浩瀚宇宙的秘密。

美国有一位火箭学家，名字叫赫伯特·S.基姆，1945年，他出版了一本名叫《火箭和喷气发动机》的书，就对"万户飞天"事件进行了相关记载："14世纪末，在中国，有一个叫万户的人，他在椅子的背后，装上当时能买到的最大的47枚火箭。然后手里各拿着一只风筝，想借助火箭向上推进的力量，加上风筝上升的力量飞向上方。"

苏联的火箭学家费奥多西耶夫和西亚列夫评价，中国人不仅是火箭的发明者，也是"首先企图利用火箭将人载到空中去的幻想者"。

万户飞天失败了，但也成功了。他的创举，也在人类航天史上得到了认可。

为了纪念万户的突出贡献，在20世纪70年代，国际天文联合会将月球上的一座山命名为"万户山"，这个明朝时期的"疯子"，终于到达了月球，还拥有了一座山头。他的名字，将被万世铭记，他是中国明代的万户。

《资本论》中提到的唯一一位中国人

　　2018 年 5 月，习近平总书记在纪念马克思诞辰 200 周年大会的讲话中指出："1867 年问世的《资本论》是马克思主义最厚重、最丰富的著作，被誉为'工人阶级的圣经'。"毫无疑问，《资本论》可以称为马克思主义政治经济学中最为经典的著作，在长达一个半世纪的漫长人类历程中，它经受住了时间和实践的检验，闪耀着真理和智慧的光芒。

　　马克思在《资本论》中揭示了经济危机爆发的根本原因在于生产的社会化和资本主义私人占有制之间的矛盾，由于资本家私人占有生产资料，盲目提高生产力和扩大生产规模，破坏了生产与消费之间的平衡。同时在这本书中马克思也明确指出："经济危机的实质是生产的相对过剩，即社会生产的产品相对于劳动人民的购买力或支付能力的需求而出现的过剩，它反映了危机的最基本的现象和特征。"资本主义生产相对过剩和有效需求相对不足是始终伴随着资本主义发展的矛盾。因此，只要资本主义存在，经济危机就不可避免，这就决定了经济危机的周期性爆发。现实中也确实每隔十年左右就会或大或小地爆发一次经济危机，这也使得马克思所著的《资本论》一次又一次被世人所追捧。

　　《资本论》这本辉煌巨著对资本主义本质和趋势进行了深刻揭示，也全面地剖析了当代资本主义面临的系统性、制度性危机，表明资本主义无法解决自身的矛盾，它是解决当代人类文明困境的强大思想武器。它在人类社会中起到的思想引领作用，可以与达尔文的《进化论》相媲美。这部不朽之作涉及领域包含经济、政治、哲学、历史等，其中还援引大量实例及众多世界各地杰出人物的观点。据不完全统计，书中所涉及人物共有六百八十余位，不过仅有一位中国人名列其中，他叫王茂荫。

王茂荫何许人也？能让马克思将其写入《资本论》中，绝非等闲之辈。

王茂荫（1798—1865），清朝货币理论家、财政学家，安徽省徽州府歙县人。清道光十二年（1832）进士，历任户部主事、御史、户部右侍郎、左副都御史、工部侍郎、吏部右侍郎等职务。

道光十二年，王茂荫中进士，不久被清廷授予户部主事，升任员外郎，次年到京城任职。清代的户部执掌管理着全国赋税、俸饷、财政等事宜，此外掌铸钱的钱法堂及宝泉局也都隶属于户部。在户部任职期间，王茂荫对当时的清朝财政情况有着自己独到的见解，在主管钱法堂事务过程中，对币制改革一直非常关注，针对当时不同的社会财政状况，提出了一些切实可行的货币理论和财政学观点，并主持了财政改革，一直致力于缓解晚清财政危机。

虽然道光十二年王茂荫就已进入官场，但他的官阶却一直停滞不前。道光十六年王茂荫祖母八十寿辰，王茂荫请假回家；道光二十年父亲去世，王茂荫回乡为父守丧；道光二十三年王茂荫在家为先祖母守丧，三年后服满回朝时，朝中局势已大变。宣宗（道光帝）已死，文宗（咸丰帝）继位，之后接连发生了太平天国起义和西方列强侵华事件，鸦片也大量流入中国。特别是鸦片战争之后，白银外流严重，银价日高，银贵钱贱，清政府财政吃紧。为解决财政危机，当时的财政官员们提出了两种方案，一个是铸大钱，一个是行钞法。铸大钱顾名思义就是铸造大额面值的货币，这是当时清廷权贵集团的主要主张。但王茂荫基于对经济、货币规律的深刻理解，看出了铸大钱和无限制发行不兑换纸币会造成通货膨胀，于是他潜心研究后，在咸丰元年（1851）九月，向咸丰皇帝上了《条议钞法折》，成为行钞法的主要主张者。

　　王茂荫的《条议钞法折》主要内容可以概括为三方面：一是发行纸币（行钞）只应是用来"辅银"，"而非舍银而从钞"，认为纸币和银币应同时流通。二是行钞应该做到"行之以渐，限之以制"，"定数"发行，也就是发行的纸币要有限额，以防无限制发行造成通货膨胀。三是钞币必须能够兑现，主张朝廷应"准许人民持钞捐官，或缴纳钱粮，或持钞到银号兑取现银，以坚民爱钞用钞之心"。当然在奏折中他也提到了行钞有十弊，但与铸大钱相比，"两利取重，两害取轻"。

　　当时的咸丰帝急于填补国库空虚，并没有采纳王茂荫的建议，而是采取了铸大钱的办法。1853 年 8 月户部开始铸造"当十""当五十"的大钱，物价开始飞涨。针对铸大钱所造成的恶果，11 月王茂荫给咸丰皇帝上了《论行大钱折》，一针见血地指出"纸币虽无价值，但若能兑换并'定数'发行，它就能代表一定的实际价值；而大钱本身虽有一定的价值，但因它不足值，因此它的面值也是虚的。并且官府虽然能制定钱的价值，却改变不了物的价值，这样不限量地发行，只能使物价踊贵"。1854 年正月，王茂荫又上《再论铸大钱折》，进一步论证铸大钱必然会造成"物价腾踊，商民恐慌，群疑朝廷为不可信"。可惜这一次的主张依旧未被咸丰帝重视和采纳，同年 3 月咸丰又准铸"当百""当五百"以至"当千"的大钱，这种利用增大币面价值来解决财政危机的手段严重违反了经济规律，最终导致通货膨胀愈演愈烈，民不聊生。

　　与此同时，王茂荫继续给咸丰帝上了《再议钞法折》，主要内容包括四项建议：其一，允许钱钞兑换现钱；其二，允许银票兑换现银；其三，允许各商店用钞换银；其四，允许典（当）铺款项出入搭用钞币。由此可以看出，在王茂荫眼里，此时的清政府已经腐败不堪不能取信于民了，王茂荫只能想办法利用在民间信誉较高的银号和商人的力量来推行货币改革。

　　如果说《条议钞法折》的主要目的是避免通货膨胀，那么《再议钞法折》则主要是为缓解已经发生的严重通货膨胀。王茂荫所提的建议可以说是当时比较切实可行的拯救清政府财政危机的有效措施了，可惜咸丰帝看后大为不满，认为王茂荫所言是"贵民而贱官，不以国家政事为重"，加上户部和军机大臣也给他扣上了"不关心国事"的帽子，由此咸丰将王茂荫调离户部，任兵部右侍郎。王茂荫主理财政货币的职业生涯至此基本结束。不过王茂荫所指出的大钱制的流弊和导致的必然后果，随后不久就被事实证明了，所铸的"当五百""当千"大钱，还不到五个月就不能流通了，到了1861年11月清廷宣布停铸一切大钱。

王茂荫所提出的货币政策及改革方案虽然"生不逢时"，但幸运的是被当时俄国驻北京布道团的传教士巴拉第写进《内阁关于纸币的奏折》，并被收录在《帝俄驻北京布道团人员论著集刊》中。1858年德国人卡尔·阿伯尔和弗·阿·梅克伦堡将其更名为《帝俄驻北京公使馆关于中国的著述》，在德国翻译出版。后来马克思在研究政治经济学的过程中，注意到了王茂荫的一系列货币观点，因此在《资本论》第一卷第一篇第三章，马克思讲到铸币、价值符号、从金属货币流通中产生出强制流通的国家纸币等内容时，将王茂荫的思想写进了一个编号为83的附注中：

> 清朝户部右侍郎王茂荫向天子上了一个奏折，主张暗将官票、宝钞改为可兑现的钞票。在1854年4月的大臣审议报告中，他受到严厉申斥。他是否因此受到笞刑，不得而知……（译文）

自此王茂荫也成为了《资本论》里唯一出现的中国人，虽然他的官职放到今天来看仅是一位"副部级"干部。

在《资本论》同一章中，马克思说："如果纸币以金银命名，这就说明它应该能换成它所代表的金银的数量，不管它在法律上是否可以兑现。一旦纸币不再是这样，它就会贬值。"这和当初王茂荫的货币观点，十分相似。难能可贵的是，王茂荫货币思想的形成时间早于西方货币理论和制度引进中国的时间，他的货币观点及钞币发行方案在继承中国传统货币思想的基础上，更有独到见解及创新，可以说是我国古代经济思想的宝贵遗产，因而也被学术界评价为"我国封建社会货币理论的最高成就"。

即使在思想封闭落后的清王朝，依旧能出现王茂荫这样先进的经济理论家，可见我们必须要有文化自信，历史前行的每一步，都需要精神的滋养，在实践中不断探索真知，把握"古为今用，推陈出新"的原则，继承和创新中国传统文化的优秀基因。

光绪年间，我国就设计出了自己的第一艘飞艇

当一种极具现代化特征的飞艇，与清王朝碰撞，相信一定会让很多人产生一种强烈的穿越感。但这就是真真正正发生的历史。

那么，设计出第一艘飞艇的人究竟是何方神圣？莫非真的是从现代社会穿越过去的？因为，在普遍的印象中，我国在清王朝时期是远远落后于西方国家的。

这位设计者的名字叫谢缵（zuǎn）泰。

相信知道他的人寥寥无几。

但你一定了解他的另外一个作品——漫画《时局图》。这幅作品就出现在我们近代史的课文中，它把 19 世纪末中国被帝国主义列强瓜分的情境表现得淋漓尽致。图中熊代表俄罗斯，犬代表英国，蛤蟆代表法国，鹰（即鹞）代表美国，太阳代表日本，香肠代表德国。在各色列强的瓜分下，曾经强盛的东方大国已经沦为半封建半殖民地国家。

这幅作品最早于 1898 年在香港刊出，而这幅漫画在刊发之后，也大大地激起了广大仁人志士的爱国热情。

谢缵泰出生在澳洲，祖籍是广东。其父是澳洲中华独立党领袖之一，母亲是旅居澳洲的中国第一位妇女。在他 16 岁时，随着家人迁居中国香港，就读于皇家学院。

谢缵泰从小到大一直都受到良好的教育，虽然他出生在国外，但在父亲的影响下，拥有着强烈的爱国热情，一直以推翻清政府、复兴中华为己任。而他复兴中华的核心，是科技。

在香港，他以优异的成绩考上皇仁书院的机械工程专业。谢缵泰原本对此兴趣浓厚，所以在学习期间，更是格外用功，每次考试成绩都非常优异，是个十足的学霸。

19世纪末，一股强烈的"飞艇热"席卷世界各国。这样的风潮同样也点燃了谢缵泰的热情。因为飞艇对于一个国家的军事力量，会起到非常重要的作用。尤其是1885年，在中法战争中，法国通过施放气球来组织军队攻防，战胜了清军，也预示着飞行器对于军事的重要作用。

1894年，中日甲午战争爆发，在日军的疯狂进攻下，清军连连溃败。整个社会在列强的瓜分下，变得破败不堪。

落后就要挨打，在空前严峻的民族危机下，谢缵泰渴望做点什么。

于是，在兴趣和强烈的爱国热情的双重驱使之下，他开始研究起了飞艇。希望通过设计飞艇，来提升我国军队的战备力量。

经过5年的深入研究，谢缵泰终于完成了飞艇的设计蓝图，同时也逐一列出了生产制造飞艇的材料以及使用说明等。谢缵泰设计的飞艇在当时是非常先进的，其结构极为精巧。

在精心地准备好这一切后，谢缵泰满怀希冀地带着这些材料，来到北京，将它呈报给了清政府，期望清政府能够着手建造飞艇。

但是，清政府并没有成全这颗拳拳的爱国之心，将他的心血搁置一旁。谢缵泰并没有放弃，接连几次上书，向清政府表明飞艇对于建立军事力量有着重要作用。可现实是残酷的，在那个动荡的年代，他的声音太过微弱，清政府对此没有足够的重视，也没有投入力量对飞艇进行研发。

从蓝图到现实，只差一步。就在谢缵泰以为自己的飞艇可能永远无法飞入现实的时候，他结识了一位友人墨克西。墨克西是位英国飞艇的研究爱好者，他也曾将大把的时间和热情投入到飞艇的设计研究中，却一直没有成功。而他看到了谢缵泰的图纸之后，大为惊叹，决定资助谢缵泰，实现他们共同的飞艇梦。飞艇的支架是由铝合金打造的，电动机作动力，螺旋桨作为推进器。在经过一段时期的打造之后，一艘新型飞艇诞生了。谢缵泰将其命名为“中国号”，并在飞艇上写上了硕大的“CHINA”，飞艇上悬挂着中国黄龙国旗，以此宣示中国的科技力量。

“中国号”飞艇的试飞成功，在当时引起了一阵轰动，据说，这艘飞艇的时速可以达到97—150千米。当时包括《泰晤士报》《纽约时报》《申报》等国内外知名媒体都纷纷对此作了报道。

但是，在当时复杂的社会情况下，中国的飞艇始终没有实现量产，之后，随着飞机的诞生和应用，飞艇也渐渐地退出了军事舞台。但其历史地位，不容忽视。

清政府废止科举的那年，爱因斯坦提出狭义相对论

不可思议，这两件感觉相差甚远的事情，竟然同时发生了。

1905 年，清朝废除科举制度。

同年，爱因斯坦创立相对论。

古老的科举制度和超前的相对论，一个是对过去的终结，一个是对未来的启迪，看起来的确不是同一个时代的，偏偏就同时发生了。

科举考试是中国历史上一种十分重要的官员选拔制度。它创始于隋，确立于唐，完备于宋，延续至元明清，前后历经一千三百年之久。科举本身就是为了选拔人才，科举考试在相当程度上体现了公平竞争、择优录取的原则，是为官场注入新鲜血液而存在的。

其初衷是好的，但能考上的人大都只是苦读经史诗文，在行政管理乃至实际生活中都没有什么用处，更不要说促进近代工业化社会的发展了。到了清代科举制度已彻底沦为禁锢士人思想的一具枷锁。

晚清时期，西方的坚船利炮让清政府彻底明白了自己与世界的差距，清政府开始反思自己的不足。他们认为战争的失败主要是因为武器装备落后，技术人才匮乏，以及缺乏外交人才，没有及时吸收到先进的知识。无奈之下，慈禧不得不重用

洋务派人员，以富国强兵为目标开展洋务运动，把改革科举考试，提倡西学作为洋务运动的一部分。尽管如此，改革科举制度，还是困难重重，保守派与维新派各执一词，始终不能推进。

光绪二十六年（1900），八国联军大举侵华，攻占北京，清政府到了崩溃边缘。为了重拾人心，清政府不得不实施所谓"新政"，其中包括对科举制度的改革，采用"戊戌变法"的一些措施，进行"变通式"的改革，将科学和新式学堂合二为一，逐步减少科举名额，逐渐废除科举制度。

但他们觉醒得太晚了，时间已经不允许清政府慢慢推进。此时已来到1905年，当时已经很有影响的直隶总督袁世凯、盛京将军赵尔巽、湖广总督张之洞、两江总督周馥、两广总督岑春煊、湖南巡抚端方等人联名上奏，改变之前"逐渐减少科举名额，实行过渡之法"的主张，请求"立停科举，以广学校"。迫于他们的强烈施压，清政府终于不再坚持，也无力坚持，无法与时俱进的科举制度终于完成了改革的最后一步：废止。

废除科举制度可以说是清政府想要翻身的一个标志。当时清政府的种种行为，把社会的不满情绪推到了顶点，虽然将科举制度取消，也已无法挽回当时衰落的局势。

不过科举制度并不是加速清朝灭亡的主要原因。时间感是一种很诡异的东西。与被封建制度、封建意识阻碍了科学思想生长的中国相比，1905年西方在科学研究上迎来了新纪元。这一年爱因斯坦横空出世，连续发表了5篇划时代的论文，一举奠定了其20世纪最伟大物理学家的地位。他提出的狭义相对论和广义相对论极大地改变了人类对宇宙和自然的"常识性"观念，可以说为科学发展做出了划时代的贡献。

这一年因此也被称为"爱因斯坦奇迹年"。

有没有突然愣住的感觉？其实这也不奇怪。因为虽然大家都学过历史，但是中国史和欧美史是分开来的两条线，要么是学中国历史，要么是学欧美历史，横向对比非常少。

　　然而历史就是这么奇妙，听起来完全不是一个年代的事情，竟然是在同一年发生的。站在世界文明发展的角度看，科举制是中华文明的伟大产物，虽然影响深远，但不与时俱进，所以在东西方文明冲突的历史环境下，被废止是必然的结果。

第八篇

那些你不知道的事

　　真假与否皆莫判，荒唐怎知是笑谈？古来山川皆可变，唯有清辉照人间。

　　坐卧笑看古人事，立行引鉴正衣冠。乾坤轮转勿轻看，尽数风流一世间。

秦始皇灭掉六国统一中国时其实还剩一个国家

提到大秦的威名，我们著名的文豪李白都忍不住感叹："秦王扫六合，虎视何雄哉！"

秦始皇横扫六国一统天下，开创千古丰功伟绩，这似乎已经成为一个广泛共识。但是当你翻开史书，细细地研读，会发现一些意料之外的真相。

秦灭六国，一统天下。这是共识，却并不是事实。

严格意义上讲，秦灭六国并不等同于统一中国，因为在当时，还有一个国家得以留存，这个国家就是卫国。

《资治通鉴》就曾记载："六国已亡，卫国犹存。"一直到秦二世的时候，卫国国君才被废为庶人，卫国才算得上是真正意义上的灭亡。

这是一个极其容易被人忽视的历史碎片，因为卫国实在是太弱小，小到秦国可以不费吹灰之力就能把它从中国的版图上抹掉。

正所谓"木秀于林风必摧之"，越是强大，越容易被当作目标。反而那些毫无存在感的小草能沐浴疾风骤雨。

春秋战国时期，人们津津乐道的历史故事都是春秋五霸、战国七雄。各国诸侯在时代的囚笼里，为了权力厮杀，演绎着兴亡故事。先是三家分晋，又是田氏代齐，又逐步形成战国七雄的格局。但在这个过程中，卫国一直都是以一个配角的形象出现，是周朝的姬姓诸侯国，为周武王姬发弟弟康叔的后裔。

卫国自立国起，先后共计907年，传41君。在那个战争和厮杀不断的乱世，它以弱小的身躯在夹缝中生存下来，成为众多姬姓诸侯国中最后灭亡的国家。

卫国的命很长，或许正是因为它的弱小。

其实早在春秋初期，卫国实力不俗，甚至在周平王东迁时，卫武公曾出兵助周平戎，一度强盛，成为诸侯国中的主力军，和郑国一样，在中原占据重要地位。但是，随着时代发展，齐国、楚国、秦国、晋国等大国不断崛起，而在这个过程中卫国和郑国夹在大国之间，不断被蚕食，喂养了强国。

尤其是在春秋晚期，其他诸侯国都在忙着增强国力搞改革，开疆拓土，而卫国内部却君臣不和，陷入严重内耗。紧接着，卫国又出现了父子争国的事件，于是，这个曾经强大的诸侯国，像夏日里的冰凌，在内忧外患的炙烤中一点点地失去威严，变得弱小。

越是弱小，也就越没有资格上台争霸。最后只有当观众、做啦啦队的份了。

激烈的时局，却让卫国学会了如何自保。自保的形式有两种，一种是不参与战争，另一种就是依附强国。

不参与战争，可能某种意义上来讲是被迫的，因为实力不行。在战国初期，魏国、赵国曾因为卫国的疆域争夺而互相攻伐。但渐渐地，卫国在七雄的较量中，逐渐失去了存在感。在一些著名的战役中，如长平之战、五国伐齐、伊阙之战、华阳之战、宜阳之战、垂沙之战、合纵攻秦之战等，都没有卫国的身影。这一点，并不完全在于国力强弱。因为像韩国这样的小国，在上述的征伐中都有参与，而卫国却毫无踪迹，也正因如此，卫国才被泱泱的历史所淹没，成为了历史缝隙中的只言片语。

依附强国也是卫国自我保全的一个策略。司马迁《史记·卫康叔世家》明确记载："怀君三十一年，朝魏，魏囚杀怀君。魏更立嗣君弟，是为元君。元君为魏婿，故魏立之。"

在战国时期，封君是指诸侯国拥有爵位和封地的人。由此可见，卫国已经成为当时战国七雄中魏国的附庸。

此外，卫国的运气也是好到爆棚，躲过了不少天灾。或许也正是因为国力弱小，所以造成的伤害值相对也小。

可拥有虎狼之师的大秦，先后灭掉了六个强大的对手，为什么偏偏留下了弱小的卫国？是强秦有了怜悯之心，还是秦王对卫国有所顾忌？

有研究者分析，前242年，秦国置东郡。前241年秦国攻取濮阳等地，卫国被秦从濮阳迁往河南野王，而在这个时候的卫国也就名存实亡了。而卫国一直国力不强，根本无法对秦国产生任何威胁，并且，卫国作为秦国的属国，两国之间的外交关系一直很稳定。

因此，从政治角度上来看，秦国放过卫国，不是因为秦国仁善，也不是因为他们不敢。而是，没有必要。

此外，卫国对秦国有着不可忽视的作用，因为，它为秦国输送了最重要的人才，就像"燕赵自古多慷慨悲歌之士"一样，"卫地自古多君子"，当时秦国丞相商鞅、吕不韦都是卫国人，他们对秦国的统一有着不可或缺的重要作用。因此，留下弱小的卫国，从某种程度上来讲，也是对两位重臣的尊重。

孔子周游列国14年，其中在卫国长达10年，也正是因为卫国有诸多与他志趣相投的"君子"。吴王的弟弟季札曾经周游列国，并对卫国做出了"卫多君子，其国无患"的评价。

你可能想不到，古人曾用粪便养猪

　　古人竟用粪便养猪，听起来是不是有点不可思议？事实上，用粪便养猪的传统最早可以追溯到先秦时期。

　　中国养猪的历史是很久远的，早期的人类主要以狩猎为生，但很多时候打猎得到的动物根本不够吃，于是人类就开始慢慢学着在家驯化养殖，其中野猪就是当时主要驯化的动物之一。在距今八千多年的河南新郑裴李岗文化遗址中就发现了大量的陶制猪形器，和现在猪的样子很相似，在距今六七千年的浙江余姚河姆渡遗址和桐乡罗家角遗址中出土的动物骨骼，经测定和分析，家猪骨骼就占了很大比重，并且在河姆渡遗址中还发现了圈养家猪的圈栏遗迹，可见中国早早就实现了人工养猪。但是由于还没有种植粮食的习惯，在野猪驯化初期，饲养方式主要是以放养和散养为主。

　　到了殷商时期，古人的养猪技术有了较大发展，其中一项重要发明就是阉猪技术，这是驯养野猪的突破性进步。据《易经》记载："豮豕之牙，吉。"这里的豕指的就是猪，意思是被阉割以后的猪就变得温顺多了。《礼记·曲礼下》中也记载"凡祭，豕曰刚鬣，豚曰腯肥"，说的就是被阉割后的猪长得臀圆膘肥，可见这时候被驯化的野猪已经开始向人们所期望的家猪方向发展。当时主要是奴隶主养猪，因为他们才有富余的粮食。周朝的时候，养猪不再是奴隶主的专属，普通百姓也开始养猪了，《诗经·大雅·公刘》中"执豕于牢，酌之用匏，食之饮之"说的就是普通家庭在猪圈里养猪，然后宰杀了吃。

春秋战国时期，人们对猪的喜爱有增无减，在肉食缺乏的年代，猪肉是人们解馋的主要食物，连孔圣人自己都说："自行束修以上，吾未尝无悔焉。"意思是只要人家能送我十条肉干儿做见面礼，我不会拒绝收他做学生。《论语》也记载了"阳货欲见孔子，孔子不见，馈孔子豚"，说明阳货想见孔夫子都得提着猪肉去。想要吃猪肉，就得养好猪。春秋战国时延续了商周时期养猪的猪圈，当时称为"圂"，从这个字的构造就可以看出这是圈猪之所。《国语·晋语》中说道："臣闻昔者大任娠文王不变，少溲于豕牢而得文王。""豕牢"即猪圈，而溲指的是粪便，也就是说至少在那时，已经让家养的猪吃人的粪便了。

秦汉之后，养猪的猪圈有了进一步发展。《天水放马滩秦简集释·日书甲种》中言："侧在屏圂方及矢（屎）。"其中屏为厕所，圂为猪圈，屏圂是二者合一的建筑，从这句话中也可以看出，这种建筑流行之后，猪吃人的粪便更是习以为常的事情了。到了汉代，家猪饲养业更为发达，考古队仅从西汉墓葬中就出土了大量陶猪圈，并且多年来陆续在河南、河北、北京、山东、江苏等地也均有考古出土的陶制"带厕猪圈"明器，如汉绿釉猪圈、汉灰陶猪圈等，这些猪圈的形状有复碗形、圆盘形、椭圆亭阁式和梯形两高亭式等多种。《史记》记载有："故曰陆地牧马二百蹄，牛蹄角千，千足羊，泽中千足彘，水居千石鱼陂，此其人皆与千户侯等。"由此可见，到了汉代家猪饲养规模已经很大了，那些养猪专业户能养上千头猪，都快赶上朝廷封的"千户侯"了。

那么秦汉以后为什么将猪圈和厕所连在一起，这是基于现实考虑的。秦汉时期，我国的农耕业有了长足发展，但是受制于自然环境影响和生产力低下，粮食的产量还是很低。在圈养的情况下，养猪需要饲料，虽然据《说文解字》记载："豢，以谷圈养豕也。"也就是说秦汉时期，人们主要以五谷类或饭后剩余食物养猪，但终是挡不住猪的饭量大、人的粮食少这一现状，因此以谷物养猪往往会出现猪与人争食的情况。所以，古人为了节省饲料，一方面尽量放牧，也就是在春夏长草的时候放养家猪，让猪吃草充饥，之后的各朝各代这种放养的方式也有所保留，到了北魏时期中国杰出的农学家贾思勰在他的《齐民要术》"养猪篇"中也写道："春夏草生，随时放牧"；另一方面就是以人的粪便作为猪的辅助食料，以解决养猪饲料不足的问题。根据《史记·郅都传》记载的"尝从帝入上林，贾姬如厕，野彘卒入厕"推断，野猪进厕所大概率就是食用人的粪便。在《汉书·武五子传》中也有："是时天雨，虹下属宫中，饮井水，井水竭。厕中豕群出，坏大官灶。"意思是一场大雨过后，猪群从厕所跑了出来，冲向厨房，把灶台都撞坏了。背景是汉代的皇宫内官灶与猪圈相距不远，既方便随时杀猪做菜给皇帝吃，又方便把泔水倒进厕所供猪食用，一举两得。可见连皇帝平时也吃这种人粪猪肉。

在北宋李昉、李穆等学者编纂的著名类书《太平御览》中讲了这么一个故事："符子曰：朔人献燕昭王以大豕，曰：'养奚若？'使曰：'豕也。非大圊不居，非人便不珍，今年百二十矣，人谓豕仙。'"翻译过来就是有人献给燕昭王一口大肥猪，并自夸说，我们的这口猪，不是大厕所不住，不是人的粪便不吃，到今天活了一百二十岁，人称猪仙。虽是故事，我们也可以窥探到古人用粪便养猪是常态。

早期养猪主要就是用于祭祀和食用，秦汉时期随着农耕文明的发展，在长期的生产实践中，人们发现粪肥对农作物的生长起到重要的促进作用。在西汉成书的中国第一部完整的农业和畜牧业著作《氾胜之书》中"以溷中熟粪之亦善"，就表明汉代农民知道肥料对庄稼生长的重要性，也懂得将猪粪发酵后使用了。在这之前农民沤粪主要用的牛粪和马粪，但是需要长时间的发酵后才能往地里上肥，人们将厕所和猪圈连在一起后，发现家猪产粪量也特别大，而且猪粪是速效肥，隔个几天就能直接施到地里。从现在的科学角度来看，猪粪中氮、磷、钾含量高且比例适中，肥效全面，适用于各种土壤和作物。之后猪圈积肥就成了农家肥的重要来源，后来人们学着把稻草或麦秆、谷壳之类的都撒进猪圈，让草和猪粪混合，利用猪的践踏，很快就能积成粪肥混合的优质圈肥。也因此猪粪成为了农家肥的优秀代表，并且流传下来不少关于猪粪的农谚，比如"猪是农家宝，粪是地里金""养猪两头利，吃肉又肥田"。

古人这种把厕所和猪圈建在一起的"圂厕"，其实还包含着朴素的生态循环和环保的理念。首先猪厕以人粪为猪粮，人粪不需另外处理一环，既实现了对人类的排泄物进行有效、无害处理，又增加了猪饲料的多样性，节省了养猪成本，同时也能养出肉多、膘少、肉质鲜美的家猪；其次猪粪沤肥又为农业生产提供了充足的原料；最后将两个污秽之地集中一处，不仅有效利用了空间，也减少了二次污染。

基于上述理念，圂厕养猪的方式一直从古代延续到了近现代。随着中国科技文明和生产力的发展，农作物种类和产量增加，保有这种养猪习惯的范围慢慢缩小，却并没有就此消失，至今在中国北方一些农村还可以看到这种安排。但是到了现在，出于食品安全的考虑，我们是要摒弃这种养猪方式的。因为人的粪便本身含有大量寄生虫和细菌，猪吞食人粪时同时会吃下虫和虫卵，猪体内的虫卵经孵化成幼虫，寄生虫在猪的肌肉内生长，会发展成"猪囊虫肉"，就是我们现在所说的"米心肉"。当人吃了这些"米心肉"后，猪肉里的寄生虫就会在人身体内生长，我们所熟知的猪肉绦虫病和蛔虫病都是经此途径传播的。可见改变用人粪养猪的方式是切断病源传播的关键，不让猪吃到含有虫卵的人类大便，没有中间宿主，这类病就会慢慢消失。这也是国家现在提倡改厕改圈和厕所革命的主要原因。

在与猪同行的几千年间，人类和猪是一起成长的。古时人们用粪便喂猪是注重废物循环利用、重视农业生产、发展生态农业的表现，在当时是具有进步意义的，这种养猪方式实质上也是人类智慧和发挥主观能动性的体现。虽然现在我们出于卫生的角度，要改变这种养猪方式，但这种养猪方式所蕴含的生态农业、生态保护观念是当今我们应该借鉴和传承的。

两个采桑女的争吵，竟然引起了两个国家的战争

战争是严肃的、残酷的，并饱含着血泪。

但在历史上，却发生过一起看起来极为滑稽的战争。

首先要说的就是一个成语：卑梁之衅。它指的是彼此之间因发生口角而导致的战争。

《史记》《吕氏春秋》《太平御览》等史书都有对此事件的记录。

这个故事讲的正是吴国楚国两国边境相邻处，有两位采桑女。两人因为采桑的问题发生了争执，越吵越激烈，你一嘴我一嘴互不相让。

原本只是两个人之间的口角争执，后来又上升到了两个家庭之间的争吵。这场斗争持续发酵，并被两国的边境长官得知。双方迅速出动了地方军事力量进行干涉。于是开始显现出了蝴蝶效应。

整个事件的性质一下子就变了。

最后的结果是楚国这一方败下阵来。吴国的朝廷在得知了这件事情之后，派出了精锐部队去攻打楚国。楚国的居巢和钟离两个地区被攻下。

从整个事情的经过来看，一次百姓之间的争执，演变成了两个国家之间的战争，这会让很多人觉得小题大做，甚至认为国君不够理智。

但事实上，采桑女之争不过是一个由头，其实吴国早就觊觎楚国的居巢了。

《史记·楚世家》的记载是这样的：卑梁大夫很生气，派城里的守军攻打钟离。楚王听到后也很生气，派军占据了卑梁。吴王得知后大怒，也派出了军队，让公子光以太子建母亲家在楚国为由而攻打楚国，一举攻下了钟离、居巢。

由此可见，采桑女之争不过是为这次战争提供了一个契机。

在春秋战国时期，与此类似的滑稽战争不止这一场。

例如在春秋时期，鲁国的贵族之间发生了一场斗争，而事情的缘起竟是因为一只鸡。

在春秋时期，贵族中非常流行斗鸡的游戏，后来在战国时期又普及了平民。

《左传》中记载，在鲁昭公二十五年的时候，贵族季平子和郈昭伯两家是邻居，无聊的时候就会相约斗鸡，打发时间。但是双方却谁都不肯遵守游戏规则，都在背地里搞小动作。

第一回合，季平子在鸡翅膀上撒了芥子粉，芥子粉的味道非常刺鼻，每一次他的鸡扑棱翅膀就会散发出刺激的味道。郈昭伯的鸡受到影响，然后失去了战斗力，季平子赢了。

第二回合，郈昭伯不肯服输，于是便在鸡爪子上绑上了锋利的刀片，在两只鸡对战的过程中将季平子的鸡划得鲜血直流，差一点让他的鸡丧命。

季平子大怒，找人把郈昭伯痛打了一顿，还把他家给占了。

后来臧昭伯也惹到了季平子，季平子一怒之下把臧家人都抓了起来。

臧昭伯和郈昭伯两个被欺负的人，在一起想办法对付季平子。怎耐实力悬殊，于是便向鲁国国君鲁昭公求助。鲁昭公看季平子不顺眼很长时间了，立马出兵将他的府邸团团围住。

看到这样的架势季平子害怕极了，连忙求饶，但是鲁昭公并没有打算放过他。

鲁昭公想要除掉季平子，这引起了朝中很多贵族的不满。因为季平子掌握鲁国大权，其力量不可小觑，若是逼急了恐怕会造反。

后来，季平子过两天找其他几家贵族与鲁昭公开战。鲁昭公很快被打败，逃往邻国，失去了国君之位，弄得很狼狈。

春秋时期还有这样一个故事。蔡穆侯为了巴结齐桓公，将自己的妹妹蔡姬送给齐桓公做小妾。但万万没有想到，因为她引发了一场战争。

有一天，齐桓公和蔡姬泛舟湖上，蔡姬性格活泼爱玩，朝齐桓公身上泼水，还剧烈地摇晃船身。她自己玩得不亦乐乎，齐桓公早已吓得脸色煞白。下了船后，齐桓公对此很是恼怒，想要惩罚蔡姬一下，就命人将其遣送回蔡国。

蔡穆侯看到蔡姬在马车里委屈得直哭，一副灰头土脸的样子，以为她受了什么欺负，生气地将蔡姬改嫁了。

齐桓公一听到蔡姬改嫁，怒上心头，本来只是想给她一个小小的教训，没想到自己的女人竟然变成了别人的媳妇，立马出兵讨伐蔡国。蔡国寡不敌众，节节败退。最后还是各国诸侯帮着蔡国求情，才平息了齐桓公的怒火。

这些故事告诉我们，遇事一定要冷静，切莫因小失大，最后难以收场。

中国律师行业的祖师爷来自于春秋时期

有人的地方就有江湖，有江湖的地方也就免不了纷争。

一旦纷争产生了，如果始终无法解决，就需要对簿公堂。这个时候，律师就要出场了。

在大众观念中，律师就是帮人打官司的。

在古代，这种职业叫"讼师"。

但很少有人知道，这个职业最早可以追溯到春秋战国时期。

因为我们中国律师行业的祖师爷，就生在那个年代。他的名字叫邓析。邓析生于前545年，是春秋晚期的郑国人，曾经在郑国当过基层小官。

众所周知，在春秋末年，礼乐崩溃，诸侯间撕下了谦和的面具，开始争权夺利。狼烟四起，整个时代处于一种崩坏和重组的过程中。

在"彼窃财诛，窃国者为诸侯"这样的社会背景下，"礼不下庶人，刑不上大夫"已经跟不上时代的步伐了。

混乱的时代，礼治显然难以驾驭，这就需要有更完善的法律。

邓析作为当时的有志青年，十分关心社会发展，他最后的落脚点是法律。他很喜欢研究法律，他认为只有通过法律，才能撕毁假仁假义的面具。"事断于法"，无论是平民还是贵族，所有人都应该将法律作为行事准则。在法律的规则之下，国家才能够有序运转，各级官员才能够各司其职。

这样的观念在当时是十分先进的，可以看出法家思想的雏形。

邓析并不是个思想家，而是个实干家。为了阐释自己对法律的见解，便自行起草了一份法律草案。他把这份草案刻在了竹简上，也因此被称为《竹刑》。为了传播他的《竹刑》，邓析还特地创办了乡校，来教人们如何打官司，很多求学者慕名而来。

同时，他也会帮人出主意解决纠纷，或者是出面帮人打官司。他虽然会收取一定的费用，但是费用很低。他的这种尝试，对于历史的影响深远，可以说是后世讼师、律师收费服务的开端。

在大量的理论和实践中，邓析逐渐形成了自己的法律逻辑学说"两可说"。这一学说，也成为了他在历史上又一重大贡献。

在《吕氏春秋·离谓》中记载了这样一个故事：因为洧河发水，将一个郑国的富人冲走了。此人被淹死后，有人将尸体打捞上来，并企图通过尸体来向富人的家属索要酬金。无奈酬金太高，富人家属向邓析求助。邓析则是让他安心回家等待，因为只有家属才会去买尸体，若家属不掏钱买回去，打捞者也就一无所获。所以富人家属也就不再去恳求打捞者，耐着性子等打捞者上门。

见富人家属无动于衷，打捞者开始急了，也来找邓析出主意。邓析也给了打捞者一番说辞，也就是富人家属肯定会向打捞者支付酬金买回尸体，否则还能向谁买回呢？让他放心就是，富人家属迟早会再来的。

其结果虽然不得而知，但并不重要。因为这个故事已经让我们看到了其中最重要的逻辑。

在面对同一客观事实时，邓析站在双方角度，给出了两个相反的结论，每一种结论又都合乎逻辑。但是将这两种结论碰撞在一起的时候，又是矛盾的，甚至是荒谬的。

这种"两可说"的法律逻辑，一直被传承至今。由此可见，邓析作为中国律师行业的祖师爷，的确实至名归。他的理论不仅先进，同时也有着强大的生命力。

　　法律人邓析心怀法律，心怀争议，帮不少平民百姓撑腰。引导百姓直面社会不公，揭发贵族和大夫的不公之举。但这样的做法，也触碰到了贵族的利益。

　　于是，权贵们纷纷向当时郑国的执政大臣驷颛告发邓析的种种"恶行"。最终，邓析因"不受君命而私造刑法"，扰乱民心，而被诛杀。但是，在邓析被杀后，《竹刑》被驷颛在郑国大力推行。

　　在现代而言，就相当于无良书商看着一份书稿，心中大呼惊艳，却还把作者杀了。然后他把稿子向市场发行，不用付稿费，坐享其成。

　　悲催的邓析，为自己的作品献祭。若他泉下有知，知道他的著作以及他的法律思想得以传承，想必会感到欣慰吧。

从战国结束到汉朝建立，实际上只过了 19 年

穿过历史的烟云，来到 2000 多年前的华夏大地。秦始皇横扫六国，一统天下，结束七国纷争，开创一代宏图伟业，战国时代就此结束。

西楚霸王项羽四面楚歌，垓下兵败，上演霸王别姬、自刎乌江的悲壮，刘邦一统天下，开创大汉基业。

拉开时间轴仔细一看，前 221 年秦朝一统天下，标志着战国结束，到前 202 年刘邦登基，汉朝建立，时间跨度仅为 19 年。但后人却感觉这两个朝代相距甚远，完全不像一个时代。

原因大概有以下两点：其一是朝代更迭太快，其二是社会格局发生巨大变化。

朝代更迭太快，快到猝不及防。

在这 19 年里，秦二世而亡，秦帝国仅仅维持了 14 年，便被败家子胡亥给整垮了，当然这其中赵高"功不可没"，为秦帝国的崩塌立下了汗马功劳。

陈胜、吴广揭竿而起，高喊"王侯将相，宁有种乎"，天下英雄云集响应，六国后裔，草莽英雄，纷纷出马，狼烟四起，战火纷飞。

最终楚国贵族项羽一派，成为各路英雄中的扛把子，领着八千江东子弟，一路势如破竹，攻城略地，凭借巨鹿之战一战成名。

泗水亭长刘邦，趁着项羽在正面战场与秦军打得火热，领着一群杀狗贩猪之徒，悄悄绕到咸阳，逼迫赵高等人献城投降，秦二世被逼自杀。

项羽一路打到函谷关前，被刘邦的手下阻拦，怒火中烧，敢情我们在前线拼死拼活，你刘邦在后面摘取胜利的果实？是可忍孰不可忍！于是乎历史上最著名的一场饭局——鸿门宴就此拉开序幕。

刘邦知道自己的实力不行，开始装尿，成功骗过项羽。或者说是项羽英雄气重，骨子里瞧不上刘邦，不屑与之相争，故意放其逃走。总之，不管如何，刘邦成功溜走，开始韬光养晦。

项羽攻入咸阳，杀子婴，劫掠财宝，火烧阿房宫，自称西楚霸王，俨然天下共主，分封各路诸侯。刘邦被封到巴蜀汉中一代，开始厉兵秣马，静待时机。随后趁着项羽不注意，明修栈道暗度陈仓，楚汉之争拉开序幕。楚汉之争最终以刘胜项败落下帷幕。

短短的 19 年里，掌控天下的主宰从战国七雄变为秦，再由秦变为楚，最终从楚更迭为汉；影响天下格局的人物从七雄君主到秦始皇、秦二世，再到陈胜、吴广，后到项梁、项羽叔侄，最后到刘邦。各方势力你方唱罢我登场，轮流不停。

加上历史的编纂对后世产生了巨大的影响，我们品鉴历史，主要是通过阅读书籍，而不是亲身经历来感受。

修史书的官吏，将战国、秦、汉的历史分割为三，于是乎我们也受其影响，自然而然把战国、秦、西汉看作三个截然不同的时代，于是战国与西汉的隔阂感由此而生。要知道一个沿袭时间较长的朝代大多跨越百年，像我们熟悉的夏、商、汉皆是 400 多年，唐朝是 290 年，宋朝是 320 年，明朝是 277 年，清朝是 268 年。

所以说朝代的划分，也会让人产生一种间隔很久的错觉，实则社会的沧桑巨变，不过是发生在短短的十余年罢了。

社会格局变化太大，大到乱花渐欲迷人眼的状态。

秦始皇统一六国之后，采取了许多措施来巩固政权统治，如书同文、车同轨、废诸侯、立郡县、设置三公九卿、加强中央集权等，中国彻底成为统一的多民族封建主义国家。到了汉朝，其沿袭了秦制，自然与战国时代有着截然不同的风貌。战国时候的百家争鸣、周游列国的游士也消失不见了，逐渐演变成了信奉黄老之说，道法杂糅。

从前，拥有权势的人，无一不是王公贵族，那个时代拥有高贵的血统，是值得骄傲和自信的事。就像项羽自诩为楚国的贵族后裔，所以他打心眼里瞧不上刘邦等人。

到了陈胜、吴广两位农民起义之时，让世人看到了农民也可以成为掌权者。刘邦建汉之后，更是如此，那些跟随他的小人物们无一不封侯拜相，成为达官显贵，名动天下。

要知道萧何、曹参从前只是个没品阶的县吏；周勃是个篾匠，偶尔靠着当吹鼓手挣些小钱度日；樊哙是个屠户，杀猪卖肉；夏侯婴，是跑马赶车的；灌婴，是个小商贩；黥布，是个罪犯；彭越，是东躲西藏的土匪；韩信，靠着漂母救济度日，是受过胯下之辱的贫寒少年；陈平，更是一无业游民。社会变了，底层农民也有当家做主的希望了，帝王将相，宁有种乎。

各种大事件、大变革杂糅在 19 年的时间中，使后人产生了不少错觉。要知道百家争鸣可是持续了 500 多年，然而这样的盛况到汉以后便逐渐消亡了。前后的时间差对比，不明白其中关系的人自然会被误导。

就如同我国改革开放到如今，短短 40 余年，社会日新月异，变化万千，各种新鲜事物破空而来，成为人们不可或缺之物。高铁、手机、笔记本，甚至淘宝、短视频等手机 APP 的出现，都影响着一代人的日常生活。

又好比我党从建党开始到新中国成立的 28 年，时间跨度虽短，却是天翻地覆的 28 年，破旧立新的 28 年。所以说社会制度的变化，肯定会给人一种变化好大的感觉。

但不管这其中横跨的时间是长是短，历史的进程是快是慢，时间的车轮碾过，风流总被雨打风吹去，剩下的不过是几声称赞，或是几声叹息罢了。正是"滚滚长江东逝水，浪花淘尽英雄，是非成败转头空。青山依旧在，几度夕阳红。古今多少事，都付笑谈中"。

古代人不穿裤子，到了汉朝才开始穿"开裆裤"

习以为常的东西总会让我们形成这样一种错觉：男人一直以来都是穿裤子的，而"开裆裤"只是小孩子的专属。

事实上，中国人穿裤子的历史也不久，在商周时代无论男女都是没有裤子穿的，他们只穿裙子。

春秋时期，打仗都是以步兵和战车为主，战车用马拉，士兵站在战车上，上衣下裙，不必担心走光。

战国时期，天下大乱，各路诸侯各自为王。其中的赵国处在北方，与匈奴接壤，双方摩擦不断。交战之时，赵军笨重的战车比不上匈奴骑兵的快速与灵活，正所谓兵贵神速，赵国屡尝败绩。

经过一番探索，赵武灵王发现穿裙子的弊端，于是开始大刀阔斧地改革。改革的首要便是改变服饰，他带头穿胡服，将原来宽大的衣袖变窄，让士兵穿短衣、长裤，以便灵活运动，进而学习骑射，这便是历史上著名的胡服骑射。有了裤子后，赵国才有了骑兵，从此赵国军事力量大增，成为战国七雄之一。

此时能穿上裤子的只有行军打仗的将士，普通百姓依旧穿着裙子。但那时已经有了"胫衣"，相当于现在的裤子，不同之处在于它没有裤裆、裤腰，只有两条裤管，套在小腿上，用带子系于腰间。但私密部位仍然保持真空，如同现在的开裆裤，其目的是便于私溺。毕竟胫衣之外，人们还穿有裳裙，可以保证私密部位不外露。

尽管有胫衣罩着小腿，但人们还是容易走光。《礼记》中就告诫人们："劳毋袒，暑毋褰裳。"意思是说干活时不能袒露身体，夏天也不要把下裳提起来。

为了防止走光，在正式场合，参会人员必须跪坐，屁股放脚跟上，以保护隐私。如果古人像我们如今跷二郎腿，即便没走光，也是无礼的行为，极其不尊重他人，会被称为"箕踞"。

直到汉朝的时候，汉人才开始穿裤子，那个时代叫"绔"或"袴"，男女都是如此。不过此时穿的裤子依旧是开裆裤，但也只有富贵人家才能穿得起质地柔软的裤子，所以说纨绔子弟一词，便是从那个时候流传至今的。

到了汉昭帝时期，大将军霍光权倾朝野，独揽朝纲。皇后是其外孙女，同时也是顾命大臣上官桀的孙女。当时的汉昭帝无法真正掌权，一切的决定旨意，都得要霍光等顾命大臣点头才能通过。汉昭帝时刻担心哪一天就被取而代之了，积郁成疾，身体健康每况愈下。

霍光为了保证下一代皇帝的身体里流着霍家的血，于是千方百计想要在汉昭帝驾崩前，让皇后独享宠幸，以便诞下龙子。为了不让汉昭帝再去临幸其他的宫女后妃，霍光下令除了皇后之外，所有的后宫女子都要穿上有裆的"穷绔"。也就是在原开裆裤的基础上，用密密麻麻的带子将裆部缝紧，以此来禁止她们和昭帝同寝。

即便皇上想要临幸他人，一时半会儿也解不开"穷绔"，直接将皇帝的欲望给败光。怎奈霍光计谋失策，汉昭帝直到死去，都没能生下一男半女，上官皇后15岁时就成了寡妇，一直到52岁才去世。

晋代之时，出现了真正的连裆裤，取名为"裈"，其是传统意义上的长裤。当时的短裤名为"犊鼻裈"，这种裤子类似于现在的三角短裤，上宽下窄，两头有孔，穿上去与牛鼻子相似。

《史记》中有记载，司马相如在蜀地穿着"犊鼻裈"，和酒保、店小二一块儿，在市场上洗酒器。司马相如家世优越，妥妥的富二代，为什么做如此没谱的事情？

原来卓王孙不同意司马相如和他的女儿卓文君结婚，这两个年轻人当然不愿意，直接一起私奔，私定终身。司马相如此举，便是要让卓王孙丢脸，好同意卓文君与他的婚事。"犊鼻裈"是上不了台面的东西，因此，后世文人墨客很少有提到它的。

由于连裆裤在魏晋南北朝被广泛推广使用，所以自魏晋开始，已经有人放弃跪坐。直到后来的宋朝，所有人都穿了有裆裤，出去吃饭可以毫无顾忌地坐在椅子上，不必担心走光了。这种穿衣习惯一直延续到清末民初。

新中国成立以后，长衫马褂逐渐从男性的日常服饰中消失，各种类型的工装裤、西裤、运动裤开始逐步进入人们的生活。事到如今，裤子的样式多不胜数，潮牌林立，让人眼花缭乱。

裤子的从无到有，从开裆裤到连裆裤，整个变化过程见证了几千年来中国历史的变迁，朝代更迭。令人感慨万千的是，时至今日，依然有人穿着开裆裤，老祖宗的智慧果然令人称奇。

汉武帝在位期间，先后换了 13 任丞相，均是悲惨收场

汉武帝文韬武略，开疆拓土，击溃匈奴，缔造了大一统的盛世，也因而成为千古帝王。

但当我们将目光收回到朝堂，你会发现这盛世背后的残酷。

汉武帝在位期间，就换了 13 位丞相，而这些丞相的下场，大都惨淡。

丞相的权力，是一人之下，万人之上。甚至有些丞相，势力庞大，能够掌握实权，连皇帝都是棋子。所以，成为丞相，是古代多少官员们的终极职业理想。但是，在强势的汉武帝这里，理想变得残酷，丞相变成了高危职业。回头来看，甚至当了汉武帝的丞相，也就相当于提前宣告死亡。可谓是，铁打的皇帝，流水的丞相。

第一任丞相：卫绾

卫绾是汉武帝的老师，三朝元老，曾在文帝、景帝时期都有任职。尤其是在景帝时期，其因平定"七国之乱"有功升任中尉，后升任太子太傅、御史大夫。汉景帝晚年，提拔他为丞相，让他来辅佐少主，所以卫绾就成了一位敦厚的辅政大臣。

在汉武帝即位时，卫绾仍为丞相。不过，卫绾在政治上属于无功无过，并无太

大的建树。而当时，真正的掌权者是窦太后，汉武帝并无实权。卫绾的丞相位置，也还算稳当。但后来，随着汉武帝坐稳了皇位，一切都变了。

汉武帝开始展示出了帝王的霸气和霸道，为了巩固皇权，他开始施行推恩令，削弱诸侯的力量。但是，卫绾这样一个忠厚老实的人，也许是一位好老师，但并不是一位理想的丞相。司马迁在《史记》中记载："醇谨无他，绾无他肠。"

很快，这位丞相就被罢免了，后来卫绾因病离世，谥号哀侯。也算是汉武帝的丞相中，为数不多得了善终之人。

第二任丞相：窦婴

窦婴是窦太后的侄子，也和卫绾一样做过太子傅，只不过他是刘荣为太子时的太子傅。只是后来刘荣被亲娘坑了，失去了太子之位。不过，窦婴还算幸运，在卫绾被免职后，他接过了丞相的权杖。但是在建元二年（前139），汉武帝因为大力推行改革与窦太后政见不和。双方对垒中，赵绾、王臧等被窦太后罢免，窦婴因为支持汉武帝改革，也得到了同样的待遇。

敌人的朋友，那就是敌人。亲孙子也可以是敌人，更何况是侄子。窦婴就这样成了政治的牺牲品。

即使在窦太后去世后，窦婴也没能逆风翻盘，而且运气直线下滑。后来因至交灌夫与田蚡发生矛盾，窦婴为了营救好友与田蚡当堂廷辩。但是，当时在王太后的压力下，他的好友仍被处死。窦婴以汉景帝遗诏"事有不便，以便宜论上"为名请求觐见汉武帝，可是，他的遗诏偏偏没有副本。没有备案的先王遗诏，自然被认定是赝品。最终，窦婴以"伪造诏书罪"被弹劾，在元光四年（前131）被处死。

第三任丞相：许昌

汉武帝时期的第三任丞相，其实是窦太后封的，这事发生在窦太后处死赵绾、王臧等人之后，旧相不听话被罢黜，所以她要选任听自己话的丞相。许昌就是那个人，他是窦太后提拔的，所以事事都听窦太后安排。正是因此，他没什么自己的政见和主见，在位期间也没什么建树。他是窦太后的政治附庸，窦太后去世了，他自然也就失势了，政治生命也就到头了。窦太后崩，丞相许昌、太尉庄青翟因"坐丧事不办"，而被武帝免职。

这样的理由，其实不过是个温柔的台阶，汉武帝让窦太后的这些政治棋子，还算体面地离场。

第四任丞相：田蚡

田蚡是外戚，是汉武帝的亲舅舅、王娡同母的弟弟。在景帝时期，因为王娡开始得宠，田蚡的地位也逐步上升。在许昌被罢免之后，田蚡接棒担任丞相。但是当了丞相，没有想着一展抱负，却滋生了欲望，人飘了，"由此滋骄，治宅甲诸第"。结果与窦婴和灌夫发生矛盾，在王太后的庇护下，灌夫和窦婴因此而亡，第二年，田蚡因惊惧而患病，最后因此而死。

第五任丞相：薛泽

薛泽是西汉开国功臣广平侯薛欧的孙子，在接任丞相后并无太多记载，司马迁在《史记》中的评价是"（薛泽）无所为，故无所恶，泽乃全性命，幸也"。想必是无功无过，实在没什么可被记载的。可也正因如此，他的结局，也算安好，只是在元朔五年（前124）被免了职。

第六任丞相：公孙弘

公孙弘的传奇之处在于，他是个苦出身的平头百姓。在重门第重出身的古代社会，公孙弘能跨越阶层成为丞相实属不易。汉武帝即位时，公孙弘已经年过六十，但是他才学广博，精通文史儒术，品行敦厚，两次被人举荐，因而被汉武帝起用。在薛泽被免职后，汉武帝将公孙弘封为平津侯，又升其为丞相。其在任期间，关注民生，推广儒学，并取得了显著成果。后来，因为太过劳碌，在元狩二年（前121）逝于任上。那一年，公孙弘已经七十九岁了。

第七任丞相：李蔡

李蔡曾是一名武将，与卫青共同抗击匈奴，立下了赫赫战功，后来被汉武帝封为安乐侯，并开始从政。公孙弘去世之后，李蔡接任丞相。在职期间也是政绩斐然，协助汉武帝整顿吏治、改革货币、统禁盐铁。这样一位优秀的官员，按理说会在他的政途上稳稳地走下去，但命运总是难以预料，仿佛丞相之位受到了诅咒一般。元狩五年（前118），李蔡因私自侵占汉景帝园寝的空地而被问罪。李蔡不愿接受审问，选择了自杀。

第八任丞相：庄青翟

李蔡自杀身亡后，接任丞相职位的是庄青翟。他在汉武帝时曾任御史大夫、太子少傅，后来被提拔成了一把手。但当时，御史大夫张汤也对相位虎视眈眈。二虎相争，庄青翟在丞相的位置上自然也不会过得太平。两个人的矛盾日益加深，总是想方设法给对方使绊子。在一次又一次的政治较量之后，庄青翟与其他几个心腹合谋扳倒了张汤。作为失败者的张汤选择了自尽，但同时，他以自己的死亡向庄青翟发起最后的挑战。因为他在死前给汉武帝留了一封信，诉说自己的冤屈。

汉武帝看到张汤的遗言后，觉得张汤之死，其中有冤屈。于是抓捕了合谋陷害张汤的官员，同时，丞相庄青翟也因参与此事而连坐下狱。最后，庄青翟也服药自杀，又一位丞相的政治生涯结束了。

第九任丞相：赵周

在庄青翟去世之后，时任太子太傅的赵周被任命为丞相。但是历史上关于他的记载也并不多，只是记录他在任丞相的第三个年头，栽了跟头。当时朝廷祭祀宗庙，要求列侯奉命献上黄金。赵周是在汉景帝年间因为父亲的功绩被封侯的，所以他也在贡献黄金之列。但列侯所献的黄金最终都是要由少府检查的，凡是重量和成色有问题的，都要以不敬之罪论处。此时前后，有一百多人因此被削去了爵位。而赵周因为明知道列侯所献黄金不足而不上报，被弹劾入狱，最后也是自杀而亡。

第十任丞相：石庆

石庆是名门之后，在汉武帝册封刘据为太子时，曾任太子傅，后来升为御史大夫。赵周入狱后，石庆被升任为丞相。只是，他这个丞相当得有名无实。因为当时桑弘羊、王温舒等人在朝廷的权势很大。而谨慎的石庆无力与这些权臣对抗，又或者根本不想与他们对抗。前面已经有九位丞相纷纷下岗，大多数都没落得好下场。

丞相之位，是诱惑也是诅咒。想要把位置坐得稳，那就必须谨慎再谨慎。正因谨慎，他才在丞相的位置上坐了九年。但因为没有掌握实权，以及他的谨小慎微，所以在政治上并无建树，也就没给自己结什么仇家，毕竟在政治的角斗场上，没有人会把一个毫无威胁的人放在眼里。后来他好不容易鼓起勇气弹劾了一个天子的近臣，没想到自己因此而受到罪责。正如《史记》所言："尝欲请治上近臣所忠、九卿咸宣罪，不能服，反受其过，赎罪。"后来，石庆只好继续保持谨慎。

太初二年（前104），石庆去世。他在相位时间长，也算善终。但对于自己的岗位，或许他又很难算得上成功。

第十一任丞相：公孙贺

公孙贺曾七次出击匈奴，曾因捕获匈奴王有功而封侯。在石庆去世之后，汉武帝下令让公孙贺接任丞相之位。公孙贺似乎看清了丞相之位的魔咒，害怕自己一不小心也不得善终，因此不肯接受丞相的金印紫绶。他曾在战场上见识过太多的生死，在权力和人命之间，他更想保命。

汉武帝把大臣们抢破头的丞相之位赐予了公孙贺，公孙贺却不想接受，这直接折了皇帝的面子。汉武帝怒了，公孙贺老实了。他乖乖地接受了相位，暗暗地期盼自己在丞相之位上不要出什么纰漏，不要走前辈们不得善终的老路。

但是，该来的总是逃不掉。公孙贺的劫难缘起于他的儿子公孙敬声。公孙敬声因为不守法纪入狱，公孙贺采用迂回战术，汉武帝当时正为抓捕"以武犯禁"的朱安世恼怒，公孙贺请愿要为汉武帝解决这个大麻烦，以功劳来弥补儿子的过错。

但朱安世被抓之后在狱中诬告公孙敬声与阳石公主私通，并说他们用巫蛊之术诅咒天子。此言正戳中了汉武帝最敏感的神经。汉武帝大怒，公孙贺没能救得了自己的儿子，反而把自己也搭进去了，和儿子一同死于狱中。

第十二任丞相：刘屈牦

刘屈牦是汉武帝刘彻的侄子，在公孙贺入狱后被升为左丞相。他在接任后，"巫蛊之祸"全面爆发。在这场牵连甚广的政治事件中，作为丞相的刘屈牦自然是逃不掉的。当时太子刘据因为受到诬陷又无法自证清白，在生死之间选择起兵，杀死诬陷他的江充，攻进了丞相府。刘屈牦趁乱逃走，保全一命，并向汉武帝做了太子起兵谋反的汇报。汉武帝大怒，命刘屈牦平叛。此后，大批官员被杀，太子刘据及其亲属也因此而死。

政治舞台重新洗牌后，刘屈牦蠢蠢欲动。他勾结李广利准备拥立昌邑王刘髆为太子。但后来被汉武帝知晓，下令彻查。刘屈牦等人的阴谋败露，最后被腰斩而死。

第十三任丞相：田千秋

汉武帝时期最后一任丞相是田千秋。他是战国田齐的后裔。在刘屈氂入狱后，田千秋被提拔为丞相。他也连任了汉武帝和汉昭帝两朝的丞相。田千秋与霍光等人，是汉武帝临终前指定的辅政大臣。后来，汉武帝驾崩，汉昭帝刘弗陵即位。当时霍光的权势日益壮大，田千秋则低调处事，尽可能地不参与到政治斗争中。所以，他在任 12 年，元凤四年（前 77），因病逝于任上，也算得了善终。

以上就是汉武帝时期的历任丞相，善终者少。多数丞相或死于政治斗争，或是因罪而亡。政治的角斗场向来残酷。

其实，在中国古代历史中，还有一个时期丞相更迭频繁。就是崇祯在位时期。崇祯在位 17 年，走马灯似的换了 19 任首辅。和汉武帝时期的一片大好局势不同，崇祯即位时，大明王朝已经日渐衰微。为了挽救这种颓势，崇祯皇帝兢兢业业地治理江山。可是，当时天灾连绵，民乱不断，外敌频繁入侵，朝中官员又效率低下。偌大的王朝，处处都是窟窿。汉武帝换相是为了构建盛世，崇祯频繁地更换首辅，则是为了扭转颓势。可大厦将倾，即使频繁地更换首辅，却还是换不得清明的政治，反而是急功近利，让颓败来得更快更彻底。

而这就是真实的历史，同样是频换丞相，却走向不同的结局。时也，命也！

古代二婚也能当皇后，大汉朝就出了两位

即使在现代，二婚女子在再次谈婚论嫁的时候，可能也会或多或少受到一些歧视。而在古代男权社会，此种观念更甚。所以古代很多丧夫或者被休弃的女子，基本都不会再嫁。

可即便是在这样的社会大环境之下，还是有一些特例。有的二婚女子，不但没有成为弃妇，而且还嫁给了皇帝，当上了皇后，成了人生赢家，实现了命运的逆袭。

例如汉朝的薄姬。她在入汉宫之前是项羽部将魏豹的妾室，后来魏豹被击败，薄姬入宫，成为刘邦的女人。

薄姬当时并不得宠，并且在刘邦执政时期，也没能成为皇后，毕竟当时吕雉风头正盛，此外还有戚夫人得宠。但是，她生了个好儿子，儿子很智慧，有能力，还懂得隐藏实力。再加上一点点运势，她的儿子刘恒，成了大汉的皇帝。而薄姬作为汉文帝的生母，也就成了薄太后。

前155年，薄姬去世，葬于南陵。到了东汉时，光武帝刘秀追尊薄姬为高皇后。纵观薄姬一生，虽然早年间被冷落，但是，随着命运起承转合，她成了太后、太皇太后，后来又被追封为皇后，可谓一个二婚女人的圆满收场。

在薄姬之后，汉朝又出现了一位二婚皇后，她就是汉景帝的第二任皇后，汉武

帝的生母王娡。王娡在入宫前，曾嫁过人，是金王孙的妻子。

王娡之所以能成为皇后，很大程度因为她有个厉害的母亲。

《史记·外戚世家》当中记载，王娡是陕西兴平人，他的母亲臧儿是名门之后，只是后来家道中落，臧儿嫁给了一个平民，成了一位农妇，先后生下了两女一子。她的女儿王娡在成年之后，就被母亲安排嫁给了金王孙，还生了个女儿。正常来讲，夫妻二人也应当过着平凡且幸福的日子，度过一生。但是，后来意外出现了。这个意外，就是王娡的母亲臧儿。

宋代李昉《太平御览》当中记录过："臧儿卜女当贵，乃夺金氏，内之太子宫。"也就是说，王娡之母臧儿为女儿卜算，从相士口中得知女儿有富贵命，便从金家把女儿要了回来，嫁入了太子府。从此，王娡抛夫弃女，开启了全新的人生，走上了皇后之路。

在古代社会，王娡母女敢想敢干，不是一般人物。此外，臧儿把自己的小女儿也嫁入了太子府，这也大大提升了皇后的上位概率。

好在当时汉代社会风气开明，再婚改嫁也较为常见。在当时，妇人的地位尊贵，并可以拥有爵位和封邑，所以再婚的王娡在太子宫中并未因此而受到歧视。王氏姐妹也得到了太子刘启的宠爱。

王氏姐妹也很争气，子嗣众多。王娡的妹妹为刘启生了 4 个儿子，王娡则是先生了 3 个女儿，又生了 1 个儿子，这个儿子，就是后来的汉武帝刘彻。

但当时的后宫中，王娡的皇后之路走得并不容易。

刘启登基，成为了汉景帝，迫于祖母薄氏的压力，不得不立薄氏家族的女子为皇后。

前 151 年，群臣请立太子，而薄皇后无子，所以便立了当时年纪最大的皇长子刘荣为太子。后来薄太后去世，薄皇后失去了靠山，刘启便废了皇后。皇后之位便一直空缺。

而在此时，太子刘荣的生母栗姬，一直对皇后的位子虎视眈眈。甚至已经默认自己就是未来的皇后。因为即使汉文帝不封她为皇后，那么在她的儿子刘荣继位之后，她自然也会成为皇太后，母凭子贵，享受无上的尊荣。在她心中，荣华富贵，十拿九稳。

可这个美丽又有些愚蠢的女人却不知道，政治的漩涡里，哪有什么十拿九稳，有的只是瞬息万变。

太子刘荣在 18 岁尚未娶妻，汉景帝的姐姐馆陶公主登门求亲，想与栗姬做一把政治投资，希望把自己的女儿阿娇嫁给刘荣。因为嫁给太子就意味着将来她的女儿会成为皇后。

但是在这场谈判中，栗姬拿出了自己的甲方姿态。在她心里，馆陶公主只是投标者的一员。而因为馆陶公主曾给汉景帝送过美女，惹得栗姬很不高兴，她便一口回绝了求亲一事。

馆陶公主十分不痛快，转头就去与王夫人联姻。眼见着一位强大的政治盟友送上门，聪明的王娡自然欢喜迎接。

后来阿娇也就嫁给了刘彻，但是馆陶公主始终咽不下被栗姬拒绝的这口气，一心想要灭了栗姬的气焰。本质上，馆陶公主是在为自己和女儿绸缪。她希望自己的女儿可以成为皇后，而自己可以做皇帝的丈母娘。

王娡在得到了这位金牌助攻之后，犹如神助。

馆陶公主常常在皇帝面前诋毁栗姬和她的儿子刘荣，并盛赞王夫人和刘彻。

馆陶公主说“栗姬与诸贵人幸姬会，常使侍者祝唾其背，挟邪媚道”。在汉代，“祝唾其背”是一种巫术。意思是说栗姬嫉妒心强，常常使用巫蛊之术诅咒其他妃子。

起初汉景帝并没有把馆陶公主的话放在心上，但是时间久了，耳濡目染，对栗姬的印象也慢慢变差。再加上作为太子生母的栗姬本身就有点飘，又很蠢，完全看不出自己的地位已经动摇。

后来汉景帝身体不佳，每况愈下，有一次嘱托栗姬说希望在自己离世之后栗姬能够善待其他的妃嫔和皇子。但是栗姬嫉妒心非常强，并且恃宠而骄，不愿意照顾皇帝其他的姬妾以及子女，甚至还出言不逊。在野史中对此有过只言片语的记载，《汉武故事》载：“栗姬怒，弗肯应，又骂上‘老狗’。”《前汉通俗演义》中说：“景帝忍耐不住，起身便走。甫出宫门，但听里面有哭骂声，隐约有‘老狗’二字。”种种事情累积在一起，汉景帝在心中已经将栗姬拉黑了。

　　王娡拱火有一套，见时机成熟，与馆陶公主打了个配合，唆使大臣向景帝请求立栗姬为皇后。大臣便向景帝进言说，"子以母贵，母以子贵"，太子的生母还是个姬妾，应当给她个封号，将其立为皇后。

　　汉景帝勃然大怒，原本已经对栗姬很恼火了，当下又有人对立后之事指手画脚，让他立栗姬为后。于是，盛怒之下，汉景帝处死了进言的大臣，废黜了太子，改立了刘彻。王娡也成为了汉景帝的第二任皇后。

　　就这样，栗姬坑儿子第一名，凭愚蠢打烂了一手好牌。但也因此，刘彻登上了历史舞台，创下了累累功绩，成为一个杰出的帝王。

　　历史上的二婚皇后其实并不止这两位，《史记·吕不韦列传》中记载："吕不韦取邯郸诸姬绝好善舞者与居……子楚从不韦饮，见而说之，因起为寿，请之。吕不韦怒，念业已破家为子楚，欲以钓奇，乃遂献其姬……子楚遂立姬为夫人。"也就是说，秦始皇的母亲赵姬，就是二婚嫁给了子楚，成了秦庄襄王王后。

　　还有魏文帝曹丕的皇后甄宓，原本是袁绍次子袁熙的妻子，后来曹操平定冀州攻占邺城的时候，曹丕把甄宓抢了过来当老婆。后来曹丕称帝，就立了甄宓为皇后。

　　在晋朝，羊献容原本是西晋惠帝司马衷的第二任皇后，西晋灭亡后，羊献容又被前赵昭文帝刘曜抢走。而她在刘曜这里十分得宠，后来又被刘曜封为皇后。

　　我国古代唯一的女皇武则天，也算得上是个二婚皇后，先是做了李世民的嫔妃，后来在李世民去世后又嫁给了李治，斗倒了王皇后和萧淑妃，成为皇后，又成为女皇。堪称二婚皇后中的佼佼者。

　　还有一位比较出名的二婚皇后就是宋真宗赵恒第二任皇后刘娥。司马光的《涑水记闻》记载："龚美以锻银为业，纳邻倡妇刘氏为妻，善播鼗。既而家贫，复售之。张耆时为襄王宫指使，言于王，得召入宫，大有宠。"也就是刘娥最开始只是蜀地银匠的老婆，后来二人来到汴京谋生，刘娥的丈夫因为贫穷就把老婆卖给了襄王赵恒，谁承想后来赵恒当了皇帝，刘娥也被册封为皇后，走上了人生巅峰。

　　有时候，如果你细细琢磨就会发现，那些我们今时今日津津乐道的历史就源起于某些微小的瞬间，而后一步步发展，串联成一系列连锁反应，最后波涛汹涌，甚至激荡一个时代，乃至整个中华文明。这一切，偶然而传奇。

秦汉之后，一直到北宋之前，大臣们上朝都是坐着的

　　古往今来，要说哪项职业能一直火爆流传下来，进入体制成为官员绝对能排职业榜榜首。历朝历代人们对当官都是趋之若鹜；时至今日，这项职业的热度依旧不减，甚至还能年年刷历史新高。我国自古以来便有一种浓厚的"官本位"思想，也就是以官为本、以官为贵。正所谓"学而优则仕"，大多数古人读书都不光是为了增长见识、探求真理，最终目的仍是做官。现在的公务员办公基本都是坐着的，那么古代的高级公务员，他们的日常上班状态都是怎么样的呢？让我们带着这个好奇心来探查一番。

　　古代的官阶等级是很严明的，虽然各朝各代的情况不尽相同，但大体上可分为中央官职和地方官职两大类，一般来说，中央官职的行政等级比较高，所以在中央任职的官员我们暂且称之为高级公务员。据历史资料记载，作为中央官员一定要参加由皇上亲自主持的朝会。《梁书·武帝纪》记载，所有的国家大事一定要在朝会上与大臣们商议，也必须听取大家的意见。因此这些高级官员每天要做的第一件重要事务便是上早朝。

　　现代人上班，早上七八点出发都是常事，但是古代上朝却不行。古代上朝有严格的时间要求，五更上朝，相当于现在的北京时间 5：00 到 7：00。这只是皇帝的

上班时间，因为古代交通工具的缺乏及大臣们普遍都住得离皇宫远，基本上凌晨3：00至5：00，大臣们就要从家里出发候在午门外。

我国古代不同封建王朝官员上朝的礼仪及议政方式多少都有点不同，但是总体来看，秦汉之后，一直到北宋之前，大臣们上朝都是坐着的。君臣议事席地而坐的礼仪可以说是源远流长。在先秦时期，由于实行分封制，各诸侯及大臣都有自己的封地，且在自己的封地中也都是一国之君，实力还是很强大的。因此君主对待他们也比较客气，加上当时还没有发明椅子，所以君王和大臣们都是"席地而坐"。不同于现在汉语对"席地而坐"的解释，古人的席地而坐是"铺席于地以为坐"，即将竹席铺在木质地板上，然后跪坐于席子之上。这样看起来仿佛就是席地而坐，实际上只是跪坐于小腿和脚后跟上，这也从侧面凸显了皇权的权威性。

前221年，秦始皇统一六国建立秦朝，第一个中央集权君主专制王朝诞生。为巩固皇权，秦始皇规定皇帝是国家的最高统治者，皇帝被提到至高无上的地位，大臣们地位开始逐渐下降。但是因为有了之前春秋战国时期的百家争鸣，所以君王对手下的臣子，大体上还是礼让有加的，秉承着"君与士大夫同治国"的理念，君臣之间的关系相对缓和得多。并且在秦汉时期，像一些重要的职位，例如丞相、太尉、御史大夫等，所掌握的权力也是非常大的，因此皇帝和大臣们议政时席地而坐的礼仪沿袭了下来，"三公坐而论道"也自此形成。现在我们从秦汉历史影视作品中也能时常看到朝堂之上官员、士大夫们席地而坐的场景。

马端临在《文献通考·自序》说："秦始以宇内自私，一人独运于其上，而守宰之任骤更数易，视其地如传舍。"《后汉书·戴凭传》中也有记载："建武中正旦朝贺，帝令群臣能说经者，更相难诘。义有不通，辄夺席以益通者。凭遂重坐五十余席。"但是到了东汉以后，随着高座、凳椅先后问世，上朝的礼仪也有所发展，逐渐出现了"拜礼"。在两汉时期皇帝对待大臣还是比较不错的，上朝议事时大臣们还被允许坐着，但朝堂之上不管是"跪坐"还是"坐"，大臣在上朝前都要向皇帝行"拜礼"。拜礼，是臣子对君王的最高礼仪。拜礼是大臣向皇帝做出俯伏动作，看着就像下跪一样，实际上并不是。次之为揖礼，就是以站立姿态拱手向对方行礼，无需跪拜。

　　秦汉以后分三国，再到西晋东晋南北朝，这段历史朝代更迭频繁，但基本上都沿袭了秦汉时期朝臣坐而议政的传统。有点不一样的就是，汉魏时代，公卿百官朝会时要解下佩剑，脱掉鞋子，光脚进入宫殿。议事之时，皇帝坐在正上方，两边铺上很多席垫，大臣们按照官阶等级分别跪坐在席垫上，脚后跟紧顶着臀部，双手垂放膝上，这是汉魏时期官员上朝的标准坐姿。但凡事也有例外，曹操专权的时候汉献帝赐给他一项特权，就是上朝可以剑履上殿，曹操说过："祠庙、上殿，当解屦，吾受命剑履上殿，今有事于庙，而解屦。"当然这也是个例。

　　到隋唐之后，社会风气整体是比较开放的，但君臣之间还是遵守着自秦汉流传下来的礼仪。隋唐时期朝中重臣上朝，也都有坐列的位置。一方面是历史传统延续的结果，另一方面和到了唐朝时宗教盛行也有关系。唐朝时道教、佛教都很盛行，而这两个宗教也都十分重视静坐，这种静坐养生法既可以延年益寿，又能够增强智力。另外，坐着上朝商议大臣们不会觉得累，自然就会专心致志地与皇帝议事，为皇帝排忧解难。因而在唐朝的时候坐着议政也成为当时官员礼仪的主要形态，只有在一些大型的活动或祭祀时，大臣们才会下跪。这就是唐朝时经济发展鼎盛的原因，使得西方国家前来学习和拜见，实质上说明唐朝的等级思想还没固化。

　　从北宋时起，大臣们上朝姿势就发生了变化，由之前的坐着变成站着了。为什么会出现这种变化，其实有着深刻的历史原因。通过历朝历代对相权的不断削弱，到宋代时皇权已经得到了高度统一。北宋开国皇帝赵匡胤通过陈桥兵变才得以黄袍加身，为了进一步巩固政权，加强中央集权，宋朝越发重视儒家思想。同时通过前期董仲舒等人对儒学的改造，将臣对君的忠诚绝对化、无条件化，剥夺了大臣们的其他选择权。君权天授，为独裁的皇权换来了一个合法性，至此君臣的不平等关系愈发明显。到了宋朝，儒家文化发展为程朱理学，成了为封建皇权服务的武器。与此同时，宋太祖为了避免皇权被架空、篡夺，开始有意识地削减武将手中的军权，慢慢将军权收拢在自己手中，著名的"杯酒释兵权"讲的就是这个事。武将势力逐渐弱了以后，宋太祖又极力扶持文官的力量，与之抗衡。

　　虽然宋朝以后，政治力量和统治思想发生了深刻变化，但是这种朝臣由坐到站的变化却不是一蹴而就的。最初的时候，宋太祖和大臣们还是坐而论道的。时间久了，宋太祖就开始琢磨起来如何在群臣面前显示自己的威严，现在大家都平起平坐是不行的，得想办法让群臣站着上朝，才能展现尊卑有别。在一次朝堂论事时，满朝的文武官员还是有不少人坐着的，趁着百官之首的丞相范质汇报公务的机会，赵匡胤假借着看不清奏折上的字，让范质到他跟前帮忙认字。范质离开座位以后，事先接到赵匡胤命令的侍卫就将范质的椅子撤了下去，范质回去之后发现椅子不见了，就明白了赵匡胤的意思，于是就站着继续商议事务。其他大臣看见丞相都站着了，自己也不好意思继续坐着，都申请撤除椅子。就这样，之后上朝所有大臣都站着了。"丞相立班"自此开始，并且在以后的各封建王朝，朝堂之上只有一把椅子，就是皇帝的龙椅。

其实，纵观历史，大臣上朝无论是坐着还是站着，都是外在体现。导致这些变化的真正因素是皇权在不断强化，相权在不断弱化，这种君臣地位的变化是历史的必然，在封建王朝，这也算是政治文明进步的表现。不过，我们也要看到，由于封建王朝体制已经不再适应时代的发展，作为一种渐趋落后的政治体制，最终也是要被淘汰的。

古代太监也叫"老公"，唐朝管爸爸要叫爷爷

　　说实话，现在的很多词，如果放回到古代，那简直就是"毁三观"，比如"老公"，在古时候竟然是用来称呼太监的。而在唐朝更离谱的是，子女管父亲不叫爸爸，而要叫爷爷、阿爷或者哥哥，管哥哥要叫阿兄，管爷爷叫阿翁。

　　先说"老公"这个词语的变化，在演变历史中稍稍有点曲折，并不是那么容易能说清楚的。据说这个词最早起源于西汉，西汉刘向在《说苑》中提到："齐桓公出猎，入山谷中，见一老公。"这里的老公只是单纯地指老年人，一直延续到唐代。那"老公"怎么慢慢演变成太监了呢？

　　其实，"老公"被指为太监的历史并不是很长，相传在北宋时期，金人攻破东京，带走了徽钦二帝和许多贵族，于是宫中许多太监逃到民间。太监是中国封建社会畸形发展的产物，古代帝王后宫很大，需要男人干活，但是又担心这些干活的男人勾引皇帝的妻妾，于是就诞生了太监这个职业。

　　"太监"因为接受过宫刑，本应该安分守己，一心侍主，可偏偏有些人越缺越想要，这些太监特别喜欢去烟花巷。花了钱，却没办法了欲望之事，于是就变着花样地折磨妓女，以解心头难忍之恨。京城的妓女最怕遇到这种人，私下里便给他们取了个称呼叫作"老公"，"公"是指男的，"老"则是说岁数大了，无法进行房事

了，其实就是对太监的一种蔑视辱骂。

原来老公这个称呼有这样一段黑历史，看完后你是不是都想改家里的称呼了？其实大可不必，中国不同地区有不同的文化差异，南方粤语等地，"老公"确实是用来指丈夫的。至于为什么能波及全国，完全因为20世纪八九十年代香港电影的强大吸引力。那时候，叫老公好像是一个很时髦的说法。

再来说唐朝管爸爸叫爷爷这件事，唐朝对家庭成员的称呼其实和现代大有不同，和唐朝背景的古装电视剧里的也不一样。那么在唐朝如何叫自己的爸爸呢？

唐朝时，对父亲的称呼很多。称呼爸爸为爷爷、阿爷或者哥哥；称呼哥哥为阿兄。在正式场合，一般叫"父亲"或者"大人"，所以称呼官员不能叫"大人"；平日里，一般管父亲叫"阿耶（爷）""耶耶（爷爷）"。在杜甫的《兵车行》里，就有"耶娘妻子走相送，尘埃不见咸阳桥"的诗句，这里的耶，就是指父亲。而唐朝人称呼爷爷为"阿翁"。并且女人不能管自己丈夫叫"相公"，因为唐朝的"相公"只能用来称呼宰相。

而造成这样局面的原因，归咎于李世民。他发动了玄武门之变，把自己兄弟给杀了，还娶了自己弟弟李元吉的老婆杨氏；接着他儿子李治为了表现自己青出于蓝而胜于蓝，直接把自己小妈武则天给娶了；而李隆基更厉害了，来了一个横刀夺爱，把儿媳妇杨玉环娶了，整个唐皇室内部关系乱得一塌糊涂。

嫂子被爹娶了，妈被兄弟娶了，这爹叫起来都觉得亏大了，叫兄弟礼数上似乎哪里不对劲。因此这拨人见面时到底要怎么互相称呼才不尴尬，就成了世纪大难题。

还好，当时的唐朝大臣比较机智，经过各种商讨调和，似乎解决了尴尬，因此唐朝"爸爸"有了一个新称呼——哥哥。之所以叫哥哥，可能是因为当时的人们觉得爸爸在孩子心中的形象，既是爸爸又是哥哥。但这哥哥也不是随便叫的，唐人超级在意自己的排行，所以要先看爸爸在家中排行老几，再称之为几哥。

不过也有例外，李旦本来排行第八，按理说该叫八哥，但他亲妈武则天执政后，把唐高祖的庶子们都排除在外，因而身为武则天四子的李旦被人叫为四哥。在当时，哥哥也叫哥，只不过为了区分，当时的人都管哥哥叫阿兄。

霸占哥哥的称谓，他们似乎还不满足，对自己的亲爹都不放过，在唐朝还可以称自己的父亲为爷爷，是不是瞬间头都大了，这是在搞笑？不，他们是认真的，爸爸的爸爸不叫爷爷，叫阿翁。你以为他们会就此止步？想多了，有了父亲、哥哥、爷爷这三种叫法还是满足不了他们。

接着大人一词，也成为了父亲的叫法之一，在当时，大人是对父亲的尊称。如此一来又有一个问题出现了，当时的官员又该怎么称呼呢？在唐朝，相公不是指老公，而是宰相的专属称谓。若是称呼普通官员就更简单了，姓加官职，比如杜甫曾担任过拾遗，可以叫他杜拾遗（巧的是李白也曾担任过拾遗）。

唐朝虽看中行第，但在等级方面称呼却十分平等。无论是下级对上级，还是普通百姓对官员，都可以用"某"来自称，相当于现代的"我"，而百姓见到皇帝，也可和官员一样自称"臣"。不仅普通百姓、官员间平等，连皇家也并不像电视剧里整天用陛下、儿臣、母后、父皇之类感觉很疏远的称呼，反而很有一家人的感觉。

所以如果哪天，你穿越到唐朝，看见一个白发老头手里拎着很多东西，出于好心想帮帮人家，过去说：爷爷，我帮您拎东西吧。老头肯定要白你一眼，心想我活了几十岁了没见过就这样当街占便宜的。

再或者，你想跟一个帅气的小哥哥搭讪，上去就喊人家"小哥哥"，那这个貌美的小哥哥心里可能就要这么想了：小娘子，看起来你也大不了我多少呀，为何追着我叫爸爸？

又或者是在大街上被人抢了，你拉住一个巡逻的官差就喊：大人，那个人抢了我的包。这位官差可能充满了大大的疑惑：不就帮你追个小偷吗？至于叫我爸爸吗？

唐朝是中国古代政治经济高度发展的时期，也是中国古代少有的具有国际视野的朝代。繁华美丽的长安，总能带给人无限遐想。而看完他们对爸爸的称呼，简直颠覆三观有没有？要是穿越过去一不小心说错话，满大街认爸爸不说，还很容易得罪人。

《西游记》中的悟空原型是谁？历史上真的有悟空大师

　　《西游记》这部经典著作，深入人心，国人无人不知，无人不晓。其中塑造的孙悟空、唐僧、猪八戒等人物形象也深受人们的喜爱。

　　作为中国的神话小说，《西游记》俨然已经成为不朽的经典。

　　《西游记》虽然是虚构的神话小说，但作者也是在现实中选取的素材。故事的主线原型是大唐的玄奘法师西行取经的故事，作者根据真实的历史重新塑造了深入人心的唐僧形象。

　　在《西游记》中，孙悟空也一直被人们津津乐道。他是从一块吸收了日月精华的石头中蹦出来的石猴，后来又跟随菩提祖师学习了七十二般变化和仙法，因大闹天宫被佛祖压在五指山下。直到后来唐僧出现，把他解救出来，并收他为徒。孙悟空和师兄弟一路护送唐僧，终于到达西天取得经书。

　　孙悟空神通广大，在现实中也同样有原型。关于其原型存在两种说法：一种说法是玄奘法师在取经路上遇到的胡人石磐陀。另一种说法是唐朝的一位名叫"悟空"的法师。

　　先来说石磐陀。玄奘法师取经其实并没有官方背书，而是私自偷渡出行。他在取经路上陷入困境，便来到了一处寺庙，虔诚地请求佛祖的开示。绝望之时，命运再一次眷顾，为玄奘带来了生机。在这寺庙里，玄奘结识了信奉佛法的胡人石磐陀。石磐陀请求玄奘为他受戒，并帮助玄奘穿越玉门关，顺利走出了瓜州城。

另一种说法是，孙悟空的原型是"悟空"法师。悟空法师俗姓车，名奉朝，鲜卑族人。他从小就天资聪颖，文武双全，自幼习武，擅长使用铁棍。后来参军，随使团护驾出使西域。但在回程时因身患重病，无法回归。在病痛中，他发愿在病愈后要皈依佛门。病愈后，他便入舍利越魔的门中，并开始一心钻研佛法，四处游学。

学有所成后，他向师傅请求回归故土。他的师傅曾给予他梵文《十力经》《十地经》《回向轮经》及一枚佛牙舍利，让他带回大唐。

一番周折，他终于在贞元六年（790）回到了长安，此时，据他离开长安已经40年。他的亲人早已离世，独留他一人。

唐德宗敕命车奉朝住长安章敬寺，并赐予法号"悟空"。

贞元十六年，高僧圆照曾访问悟空法师，将他在西域和印度的见闻整理后撰写了《悟空入竺记》。宋代赞宁根据《悟空入竺记》的资料，经补充在《宋高僧传》中为悟空法师立传。

《西游记》故事中的很多情节受到了密教经典《大藏经》的影响，而悟空法师又是将密教传入东土的功臣。他历经波折，研习佛家经典，最后将佛法带回了大唐，这和《西游记》故事所表达的精神是一致的。所以在《西游记》中，作者很有可能是将其法号化为孙悟空的名号，并与唐僧设定为了师徒关系。

古代死刑为何选在午时三刻执行

"来人啊，把这犯人押下去，明日午时三刻问斩。"这大概是我们看的古装剧中对于犯人的处置，听到得最多的一句话。

再然后就是在法场上处决犯人时，刽子手怀抱着一把大刀等待着监斩官一声令下"午时三刻已到，行刑"，随即丢出一个写了"斩"字的令牌，犯人人头落地。

那么，杀头为什么非要等到"午时三刻"才能行刑？这其中有什么我们不知道的奥秘呢？

说起这个事来，其中还有一个典故呢！相传北宋仁宗年间，皇帝的岳父兼首相庞洪的二女婿王天化，为了赢过骁勇善战的武将狄青，从而夺得边关元帅的位置，想尽一切歪门邪道来作弊。被皇帝宋仁宗知道后，勃然大怒，叫人把王天化绑到法场处以死刑，还委任狄青监斩，以儆效尤。

庞洪大惊，宋仁宗竟然要杀了自己的妹夫。因为他这个老丈人自己也牵涉其中，做贼心虚，不敢直接去劝大女婿，只能赶紧派人去告诉大女儿庞妃，前来解救自己的二女婿。经不起自己爱妃的苦苦哀求，宋仁宗改变了主意，连忙派人前往制止。

可派去制止斩首的人由于路上耽搁，赶到法场时早已经过了行刑时间，王天化已身首分离，踏上黄泉路了。没办法只能回去跟皇帝复命说，人已斩首。庞妃一听顿时晕了过去，宋仁宗因此十分懊恼心疼。为防止今后再发生这样的情况，又重新颁布了一道圣旨：以后处决犯人时，需要在午时三刻才行刑。就这样代代流传了下来，形成了惯例。

但民间却流传着这样的说法，选择午时三刻处斩是刻意挑选的。古代一昼夜划分为十二个时辰，又划分为一百刻，"时"和"刻"实际上是两套计时系统单位，换算比较麻烦，平均每个时辰合八又三分之一刻。"午时"一般约合今天的中午十一点至十三点之间，午时三刻是将近正午十二点。

我们都知道，古代的人十分封建迷信，鬼神之说更是传得神乎其神。而这个时间点，就是他们认为的人的影子最短、阳气最盛的时候。迷信的说法中，此时可以用旺盛的阳气来冲淡杀人的阴气。在古代，人们一直认为杀人是一件"阴事"。无论被斩杀者是否罪有应得，他的鬼魂总会缠着做出判决的法官、监督执行死刑的官员、处决他的刽子手等。因此，当阳气达到顶峰时行刑，可以抑制鬼魂的出现。

要说用阳气打压阴气，还得是在午门。古人对皇城是非常敬畏的，认为阳气最旺盛的地方就是皇城。不管是午时三刻还是午门，都反映了一定的人文知识。

另外，选择午时三刻是因为人在此时的精力值是最低的，处于"躺在枕头上"的边缘。"枕着枕头睡"就是在犯人懵懂想睡的时候行刑，痛苦会减轻很多。如果囚犯被押送到刑场后时间还不到"午时三刻"，刽子手就要等一会儿，一分一秒都不能差，直到时间到了才能行刑。如果错过这个执行时间，通常会推迟到第二天执行。由此看来，选择这样的时间来处决犯人，还是有一定人道主义的。

那么，是不是历朝历代法律都规定在"午时三刻"行刑的呢？并非如此。比如唐宋时的法律规定，每年从立春到秋分，以及正月、五月、九月，大祭祀日、大斋戒日，二十四节气日，每个月的朔望和上下弦日、每月的禁杀日（即每逢十、初一、初八、十四、十五、十八、廿三、廿四、廿八、廿九、三十）都不得执行死刑。而且还规定在"雨未晴、夜未明"的情况下也不得执行死刑。按如此规定唐朝一年里能够执行死刑的日子不到八十天。在行刑的时刻上，唐代的法律明确规定，只能在未时到申时这段时间内（大约是现在的下午一时到五时之间）行刑，并不是"午时三刻"。

而明清的法律只是规定了和唐代差不多的行刑日期，死刑犯需在秋季处决，也就是在农历的七、八、九月，对于行刑的时刻并没有明确的规定。

我们在电视剧中还会听到"秋后处决"这么一说。这又是为何呢？

古人认为，处决犯人合适的时间之所以是秋天，是因为这时万物开始凋零，树叶枯黄，行刑更适合。春天万物复苏，夏天万物生机勃发，都是充满生机的季节，不是处决的好时机。因此，在古代秋冬成了犯人恐惧的季节。

当然，这也不是唯一的原因。在秋天忙完了农耕，人们开始有闲暇时间，当听说一名囚犯将被处决时，他们就会去围观斩首，这种威慑比把人关在监狱里有用得多，看过砍头的人大概率都不会去犯事。

除了杀鸡儆猴的作用，实际上秋后处决其实是为了给这些犯人一个缓冲的时间，就类似于我们今天所说的"缓期执行"，给那些判处"斩监候"和"绞监候"的犯人一个复审的机会。

另外，古代的皇帝为了彰显自己的仁德，经常会因为一些重要的事情大赦天下。比如新皇登基，皇上大婚、过寿，册封皇后，立太子等，或者天降祥瑞、丰收之年等，皇帝就很容易为了普天同庆，进行大赦。

而这个大赦天下的政策往往都是在秋后出现，并且大赦并没有明确人数，一些犯了比较轻微且可以原谅的罪行的人可以直接赦免，也可以抹去犯罪记录，死刑犯也可以获得重生。

所以，无论是选择午时三刻还是秋后处决，统治者的最终目的都是为了震慑和安抚百姓，巩固自己的封建统治罢了。

宋代时竟有女子参加科举

自古以来，考试都是人生大事，现代有高考，一批批学子前赴后继；古代有科举，一批批才子们为了科考而埋头苦学。

在古代的男权社会，向来都是男子参加科考，这是大众的一贯认知。不过在宋朝，却有女子参加了科举。

众所周知，在古代社会，尤其是隋唐以来，科举是朝廷选拔人才的重要途径。对于考生来说，科考可以帮助他们直接跨越阶层。比如在仁宗朝嘉祐二年（1057）这届科考中，就出了9名丞相，代表人物有吕惠卿、章惇、王韶、林希等。

而在唐宋散文八大家中，除去唐朝的两位，剩下的6位中有5人和这届科考有关，一位是主考官欧阳修，还有考生苏轼、苏辙，以及欧阳修的弟子曾巩。还有一位是陪儿子们考试的超级老爸苏洵。

唯一不在此次科考中的王安石，因为早些年就已经中了进士，成了高官。

此外，这届考试还出了程颢和张载两位伟大的思想家。程颢的理学思想和朱熹的学说并称"程朱理学"。

张载就是那个写出"为天地立心，为生民立命，为往圣继绝学，为万世开太平"的先哲，与周敦颐、邵雍、程颐、程颢合称"北宋五子"。

科考的科目众多。以宋朝为例，其科考就包含了进士科、九经科、五经科、开元礼科、三礼科、三史科、三传科、学究科、明经科、明法科，此外还有制科、词科、童子科、武科、绘画试等。这些考试有固定的，也有临时性的。

为什么天下读书人都为科举奔走？因为，每一场科举考试中，都藏着无限的人生机会。

虽然男子参加考试，是整个社会的认同。但其实并没有相关法律规定禁止女子参加科举。宋代对科考身份的限制主要在于不孝不悌者、还俗的和尚道士和"工商杂类、身有风疾、患眼目、曾遭刑责之人"不能参加考试，而其中并没有禁止女性参加。

这个漏洞也使得一个叫林幼玉的女童成了第一个参加科举考试的女子，开创了历史先河。

《宋会要辑稿》中曾对此事进行了记载："自置童子科以来，未有女童应试者。自淳熙元年夏，女童林幼玉求试，中书后省挑试所诵经书四十三件，并通，诏特封孺人。"

文中说的是，在宋孝宗时期淳熙元年（1174），林幼玉参加了童子科的科考，并通过了中书省的考核，后宋孝宗特地封她为孺人（贵妇人的封号，按宋代1112年所定命妇的等级，由下而上的排列是：孺人、安人、宜人、恭人、令人、硕人、淑人、夫人）。

在此后，宋宁宗时期，女童吴志端获得考核资格，《宋会要辑稿》中记载："女童子吴志端令中书覆试。窃谓童子设科，所以旌颖异、储器业也。本朝名公儒，如杨亿、晏殊之伦，载在史册，后世歆慕。今志端乃以女子应此科，纵使尽合程度，不知他日将安所用？况艳妆怪服，遍见朝士，所至聚观，无不骇愕。尝考《礼记》，女子之职，惟麻枲丝茧、织组紃是务，又曰：'女子出门，必拥蔽其面。'志端既号习读，而昧此理，奔走纳谒，略无愧怍。其执以为词者，不过淳熙间有林幼玉一人，以九岁中选。今志端但知选就，傍附八岁申乞，不思身已长大。十目所视，其可欺乎傥或放行覆试，必须引至都堂，观听非便。乞收还指挥，庶几崇礼化，厚风俗。若以其经国子监挑试，则量赐束帛，以示优异。"

　　吴志端在八岁的时候就申请了考试，过了几年通过了国子监挑试，并得到皇帝亲自复试的机会。但是，当时有很多大臣认为女子抛头露面有伤风化，因而在此后女子便不再允许参加科举。

　　虽然两个女子在科举考试中并没有溅起太大的水花，但是在波涛汹涌的历史上，却留下了闪亮的印记。她们逆流而上，这件事情本身就闪着光辉。

中国历史上有个奇葩小国，靠当中间商赚差价

在古代，还没有互联网，中间商们在快乐地营业，甚至有一个不起眼的小国，举国做起中间商来，一买一卖，生意红火，赚得盆满钵满。这个国家叫杞国，并不是"杞人忧天"的那个杞国，而是大宋朝的一个附属国，一个神秘的彝族地方政权。他们在历史的夹缝中生生不息，也让我们看到了历史的另一个生动面孔。

《宋代自杞国》中记载了这个杞国，当时活跃于今云南、贵州、广西地域范围的政治舞台。

杞国虽小，并存活于中原政权变更频繁的征战时期，但是这并不影响杞国人活得潇洒。据记载，他们"贩马致富，拓地数千里"，有强悍步兵十万，精骑万余。由"蛮酋相争"到"独雄于诸蛮"，拼死抗争，打破元朝"先下西南围歼南宋"速胜密谋，阻敌于滇五年之久。

据相关学者考证，杞国是彝族人的祖先，乌蛮人所建立，一直生活在云贵一带。自从汉朝吞并了夜郎和滇国之后，他们就在名义上臣服于中原王朝，成为中原王朝的附属国，但始终都保持着若即若离的状态。

战争带来了灾难，但同时也带来了商机。从北宋立国到南宋灭亡，共经历了300余年的时间，在这300多年里，宋王朝的日子过得并不安稳，先后经历了夏辽

金和蒙古族的入侵，常年战乱不断。战争必然会消耗大量的资源，而战马就是其中重要的一项。

宋王朝一直心心念念地想收复幽云十六州这个战略要地，但在战略上始终处于弱势。正所谓燕赵出精骑，最能打的骑兵基本全出自这里，而且燕赵地区有着中原最好的马场，宋朝想要收复失地，必须要解决战马的问题。尤其是在宋朝南迁以后，失去了北方的战马资源，所以他们需要寻找新的战马来源。一方面他们增开马场，增加战马储备，另一方面也要通商买马。

而作为战马产地的云南吸引了宋王朝的目光。因为云南、广西可以经缅甸、印度至中亚，而中亚是良马的产地。不过宋王朝自然不会去直接派人购买，因为大理地段鱼龙混杂，局势混乱，于是他们在广西南宁附近多地开马市，通过中间商来购买。

处于南盘江河套中的杞国自然不会放过这个赚钱的大好机会，他们把后防线变成了对外交通第一线，沿着这条路马贩们不辞辛劳地开拓出了一条前往广西的商道。

从那以后的 100 多年间，每年都有大量的战马输送到南宋，又沿着这条山路将内地大量金银布帛以及书籍源源不断地运回到云南。这也大大地促进了云南地区的文明进步。

杞国整个国家几乎都做起了贩马的生意，成为大宋朝和大理国之间的中间商，这个偏僻的小国家也很快富裕起来。

钱包鼓起来了，腰杆子也硬了。在国力日渐强盛之后，杞国开始自立年号，不愿意再依附于南宋王朝，甚至双方有时也会发生冲突。但当时战乱不断的宋朝无心顾及这个偏远小国，而与南宋的战马交易是杞国的支柱产业，双方一直保持着稳定的共存关系。

1253 年，蒙古灭了大理国，并开始从西侧进攻宋朝。而杞国则成为了蒙古进攻宋朝的必经之地。起初这个弹丸之地，并没有被蒙古大军放在眼里，但在实战中他们举国奋力抗敌，抵抗了蒙古大军整整 6 年。一直到 1259 年才被灭掉，足以见得其国力之强盛。在亡国之前，杞国的末代君主还给宋王朝提供了重要的军事情报，闪烁着正道之光。

　　遗憾的是，这个彝族地方政权的辉煌往事，如今很难在历史中寻到踪迹，只是在一些宋朝官员的笔记和奏折中留下寥寥数语。但即使它在泱泱历史潮流中微小如尘，也闪烁着文明的光辉。

我国历史上第一个拆迁协议产生于宋朝

对当代人来说，想要不费吹灰之力而一夜暴富，除了靠买彩票，或许就只能靠拆迁了。拆迁这种事讲究天时地利，想靠拆迁致富需同时满足两个条件：一是所在城市正在进行规划建设，二是自己的房子刚好处于规划圈之内。比起那些靠双手勤劳致富的人，拆迁致富吃的是国家发展、城市发展的红利，从个人的角度来说，这是天降的大运，而从国家宏观的角度来说，这也是城市正向前发展的好现象。

有人觉得拆迁这事只是国家发展中的一个阶段性现象，迷人但短暂，实则不然。事实上，任何一个城市都不可能一成不变，永远有新的规划要来重建旧的画卷，再加上房屋楼阁都会随着时间而衰败，如果不及时重建，整个城市很快就会变得破旧不堪。

不过以前并没有一个规范的条例用来处理这方面的问题，当官府需要扩建或重建城市时，往往会与百姓们发生一定的冲突，最后要么达成一个也许平等也许不平等的协议，要么直接强制性征收，百姓苦不堪言，官府也败坏了名声。

社会的发展其实就是在一次又一次的冲突后寻求一个彼此都能满意的平衡点，许多成文的不成文的规章制度就是在这个过程中确立下来的。而对于拆迁这一问题，在持续了许久的各种冲突、不平、胶着、困扰之后，终于在宋代的宋神宗年间达成了一个协议，这也是中国历史上的第一个拆迁协议。

这协议的促成，要从宋朝的城市规划风格和当时的经济发展状况说起。

从西周时期开始，城市便以坊市制度为建设方向。不过早期并没有一个严格的制度，只是在规划城市时，管理者趋向于使用规整的方案来进行设计。简单地说，就是城市被划分成了一个个小块，每一块都分工明确，用来作为市场的地方不可用来居住，而居民所住之处也不可进行买卖交易。

这种制度在魏晋年间得以巩固和确认，从那之后，历朝历代都以这种棋盘式的规划作为城市建设方向。这种制度的好处就在于城市中各种成分的人都能各司其职，彼此不受干扰，官与民更是很难发生直接冲突，有助于社会和谐；坏处则在于难以扩大经济规模，一定程度上限制了经济的发展。

虽然唐朝初期也延续着这种城市规划的方式，但到了后期，因经济不再如最初那般繁华，对坊市制度的反对声愈发强烈，这种制度也在一次又一次矛盾和冲突之后，逐渐被瓦解。

到了宋朝，坊市制度则完全被废除，宋朝政府更趋向于让百姓自由发展经济。那时候，社会的生产力已经达到了一定程度的飞跃，正是处于经济改革的萌芽之时，政府的行事风格也更加民主和大胆。在这种环境下，百姓们也就可以放手去做各种生意了。

各种作坊、商铺逐渐深入到街头巷尾，一时间，城市变得空前繁华。

然而，缺少管理的繁华，很容易变得混乱。果不其然，为了做生意，一些商铺已经达到了"侵街"的地步，严重者，别说是马车，就连走路者想要从街道中通过，都需要七拐八弯。

做生意本是个正当的活动，应当鼓励，可如果达到影响城市正常运行的地步，就未免有些过分了。只是作为只想好好生活的百姓，他们并没有操心城市规划的责任，他们仅仅是在政府允许的范围内，尽可能为自己争取更多的利益。这侵街的现象，说到底，仍然是政府的锅。

其实也可以理解，毕竟在这之前的城市都是坊市制度，刚刚打破旧制，要建立新制，本就不可能从一开始就将方方面面都考虑到，总会出现各种问题。关键在于面对问题时能及时找到解决问题的方案，这才是建立良好社会制度的正确流程。

最初这个问题并不容易解决，政府也只能是见招拆招，即当街道变得过于狭窄时，政府就下令拆除拓宽，被拆了铺子的百姓只能自认倒霉。

正如前文所说，这种行为其实极大地伤害了政府与百姓的感情，其中不乏借机报复或铲除异己的行为，更不乏扬着官威对百姓进行欺压的恶人。在对百姓的压迫上，似乎并没有比坊市制度时期变得更好一些。

但官府也并非人人铁石心肠，除了那些真的心怀不轨之人，绝大部分人仍不希望看到百姓受苦。所以，虽然侵街现象比比皆是，虽然城市显得十分混乱，许多街道也十分狭窄，但官府仍然秉着能睁一只眼闭一只眼，就不严苛对待的态度。

包括皇帝也是如此。

最初宋太宗几次想对宫城进行扩建，因为作为皇帝居住的场所，位于汴梁的宫城实在是太小了，跟唐朝的长安城根本比不了。然而，若是一条街一条路因过于狭窄需要扩大，只需要对侵街者进行强制拆除也就是了，可是要扩建一整个宫城，这涉及的百姓可就不止十几家，而是上百户了。

宋朝的都城本就杂乱，若是在坊市制度下倒还好解决，直接将城市重新规划一下也就罢了。可在这大宋朝的宫墙之外，做什么的都有，有居民，有酒楼，有钱庄，有摊位，若要将他们全部强制驱赶拆除，那对整个汴梁的经济体系都会造成不小的影响。

所以虽然宋太宗一心要扩建，但最终还是只能想想而已。

宋太宗之后，几乎每一任皇帝也都有着同样的想法，但最后也只能都以同样的原因作罢，一直到宋神宗上任。

说起这位宋神宗，也是历史上颇有名气的一位皇帝，王安石变法就是在他在位期间促成的。其实每一位皇帝身在其位，所掌握的权力都是等同的，是否能有所成就，全看他们个人的行动力如何，行动力差的皇帝可能一生都难以有建树。而宋神宗就是一位行动力超强的皇帝。

如果说包括宋太宗在内的前几任皇帝都是只敢想不敢做，那么宋神宗就是敢想更敢做的类型。只要是他想做的事，不论如何他都会努力去促成，即便是在杂乱的汴梁城扩建宫城这种光是听起来就很麻烦的事。

虽说扩建宫城这事，连续几任皇帝都做不到，但说起来其实也不难。说到底，只要解决了扩建范围内的那些建筑，就什么都不是问题了。当然，难倒那几任皇帝的，也就是这些建筑。

首先，这些建筑的主人们必不同意搬离，毕竟涉及利益；其次，一旦这些建筑被拆除，经济体系受到的影响需要解决；再次，如果强制拆除，那么政府的公信力就会大打折扣。

这些问题，看似难以解决，但本质上其实就一个字：钱。

只要给足了钱，什么困难就都不是困难了。第一，建筑的主人们不肯搬离是因为会伤害到自身利益，那么只要将这些利益一次性补足，他们就没有理由跟政府硬抗；第二，经济体系受到的影响，只要通过财政拨款调节，也会很快恢复；第三，只要双方都能和平解决，就不存在强拆的问题了。

这一点，前几任皇帝或许想到了，但并未实施，或许根本就没有想到过，毕竟，从强拆到与民众做交易，这不仅仅是解决一个问题这么简单，这是从根本上改变了官与民之间的相处方式。

事实上，在民间这种交易早已经存在了。由于宋朝特殊的城市规划方式，所有居民都可以在城市的任意角落做自由交易，那么自然有人做得好有人做得不好，那些做得好的就希望扩大经营规模，要扩大就要占地，这就必然涉及与其他商户之间的地盘争端问题。而商人之间遇到问题，自然直接用钱来解决。所以，当有人要扩大自身经营时，就会与将扩大的范围之内的其他商家或居民进行谈判，最后会以一个双方都比较满意的价格，通过补偿款的方式来获取对方的地盘。

但这毕竟只是民与民之间的交易活动，而官与民之间仍存在着一道沟壑。

宋神宗决定消除这道沟壑。

既然大宋朝的经济已经十分繁荣，那么官家与百姓进行交易也未尝不可。宋神宗派出了一位名叫杨景略的官员与百姓进行谈判，商定拆迁补偿问题。难倒了几任皇帝的难题，就这样迎刃而解了。最后，拆迁补偿分为两种方案，一种是补偿地和房屋，另一种是补偿钱，跟如今的拆迁补偿方案没有任何不同。

　　至于当时的补偿钱数，根据史料记载，每户平均补偿 170 贯钱，这个钱数按照当时的经济水平和生活条件，完全可以买一套比之前更好的房子了。

　　而这，就是中国最早的拆迁协议。

　　这个协议的出现，与社会制度的进步脱不开干系。这也更说明，早在大宋年间，我们的社会管理方式和管理者的思维就已经十分先进，甚至出现了民主制度的萌芽。

史上最大规模的"焚书"行动竟然是由修书引发的

修书与焚书，可以说是两个完全相反的词。修书应当是功在当代利在千秋之事，而焚书对文化而言则是一场彻头彻尾的灾难。然而谁能想到，这两件事竟然可以发生在同一个时间，甚至同一个事件之内呢？

历史就是这样的荒诞不经。

说起焚书，我们第一印象必然是秦始皇的焚书坑儒事件，甚至只要提起秦始皇，除了统一六国外，人们最为熟悉的就是他对文人、对文化的迫害。殊不知，秦始皇之焚书，与后来清朝的乾隆皇帝所焚之书根本不在一个数量级别。在中国历史上，最大的焚书事件，就发生在乾隆年间，讽刺的是，焚书是因为乾隆要修撰《四库全书》。

当然，说是焚书，其实并不准确。乾隆的行径，比焚书恶劣许多倍。这一切都要从乾隆决定修《四库全书》说起。

众所周知，乾隆皇帝是一位颇有想法也颇有行动力的皇帝。只不过，他的想法和行动力与其他的皇帝多少有些偏差。别的皇帝，但凡是有些志向的，想法多是如何让这个国家强大繁盛，如何让民众过上富裕的生活，如何通过自己的治世手段，让这个国家的文明更进一步。而乾隆皇帝的想法，多半都是如何让自己彻底青史留名。

按理说，作为一个皇帝，历史上必然会为他记下一笔，即便他什么都不做，浑浑噩噩度过一生，只要无过，后人在查阅史册时，总能看到他的名字。可乾隆显然并不满足于此，同样是皇帝，他也要比其他人更有存在感。

可是他找存在感的方式，不是通过真正的能力去有所建树，而是通过做一些必定能够在历史上留下一笔，同时自己又不必费太大功夫的事情。比如在名人字画上留下自己的签名，比如到处游玩留下"在此一游"的痕迹等。

当然，还有些更快捷更省事的留名方式，那就是直接封住一些不听话的嘴，再培养许多愿意为他唱颂歌的嘴。对此他或许十分得意，毕竟其他许多皇帝都想不到的事，竟然被他想到了。原来想要给自己留下一个好名声竟是如此简单的事。

还有什么是比操纵舆论更快建立名声的方式呢？

这种方式说来简单，也并不是谁都能做到，但皇帝掌握天下大权，几乎没有什么是皇帝做不到的。

不过这里又面临一个问题，就是皇帝虽然管得了自己的国家，却管不了其他国家。如果国家被外国入侵怎么办？

到了乾隆这里，这也简单，直接闭关锁国就是了。锁住了国家，完全不来往，其他国家还有什么机会入侵呢？

于是，外患这件困扰了一代又一代皇帝的事情，似乎也被乾隆轻松解决了。

解决了外患，就该解决内忧了。

要控制舆论，首先控制的必然就是文人与书籍。

不似今天，有网络，有各种形式的新媒体，古时候的文化传播几乎全靠书籍。所以在乾隆年代，控制舆论也比今天容易得多。

按道理，皇帝要想控制舆论，最多也就是禁止一些书籍的流通，对有严重反动言论的文人将其抓捕等。过去的许多皇帝也都是这样做的。但乾隆作为一个不走寻常路的皇帝，他却决定做一件前无古人之事，而目前看来，这事也是后无来者的。那就是：他决定将现有的全部书籍都重新整理一遍。

不是禁一两本书，而是把所有书都重新净化，该毁的毁，该改的改，变成完全符合他意愿的书籍。

这说起来像是天方夜谭，可乾隆还真的做到了。

他首先找来了纪晓岚担任总编撰，接着任命了 360 多名官员和学者，给了他们一项庞大而壮观的任务：编纂《四库全书》。

他要把当前所有的书籍，归类为经史子集四部，再由这些官员和学者将其全部重新编写。

后来人们说起这件事，也时常以赞叹的口吻，赞扬乾隆皇帝对于中国文化的贡献。毕竟他将之前所有的书籍全部入库，这样更便于后人寻找，说起来也是一件为国为民的好事。

这正是乾隆的高明之处，他也做了很多类似这样的事情：说出来很好听，深究起来才会发觉根本不是那么回事。

比如编纂《四库全书》一事，若是不了解的，甚至会以为这跟司马迁编写《史记》的性质等同。但两者的性质截然相反。

司马迁编写《史记》，最重要的就是求实，哪怕与当时的政权控制的舆论相违背，也要以事实为根据去编写。可乾隆下令编纂的《四库全书》，却是为了自己的私心，而将过去的所有书籍变得彻底面目全非。

凡是含有对乾隆、对大清朝不利言论的书籍，要么将不当言论直接删除，要么彻底毁书，甚至还会将原书的内容彻底修改，改成乾隆可以满意的样子。

这也是为什么一项简简单单的归类工作，却要动用 360 多位官员和学者，由 3800 多名人员抄写，前后历时 13 年方才完成。因为这根本就不是只编写一套目录，这是对乾隆之前中国几千年的文化进行彻底的洗牌。

这些官员与学者，他们做的也并非是类似为书进行注解这种正常修书会做的事，他们只是依据乾隆的喜好，依据大清朝的立场，对每一本书进行评估，先是决定这书是去还是留，若留，还要决定怎么留。这整个过程中，充斥着对文化的蔑视，充斥着上位者的傲慢，对于前人所留下的文化瑰宝毫无尊重可言。这是以文人的名义，做着最粗鄙的勾当。

若说乾隆喜欢在名人字画上签名盖印只是毁了一些艺术品，那么他将所有的书籍重新编写和覆盖，就是对文化本身的一场灾难性的摧毁了。

按照统计，在编撰《四库全书》期间，以对大清不利为名而被彻底销毁的书籍，有 13600 卷，焚书总数有 15 万册。在此期间，乾隆对明朝留下来的档案也进行了销毁。因为在清朝入关之前，明朝记载了许多对清朝不利的内容，既然要将舆论进行彻底的洗牌，那么明朝留下的东西，自然不能让它们存在于世上。

其实若完全按照乾隆的想法，绝大部分书籍都是要毁去的。因为首先清朝作为入侵中原的外族，其文化本身就与中原文化不同，若要将整个大清朝的文化彻底变为乾隆乐见的样子，那么许多中原文化的内容都需要被剔除。但无奈的是，中原文化太过博大精深，若彻底剔除掉，恐怕这《四库全书》也就不剩什么了。

或许为了至少看起来好看，又或许真的是难以彻底洗牌，一些本该销毁的书还是被保留下来。但既然要保留这些书籍，那么必然就要将其内容重新清洗。因此也就出现了许多可笑的事情。

比如岳飞的"壮志饥餐胡虏肉，笑谈渴饮匈奴血"竟被改成"壮志饥餐飞食肉，笑谈欲洒盈腔血"。在《四库全书》里，这样可笑的例子可谓比比皆是。

当然，悠悠之口是很难真的彻底封禁的，尽管乾隆年间大搞焚书，遍地文字狱，可许多优秀的文化作品还是得以保留下来。岳飞以及许多人的诗句最终还是以其原貌流传到后世。但这也仅仅因为这些名句实在流传太广的缘故。至于那些流传没那么广的诗词文章等，被改了也就改了，恐怕后人也再难看到其原本模样。

直到今天，当翻阅古籍的时候，我们也已经很少看到对清朝的负面描述，这多是乾隆大肆焚书的功劳。当然，一些比较有名气的书籍，仍然会通过民间流传等方式而保留下来，可惜的是那些名气不够没能在民间流传下来的书籍，在乾隆的大手笔之下，怕是在历史的痕迹中彻底消失殆尽了。

都说历史是一个可以让人随意打扮的小姑娘，其实粉饰历史这件事，又何止是乾隆做过，历朝历代，不论是帝王还是什么身份，只要有足够的权力，就永远会有人去做。同样的一个故事，在不同的年代里，都会变成不同的样子，更何况是用来教化民众的书籍呢。只是，乾隆竟能将粉饰历史这件事做得如此冠冕堂皇，甚至反过来将其变为自己的一项功业，倒也是一件奇谈了。

别人焚书即焚书，修书即修书，唯有乾隆，以修书的名义进行焚书，并且进行的是史上最大规模的一次焚书，这怕是秦始皇知道了都要骂上一骂的。

清朝时银库管得很紧，库丁都要裸身进出

当世风日下时，总有一些人会迷失，被金钱与地位遮住了眼，利益追逐代替了理想，忘记最初的梦想。尤其是当底线不牢又恰好遇上体系漏洞时，往往基层的岗位上都能滋养出大贪之人。

在清朝，就有一批职位特殊的人，他们与钱财有着最直接的接触，大胆地做着"损己也利己"的事情，这些人被金钱冲昏了头脑，将利益摆在了至高无上的位置，而最终的下场也只能是自己吞食早已酿成的"恶果"。

这个职业就是：国库的库丁，朝廷给他们开的工资非常低，甚至接近于没有，仍然有不少人趋之若鹜。原因在于，只要能够担任这个职位，就意味着他们已经有一只脚踏入了财富的门，做得越久可以捞到的油水就越多。他们看上的不是这个职位，更不是那点微薄的工资，看中的是能够获得的捞钱机会。

一旦身处这个岗位，他们就可以接触到从全国各地上缴来的银子。比如每年各地都会上缴很多的税银，但大部分都是一些碎银，乱七八糟的，也就不好盘点实际到底是多少。所以朝廷干脆把上缴的税银，拿去熔化重新炼造出大的银子。这回炉重造必定有损耗，从而也就给了有心之人钻空子的机会，负责铸造银锭的就是库丁。他们可以在工作过程中，随手抓一把碎银藏在自己的身上，只要不是很多，根

本不会被发现。

　　长此以往，库丁攒下不少的财富，开始吃香喝辣，全家致富。慢慢地很多有心之人也发现了这一职业所带来的油水，大家都纷纷想要去谋这份差事。但平常百姓是不可能有机会去竞聘的，只有满人可以。

　　因为财政一直以来都是国家的命脉，所以肯定会要求满人亲自来掌管。并且，这个职业实行三年一任制度，每次大概有50名，一年当中国库会打开九次左右。这个行业实在是富得流油，想当上银库库丁，一般都要向相关官员行贿接近一万两的银子。这些库丁后代大多也可以当上库丁，继承性很强。从中能受益的人，一年贪二三十万两白银可以说是易如反掌。

　　为了防止贪污，国家实行了严格的管理制度，也想了很多办法来制止，但还是避免不了银子丢失的事件。其中一个办法就是银库每逢搬库，无论严寒酷暑，都要求库丁脱得一丝不挂，裸体从堂官前鱼贯而入，入库后穿上预先准备好的工作服。搬运完毕，脱下工作服再光溜溜而出，至大堂前再次接受检查。检查时，库丁要平伸两臂，露出两肋，两腿微蹲，并跳起来张嘴学鹅叫，这是为了防止库丁们把银两藏在嘴里、鼻子里、耳朵里。如果发现银子立马就人头落地，没有的话就可以顺利回家。

　　即便如此，库丁还是有办法私藏携带碎银出去，他们偷窃的方法可以说是五花八门。

　　有一个办法是"茶壶带银"。库丁每次去工作时是可以带水进去喝的，久了之后他们发现，到了冬天因为气温太低水会结冰，把银子放到装有冷水的茶壶里，等到出去的时候茶壶已经结冰了。出库面临检查无论怎么摇都不会有响声，因为银子已经冻在茶壶里，自然倒不出来。

　　除了这个奇招，他们竟然发明了"猕猴盗银"法。据说当时银库为了避免偷窃，就驯养了几只猕猴看守银库。某天有个库丁发现，猕猴非常喜欢模仿人的动作，因此"库丁家族"就想到一个损招：让猕猴吸食鸦片，等到猕猴上瘾之后，培养它去偷银子换鸦片。于是当猕猴犯烟瘾的时候，就会去偷银子，慢慢地就成为库丁盗窃库银的得力帮手。

虽说这一系列操作，让库丁搞到不少钱，但他们也有"自费打工"的时候。要想不被人知道他们挣了大钱完全是不可能的，明眼人都能看出来他们肯定有办法搞到钱，所以才能吃香的喝辣的。于是一些不怀好意的家伙就开始对他们下手了，专门蹲守库丁，然后冷不丁去撞一下，甚至可能都没撞到，也会赖着他们，说要么给钱要么见官，典型的"碰瓷"。

"碰瓷者"之所以能屡屡得手，就是看准了库丁工作时间是有限制的：如果去晚了，很可能就不让进去了，搞不好这个富得流油的好活也就没了。所以库丁即便是不情愿，但只要提的金额不多，通常都会满足这些"碰瓷团伙"，结果反倒助长了碰瓷者的猖獗。

不过也有一些不服气的，凭什么自己好不容易赚来的卖命钱，就轻易交给这帮无赖？于是他们就花钱雇镖师来保护自己，一旦有不长眼的家伙闹事，镖师咔咔一顿就给解决了。

一开始，这个办法效果显著，但到了后期没有了碰瓷者滋事，镖师能挣到的银子就少了。于是镖师和碰瓷者就在私底下串通好，一个装样子吓唬库丁，一个装样子保护库丁，事后镖师给碰瓷者点银子，大家"皆大欢喜"。

因此也有不少人同情清朝时期的库丁，那么卖力才得到的一丁点银子，还没来得及焐热就被贼惦记上了。这些"碰瓷者"就像狗皮膏药，只要出门就会撞到，即使雇用了镖师，哪知他们竟然和"碰瓷者"背地密谋一起敲诈库丁，清朝时期的社会百态实在令人唏嘘感慨。

"可怜天下父母心"是慈禧说的

"可怜天下父母心"，这句话被广泛使用。原诗是这样写的："世间爹妈情最真，泪血溶入儿女身。殚竭心力终为子，可怜天下父母心！"

意思是说，世上的父母总是对孩子竭尽全力地付出真心，即使有时候被误解，也终其一生无怨无悔。也因此感叹，可怜天下父母心。

但很多人恐怕不知，这首诗的作者，是慈禧老佛爷。

慈禧在其母亲六十寿辰时，没能前去为母亲贺寿，十分愧疚。所以就命人为母亲送去了厚礼。同时又写了一幅书法，裱好之后也送给母亲，上面题的正是这首诗。

而这首小诗，给了不少人意外，也让人们认识了慈禧柔软的一面。

在我们一贯的印象中，慈禧作为咸丰皇帝的妃嫔、同治皇帝的生母，一生历经三位皇帝，到了清朝晚期成为了王朝的实际统治者。

但是在她的政治面孔之外，她还有着其他并不被大众所知的模样。

比如慈禧有点自恋，喜欢让别人给她画肖像，也非常爱拍照。如果放到现在，一定是自拍、旅拍、日常拍，样样不落。

慈禧在晚年，曾重金聘请国外画师，为她画像。光绪二十八年（1902）俄国沙皇尼古拉二世和皇后将一张八英寸着色全家照赠送给慈禧太后和光绪皇帝。

这张照片让慈禧仿佛发现了新大陆。她在这张照片上真切地感受到了摄影的魅力，更快、更好、更真实。因而对照片产生了浓厚的兴趣。

为了实现自己的小愿望，她还特地命人搭建了豪华的摄影棚，以供自己快乐地拍照。

慈禧拍照非常敬业，她会在照相之前翻阅历书，寻找良辰吉日，拍出美美的照片。

此外，在那个"女子无才便是德"的封建社会，慈禧很爱读书，有着很高的文学素养。她晚年喜欢读《资治通鉴》《诗经》《红楼梦》，在慈禧的带动下，紫禁城的皇子、公主、宫人等，都跟着爱上读书。

慈禧在政治上虽然够冷酷，像男人一般，但是在生活上，她却极其注重保养，也很爱美爱打扮。慈禧的衣服每一件都要分类注册存放，衣服鞋子多到数不胜数，很多衣服甚至都没被穿到。但是，爱美是女人的天性，漂亮衣服永远也不会嫌多。

此外，慈禧每天都要花费两三个小时，对着镜子梳妆。每个细节，都打理得非常精致，从无懈怠。于她而言，这不仅仅是一个女人的优雅，更是皇家的体面。

她喜欢研制各种各样的美容护肤品，在《宫女谈往录》中，曾记载着慈禧所用的化妆品，绝对碾压现代的奢侈护肤品。

"首先，要选花。标准是要一色砂红的。花和花的颜色并不一样，俗话说，不怕不识货，就怕货比货。把花放在一起，那颜色就分辨出来了。一个瓣的颜色也不一样，上下之间，颜色就有差别。因此，要一瓣一瓣地挑，一瓣一瓣地选。这样造出胭脂来才能保证纯正的红色。几百斤玫瑰花，也只能挑出一二十斤瓣来。内廷制造，一不怕费料，二不怕费工，只求精益求精。没这两条，说是御制，都是冒牌。

选好以后，用石臼捣。石臼较深，像药店里的乳磨，但不是缩口，杵也是汉白玉的，切忌用金属。用石杵捣成原浆，再用细纱布过滤。纱布洗过熨平不许带毛丝。就这样制成清净的花汁，然后把花汁注入备好的胭脂缸中。捣玫瑰时要适当加点明矾。这样颜色才能抓住肉，才不是浮色。

再把蚕丝绵剪成小小的方块或圆块，叠成五六层放在胭脂缸里浸泡。要浸泡十多天，要让丝绵带上一层厚汁。然后取出，隔着玻璃窗子晒，免得沾上尘土。千万不能烤，一烤就变色……"

其工艺复杂、精细可见一斑。而这仅仅是属于慈禧日常生活中的一件小事。

就连慈禧的如厕用纸，也得是经过宫女们细致加工好的。

慈禧的作息也很有规律，每天早起处理朝政，中午有午睡的习惯，晚饭后会散步。每天晚上都会泡脚，而且泡脚水也非常有讲究，比如，在潮湿闷热的三伏天，宫人们会把菊花煮沸，再晾到合适的温度，给慈禧洗脚。可以驱暑气，清爽明目。天冷的时候，就会运用木瓜汤洗脚，可以驱寒活血。同时也会根据天气的变化，调整方剂。

上述列举，都不过是慈禧零星的日常小事。你还知道慈禧太后哪些鲜为人知的故事呢？

清朝某嫔妃月薪 300 两不够花，最后选择去卖官

1900 年 8 月，八国联军袭击了北京。

慈禧太后颤巍巍收拾好了行李卷，仓皇带着亲信准备向西逃亡。临走之前，她没有忘记处理一件"家事"——以"年轻易生事、恐遭洋兵侮辱"为由，要求珍妃自绝。

因其不从，慈禧命太监把 25 岁的珍妃扔进了井里。

人命似薄纸，如花生命香消玉殒。

自此，一口"珍妃井"成了传奇故事的按钮。无数野史与影视剧都将她塑造成了美丽贤惠的"白月光"，与光绪谱写出一段可歌可泣的宫廷生死恋。

虽然罪恶滔天的慈禧太后扮演起"恶婆婆"的角色毫无违和感，但事情的真相，果真如此吗？

踏进皇宫的那一年，珍妃只有 13 岁。

当她与姐姐瑾妃沿着宫墙缓缓前行的时候，既不知前路是否似锦，也不懂人间险恶。

这个聪明的女孩，很快就熟悉了陌生的环境。

光绪皇帝是个童年缺乏关爱的抑郁症患者，胆小、孤独、懦弱，眼底透着灰

暗，对任何人都是淡淡的。隆裕皇后是慈禧太后的亲侄女，也总是一副丧丧的样子。她与光绪之间，就像是死水遇见了死水，激不起一丝涟漪。

在这样的情况下，性格活泼的珍妃就像是解救光绪皇帝的一颗药丸。用我们今天的眼光来看，她会玩，懂生活，又能带动情绪。而光绪需要的，正是这样一个氛围组美女。

与很多人的认知恰恰相反，慈禧太后其实也很喜欢这样机灵的姑娘。

德龄郡主曾在书中提到过：慈禧欣赏机敏聪慧的美女。她还曾经亲自教珍妃双手写字的绝活。

在光绪亲政期间，慈禧在出宫游玩时时常带着隆裕和瑾妃，让珍妃留下陪着光绪。由此可见，慈禧太后与珍妃之间的婆媳关系，最开始是十分融洽的。

与珍妃在一起的日子，是光绪人生中少有的快乐时光。

珍妃从小跟着伯父在广州长大，受过西洋教育，喜欢研究各式各样的新奇事物。她把宫外的所见所闻，都讲给光绪听，也为光绪一成不变的生活添加了很多乐趣。

她琴棋书画样样精通，又会说外语，被光绪视作知己。对于这个不断为自己带来新鲜感的女人，光绪很珍惜，也给了很大的骄纵。

而这，也成为了珍妃悲剧命运的导火索。

珍妃喜欢摄影，找人买了相机拿进宫里，让太监们随时给自己拍照。因其姿势摆得过于时尚新潮，显然不太符合妃子的身份，让慈禧太后渐生不满。

她还喜欢女扮男装，甚至陪着光绪在养心殿看奏折。更夸张的是，因她对拍照过于热爱，竟然在宫外开了一家照相馆，由一位戴姓太监来打理。

这件事让慈禧太后大为光火，将戴姓太监处死，并查封了照相馆。

这次教训都没有让珍妃注意自己的言行。光绪对其宠爱有加，她竟然就忘记了，谁才是光绪的"爸爸"。

恃宠而骄，是珍妃的性格缺陷。

与瑾妃的谨小慎微相比，她丝毫不懂收敛，直到触碰了慈禧太后的底线。

世上所有的新奇体验，都需要以金钱为基础。皇家虽然看起来不差钱，但显然不是那么回事儿。

当时按照清宫制度，皇后的月俸为 1000 两，然后按照等级逐一递减。也就是说，珍妃每个月的工资，只有 300 两。但是她的花销，却远远超出了这个界限。

她花钱大手大脚，对下人又极度慷慨。有时候光绪帝会分一部分钱给她，但还是不够。珍妃只好拆了东墙补西墙，现金流十分紧张。

当一个人急于赚钱的时候，规则会不断后退，危险则会不断逼近。

珍妃的手渐渐伸向了朝堂之上，竟然走上了卖官的路。

她培养了几个合作伙伴，对方出去收钱揽生意，她在光绪耳边吹风。因为资源优势，她还能分得大比例。

世上没有不透风的墙，珍妃卖官的事情渐渐传了出去，导致舆论影响极差。这些消息，或多或少也传到了光绪的耳朵里，但丝毫没有动摇他对珍妃的偏袒。

珍妃的胆子越来越大，竟然以 800 万两把上海市长的位置卖给了一个叫鲁伯阳的人。作为对外通商的口岸，上海的官职十分重要，需要一定的能力和威望。而光绪硬是忽视了军机处送来的名单，直接任用了鲁伯阳。

这个可笑的事件，震惊了朝廷。鲁伯阳应了那句"露多大脸，现多大眼"，不久就被弹劾，失去了顶戴花翎。

随着珍妃的行径越来越不受控制，慈禧太后终于忍无可忍。

其实卖官这事儿，慈禧自己也干。

为了缓解因割地赔款而日益紧张的财政，她和李莲英联手倒腾，没少划拉钱财。自己卖可以，但是别人卖坚决不行，尤其是后宫里的女人。

慈禧决定给珍妃点颜色看看，不顾光绪及翁同龢的求情，责令将珍妃衣服扒去，当众杖责。

挨打事小，丢人事大。

自此珍妃被贬，幽禁宫中，不许再与光绪来往。这一年，是 1894 年。

说实话，慈禧在这件事上的做法，也算合情合理。

而最终导致珍妃死亡命运的，当然也不仅仅是这些卖官的银两。而是她在毫无政治能力的前提下，暴露出的政治野心。

一直以来，珍妃都支持丈夫变法。她像是一团火焰，让光绪燃起了所有不甘心。而这些，必然导致光绪和慈禧之间矛盾的加剧。

一个挑战慈禧权威的女人，又能有什么好下场呢？

在离世之前，珍妃被推搡到井口旁边，扬起的脸庞上还是满满的倔强，她说："太后逃可以，但皇帝必须留下坐镇京师。"

话说出口，也就彻底熄灭了自己最后的生机。

光绪连自己心爱的女子都无法保护，痛彻心扉，生命从此再无暖色。

一年半以后，经常做噩梦的慈禧回到皇宫，命人打捞起珍妃的尸体，葬在了恩济庄。

恩济庄是专门葬太监和宫女的地方。

这或许，也是慈禧对珍妃最后的羞辱。